吉林省社会科学基金项目《"飞地经济"合作区法制问题研究》项目编号：2021C62

吉林省教育厅科学研究项目《区域一体化协同背景下地方政府间合作区法制构建研究》项目编号：JJKH20230787SK

光明社科文库
GUANGMING DAILY PRESS:
A SOCIAL SCIENCE SERIES

·法律与社会书系·

# 区域一体化协同背景下
# 地方政府间合作区法制构建研究

朴 飞丨著

光明日报出版社

图书在版编目（CIP）数据

区域一体化协同背景下地方政府间合作区法制构建研究 / 朴飞著 . --北京：光明日报出版社，2023.8
ISBN 978 - 7 - 5194 - 7498 - 0

Ⅰ.①区… Ⅱ.①朴… Ⅲ.①地方政府—行政管理—合作—研究 Ⅳ.①D035.5

中国国家版本馆 CIP 数据核字（2023）第 186204 号

区域一体化协同背景下地方政府间合作区法制构建研究
QUYU YITIHUA XIETONG BEIJING XIA DIFANG ZHENGFU JIAN
HEZUOQU FAZHI GOUJIAN YANJIU

| | |
|---|---|
| 著　者：朴　飞 | |
| 责任编辑：杜春荣 | 责任校对：房　蓉　董小花 |
| 封面设计：中联华文 | 责任印制：曹　净 |

出版发行：光明日报出版社

地　　址：北京市西城区永安路 106 号，100050

电　　话：010-63169890（咨询），010-63131930（邮购）

传　　真：010-63131930

网　　址：http：// book. gmw. cn

E － mail：gmrbcbs@ gmw. cn

法律顾问：北京市兰台律师事务所龚柳方律师

印　　刷：三河市华东印刷有限公司

装　　订：三河市华东印刷有限公司

本书如有破损、缺页、装订错误，请与本社联系调换，电话：010-63131930

开　　本：170mm×240mm

字　　数：278 千字　　　　　　印　　张：15.5

版　　次：2024 年 4 月第 1 版　　印　　次：2024 年 4 月第 1 次印刷

书　　号：ISBN 978 - 7 - 5194 - 7498 - 0

定　　价：95.00 元

# 目　录
## CONTENTS

**第一章　绪论** ……………………………………………………… 1

　第一节　研究背景和问题提出 ……………………………………… 1

　第二节　国内外研究现状梳理 ……………………………………… 3

　第三节　研究意义和研究限度 ……………………………………… 7

　第四节　研究思路和研究方法 ……………………………………… 10

**第二章　地方政府间合作区的概述** …………………………… 13

　第一节　地方政府间合作区的概念和特征 ……………………… 13

　第二节　地方政府间合作区的性质和地位 ……………………… 18

　第三节　地方政府间合作区的作用和优势 ……………………… 24

　第四节　地方政府间合作区相关模式对比 ……………………… 36

　第五节　地方政府间合作区的实质和分类 ……………………… 44

　第六节　地方政府间合作区的五种前途 ………………………… 52

**第三章　地方政府间合作区的历史、法制、理论和原则** …… 55

　第一节　地方政府间合作区的历史发展 ………………………… 55

　第二节　地方政府间合作区法律的概述 ………………………… 59

　第三节　地方政府间合作区的法制问题 ………………………… 66

　第四节　地方政府间合作区的理论基础 ………………………… 75

　第五节　地方政府间合作区的基本原则 ………………………… 91

**第四章　地方政府间合作区的设立和终止** …………………… 101

　第一节　地方政府间合作区的设立 ……………………………… 101

第二节　地方政府间合作区设立的原则和方式 ················· 104

第三节　地方政府间合作区设立的条件和程序 ················· 110

第四节　地方政府间合作区的终止 ···························· 115

**第五章　区域地方政府间合作协议及合作区共建合作协议** ········· **118**

第一节　区域地方政府间合作协议 ···························· 118

第二节　地方政府间合作区共建合作协议 ····················· 124

第三节　地方政府间"飞地经济"合作协议 ···················· 126

第四节　地方政府间合作区合作方的权利和义务 ··············· 134

第五节　地方政府间合作区共建合作协议的内容和订立程序 ······· 138

第六节　地方政府间合作区共建合作协议的完善建议 ············ 141

**第六章　地方政府间合作区的组织机构** ······················ **145**

第一节　地方政府间合作区的组织治理 ······················· 145

第二节　地方政府间合作区的组织经验 ······················· 152

第三节　地方政府间合作区的组织机构 ······················· 170

第四节　地方政府间合作区的组织机构构想 ··················· 180

**第七章　广东省地方政府间合作区法制建设和体制机制改革经验** ······ **190**

第一节　广东顺德清远（英德）经济合作区法制建设经验 ········· 190

第二节　深汕特别合作区法制建设和改革经验 ················· 192

第三节　深汕特别合作区今后发展方向的探讨 ················· 201

**第八章　地方政府间合作和合作区的立法探讨** ················· **214**

第一节　通过立法规范地方政府间合作活动的必要性 ············ 214

第二节　在宪法和地方组织法中补充调整府际横向关系条款的必要性 ··· 220

第三节　在宪法中增补有关调整政府间横向关系条款的重要性 ······· 223

第四节　地方政府间合作区的立法和政策建议 ················· 227

**参考文献** ················································ **232**

# 第一章

# 绪　　论

## 第一节　研究背景和问题提出

### 一、研究背景

地方政府间合作区已经成为地方政府探索区域合作的有效形式，在推进区域协同一体化发展方面起到了很好的作用。党和国家对地方政府合作建立以飞地经济为特征的合作区的工作非常重视，制定了一系列政策引导和鼓励地方政府之间开展合作，建立以飞地经济合作为特征的地方政府间合作区。2015 年 12 月，国家发改委发布《关于进一步加强区域合作工作的指导意见》。2016 年 3 月，国家"十三五"规划纲要提出通过发展"飞地经济"等方式，创新区域合作机制和互助机制。2017 年 6 月，国家发改委等 8 部门联合印发《关于支持"飞地经济"发展的指导意见》。2021 年 3 月，国家"十四五"规划纲要提出，建立健全区域战略统筹、市场一体化发展、区域合作互助、区际利益补偿等机制，更好促进发达地区和欠发达地区、东中西部和东北地区共同发展。提升区域合作层次和水平，支持省际交界地区探索建立统一规划、统一管理、合作共建、利益共享的合作新机制。鼓励探索飞地经济、共建园区等利益共享模式。2022 年 10 月，党的二十大报告提出，"深入实施区域协调发展战略、区域重大战略、主体功能区战略、新型城镇化战略，优化重大生产力布局，构建优势互补、高质量发展的区域经济布局和国土空间体系。推动西部大开发形成新格局，推动东北全面振兴取得新突破，促进中部地区加快崛起，鼓励东部地区加快推进现代化"①"优化区域开放布局，巩固东部沿海地区开放先导地位，提高中西部和东北地区开放水平"。

当前地方政府间合作区的各项工作主要以党和国家的政策和政府间合作协议作为指导。② 随着地方政府间合作区的进一步发展，法治对于保障地方政府间合作区健康发展的重要性，越来越受到人们的重视。地方政府间合作区的创立之初主要靠政府行政手段推动，它经过一段时间快速发展之后，需要引入市场力量顺应其发展的需求。③ 引入市场力量需要法制建设的工作必须跟得上，不然会出现无序的状态。《中华人民共和国宪法》（简称《宪法》）第十五条规定，"国家实行社会主义市场经济。国家加强经济立法，完善宏观调控。国家依法禁止任何组织或者个人扰乱社会经济秩序。"地方政府间合作区要实现依法治理，首先要进行法制建设，研究与地方政府间合作区有关法律的问题，可以为合作区的长远发展，提供法制保障方面的理论支撑。

## 二、问题的提出

地方政府间合作区如"经济飞地"的建立大多依靠行政手段，通过地区间的产业转移推动。由于地方政府间合作区建设工作的特殊性和复杂性，近些年来其在各方面存在的问题日益凸显，有的地方政府间合作区的进展也不尽如人意。当下政府间合作主要表现为浅层合作的特征，地方政府的自发与自觉性成为维系合作的主要决定因素，缺失法律制度。④ 由于没有必要的法律支撑和约束，制度化程度比较低，导致政府间的合作可能会流于形式，加之缺乏规则意识，即使合作双方最后签署了合作协议，合作协议也难以确实贯彻执行，合作协议也有可能沦为一纸空文。⑤ 有的地方服务于政府间合作的联席会议制度、高层会议制度等设置多表现为临时性、随意性，难以为政府间合作提供制度支持。政府间合作在一定程度上还受领导意志的左右，规范性和程序性较差，领导的更换和领导意志的改变会直接导致政府间合作的变化或波动，不利于政府间合

---

① 习近平. 高举中国特色社会主义伟大旗帜 为全面建设社会主义现代化国家而团结奋斗 在中国共产党第二十次全国代表大会上的报告 2022 年 10 月 26 日［M］. 北京：人民出版社，2022：10.

② 杨治坤. 区域治理的基本法律规制：区域合作法［J］. 东方法学，2019（05）：93-100.

③ 查婷俊，刘志彪."飞地经济"的江苏实践［J］. 环境经济，2017（16）：38-41.

④ 郭琳琳. 区域协调发展和全国统筹的关键因素：我国地方政府间合作制约因素探析［J］. 毛泽东邓小平理论研究，2015（03）：18-23，91.

⑤ 潘小娟. 地方政府合作研究［M］. 北京：人民出版社，2016：4.

作的可持续发展。存在的这些问题不利于政府间合作，也不利于区域经济一体化的深入发展。① 我国地方政府间合作区法制建设亟须加强，政府间合作面临的法治问题要求建构政府间合作的法律规范体系。② 我们应加快开展这方面的研究，为依法治国大环境下的地方政府间合作区的法制建设出谋划策。

在我国宪法单一制的行政区划体制之下，合作区的性质、基本法律关系、与行政区划的关系、合法边界等问题都需要阐释清楚。合作区是交叉学科研究领域，其法制研究涉及宪法、行政法、经济法、民商法等多个部门法学学科。

地方主体有关合作区的合作，要遵循科学的原则和区域发展规律，需要科学配置的合作方权利、义务，规范合作行为，保障合作公平。而合作区协议是一种特殊的区域政府间合作协议，具有特殊作用。

合作区是同层级横向对等主体共同协商治理的区域，与传统的纵向维度的单一地方主体命令治理的行政区域存在原理上的重大差异。合作方要通过合作区的管理机构来实现对合作区的高效管理。合作区的治理不是简单的一家一半分隔式治理，也不是一家垄断侵占式治理，而是需要科学的治理。设立合作区需要注意哪些法律问题，如何因地制宜合理有效地建构合作区法制，需要我们认真思考和研究。

## 第二节　国内外研究现状梳理

在我国，推动区域一体化协同发展，已经上升到了国家战略的高度。地方政府间合作区作为能够拉动合作方发展的重要平台、区域一体化协同发展的重要载体，正受到越来越多人的关注，但是从法学视角对其研究，特别是从法律制度建构的角度对其研究的成果比较少。本研究主要从地方政府间合作区的法律制度构建的角度进行研究，以期构建合作区的法制框架。

国内关于合作区的研究尚处于探讨阶段。一方面，尽管现有成果提供了一定的研究基础素材，确立了地方政府合作、地方政府合作协议、地方政府合作

---

① 陈咏梅. 论法治视野下府际合作的制度创新 [J]. 广西大学学报（哲学社会科学版），2016，38（06）：84-88.

② 陈咏梅. 论法治视野下府际合作的立法规范 [J]. 暨南学报（哲学社会科学版），2015，37（02）：128-133.

区等研究方向，但对于合作区的专门的法治研究还较为有限；另一方面，已有研究相对分散，理论基础也较为薄弱，知识整合、学科交叉与融合有待加强，对相关问题研究还有待体系化。

国外学者们对地方政府间合作案例的研究多集中在跨区域合作的环境污染、资源调配等和城市群地方政府合作有关的方面，并对存在问题进行探析。① 国外鲜有类似我国地方政府间合作区如"经济飞地"这样的情况，因此没有这方面研究的内容。国内目前有关地方政府间合作区法律问题的研究工作主要集中在以下几方面：

一、有关地方政府间合作区飞地经济立法研究。高轩、张洪荣以深汕特别合作区为案例，研究了有关地方政府间合作区——"经济飞地"治理的立法问题。他们认为"经济飞地"立法非常有必要，既可以弥补中央在"经济飞地"方面的立法不足，还可以推动"经济飞地"的法制进步。但是依照《中华人民共和国立法法》（简称《立法法》）的规定，地方政府间合作区管理机构没有立法权，也没有制定政府规章的权力。例如，深汕特别合作区只具有制定行政规范的权力，而行政规范的法律效力明显不如立法文件强。他们认为，因为"飞入地"立法缺乏合理性，"飞出地"立法也违背立法学原理，只有通过省级人大跨区域立法是可供选择的途径。建议应当进一步释放地方立法权限，并通过提出加强省级人大及其常委会的立法工作的途径，为飞地经济发展提供法治保障。②

谢海生以深汕特别合作区为例，对地方政府间合作区"经济飞地"区域法治发展问题进行了研究。他认为应该加强对"经济飞地"立法的供给，通过"经济飞地"区域的法治发展，推进国家治理现代化。他指出深汕特别合作区管理机构作为职权行政主体，虽然其不属于立法学意义上的立法主体，但可以根据需要制定规范性文件。③ 周洋认为，深汕特别合作区已经形成了，以省级行政规章为核心的管理规范法律体系。他建议为了构建深汕特别合作区管理法律体系，应推进省级人大立法，完善深汕特别合作区管理法规，并支持国家制定相关法律及其从属法规。他认为未来法治化工作的关键是将深汕特别合作区管理

① 杨少劼. 中三角城市群地方政府合作模式探析 [D]. 武汉：华中师范大学，2014.
② 高轩，张洪荣. 区域协作背景下飞地治理立法初探：以深汕特别合作区为例 [J]. 人民之声，2020（12）：55-58.
③ 谢海生. "飞地"区域法制发展的挑战及前景：以广东深汕特别合作区为例 [J]. 人民论坛·学术前沿，2020（06）：54-57.

机构，由行政授权上升为法律授权。他还认为深汕特别合作区现阶段存在的问题是法治化建设没有获得人大的授权，当地群众没有参与深汕特别合作区的管理。应进一步加快推进广东省人大立法工作，通过有关深汕特别合作区的法规，乃是深汕特别合作区未来推进法治化工作的关键所在。①

二、有关地方政府间合作区飞地经济合作协议的研究。苏海雨对"飞地经济"协议的法律属性和规范进行了研究，对"飞地经济"协议的概念进行了阐述，他认为"飞地经济"协议的性质是具有行政性质的公法协议。他还认为"飞地经济"协议的规范应包括合法性规范、程序规范和救济性规范。②

三、有关"经济飞地"管理机构的法律定位方面的研究。江国华，俞飚认为要完善深汕特别合作区管理体制的核心，在于界定其管理机构的法律属性。他们对深汕特别合作区管理机构的权力来源和行政主体类型进行了分析，还对深汕特别合作区管理机构的法律定位问题进行了探讨，认为其有三个可供选择的发展路径：1. 深汕特别合作区管理机构定位为政府派出机构，通过制定地方性法规进行授权；2. 深汕特别合作区管理机构定位为政府派出机关，通过变通使用行政组织法，规定深圳市政府能够设置派出机关，进而将深汕特别合作区管理机构设置为深圳市政府的派出机关；3. 深汕特别合作区管理机构定位为地方政府，通过行政区划调整，将深汕特别合作区转变为深圳的市辖区，其管理机构转变为市辖区政府。③

四、有关地方政府间合作区——"经济飞地"的治理研究。朱最新、刘云甫从法治的角度，对跨区域的地方政府间合作区管辖方面的问题进行了研究。他们认为国家目前没有制定区域合作法，所以对跨区域的地方政府间合作区管辖组织化问题主要依据政府规章、规范性文件等实施。例如，江苏省江阴—靖江工业园区管理委员会的职权是由政府间合作协议规定的，广东省深汕特别合作区管理委员会设立的依据是广东省政府规章——《广东深汕特别合作区管理服务规定》。④他们还认为广东省政府以深汕特别合作区体制机制调整方案批复

① 周洋. 管治视角下的城市管理体制研究：以深汕特别合作区为例［C］//中国城市规划学会，东莞市人民政府. 持续发展 理性规划：2017中国城市规划年会论文集. 北京：中国建筑工业出版社，2017：637-652.
② 苏海雨."飞地经济"协议的法律属性及其规范［J］. 理论月刊，2022（03）：118-125.
③ 江国华，俞飚. 深汕特别合作区管理机构之法律定位论析［J］. 广东行政学院学报，2020，32（06）：50-57.
④ 何芸，卢剑忧. 经济合作区经济管理权限行政审批制度的实践分析：以广东顺德清远（英德）经济合作区为例［J］. 太原城市职业技术学院学报，2015（02）：174-175.

文件的形式，将深汕特别合作区管委会调整为深圳市委市政府的派出机构，与行政组织法原则存在不协调的问题，所以广东省政府在批复文件中，强调了以后将通过广东省人大立法制定《广东省深汕特别合作区发展条例》，对深汕特别合作区管委会调整等事项进行规定。① 白云峰通过对飞地协议管辖问题的研究，提出管辖飞地的合法高效方式。他认为飞地管辖涉及区域机关的职权配置和政府间关系问题，属于组织法问题。从法律规范和法律性质两个视角对"经济飞地"的政府管辖类型以及"经济飞地"的管辖协议进行了研究。认为进一步明确"经济飞地"是行使管辖权的主体，这是解决权责不明情况下管辖权失序或者在权属明晰基础上将管辖权优化的关键所在。② 李煜兴对江阴经济开发区靖江园区管理体制进行了调研。位于江苏省的江阴—靖江工业园区成立于 2003 年 8 月 29 日，是江阴、靖江两市联合投资开发的省级经济技术开发区，江阴—靖江工业园区在靖江市的南侧，总体规划面积 60 平方公里。江苏省委、省政府高度重视靖江园区的开发建设，并提供一系列扶持优惠政策。③ 李煜兴在调研报告中，对江阴—靖江园区管理模式的特征进行了研究，对存在的问题进行了分析。他认为，江阴—靖江园区存在着实践超前而法律滞后的问题。"这种跨行政区域的政府间合作治理，涉及我国宪法和相关行政组织法的硬性规定，而通过规范性文件等行政手段直接变通国家法律和进行体制创新，多少存在手段与内容合法性的疑虑。"④ 靖江、江阴两市的政府间合作协议存在主要问题是缺乏一个重要的条款，即没有规定，也没有涉及江阴—靖江园区的投资和税收收益的分配问题。这个问题恰恰关系到合作双方的权益问题，这是设立江阴—靖江园区的一个核心问题，但是在协议中却没有进行明确的规定。他认为，应通过法律途径来解决跨区域政府治理中出现的新问题，以法律手段来促进制度创新。江苏省人民代表大会及其常委会应通过地方立法的方式，解决本省范围内跨地域治理的法律难题。他建议江苏省地方政府也可以通过制定地方规章来进一步明确和补充国家以及地方立法有关内容，为江阴—靖江园区设立跨区域治理，提供

---

① 朱最新，刘云甫. 法治视角下区域府际合作治理跨区域管辖组织化问题研究 [J]. 广东社会科学，2019（05）：224-234.

② 白云锋. 飞地协议管辖：一个组织法问题的出路 [J]. 中国土地科学，2019，33（02）：12-18.

③ 张京祥，耿磊，殷洁，等. 基于区域空间生产视角的区域合作治理：以江阴经济开发区靖江园区为例 [J]. 人文地理，2011，26（01）：5-9.

④ 叶必丰，何渊，李煜兴. 行政协议区域政府间合作机制研究 [M]. 北京：法律出版社，2010：260.

权威性的制度保证。他还认为以法治的协调取代法制统一，是实现跨区域治理的优选途径。①

<h2>第三节 研究意义和研究限度</h2>

**一、研究意义**

（一）理论意义：目前发表的大多数有关地方政府间合作区的论文，主要从行政管理学或经济学视角进行研究，从法制的视角进行研究的论文并不多。依法治国是党提出的坚持和发展中国特色社会主义的治国方略，依法执政是党对各级政府工作的要求，地方政府间合作区也必须依法治理，因此开展地方政府间合作区的法制建设研究是法学工作者一项紧迫的任务。进行这项研究可以丰富地方政府间合作区的法制理论。②

法制是任何国家、任何时代所必需的。法制是法律制度或法律和制度的简称。法制包括具体的法律规范和基于法律规范的各种制度，侧重于法律体系的构建，集中解决"有法可依"的问题。通过系统研究地方政府间合作区的法制建设的有关理论和实践问题，有助于人们从理论层面更加清晰准确地审视地方政府间合作区现状，进而以法制建设为抓手，从加强法制建设的角度来寻求地方政府间合作区可持续发展的路径，为丰富和完善该领域的理论研究做出贡献。

传统的宪法和行政法理论在地方治理层面比较多地关注立法、行政、司法的问题和行使不同权力的监督制约混合组织制度，而对于地方政府间同层级横向的，行使同种权力的合作协同和监督制约混合组织制度研究还十分欠缺，这也是法学研究者急需研究和突破的问题。

合作区法治问题的研究对于创新地方治理理论具有十分重要的意义。合作区治理是一种横向的依据协议的软法柔性治理，柔性治理更多需要合作方的平等协商、互利共赢、共同参与、资源共享、风险共担、高效协同管理的制度设计。需要构建"共商、共建、共管、共享"的新体制，要对合作区的治理职责、

---

① 叶必丰，何渊，李煜兴. 行政协议区域政府间合作机制研究［M］. 北京：法律出版社，2010：253.

② 王春业. 我国经济区域法制一体化研究［M］. 北京：人民出版社，2010：7.

管理机构、管理职权进行科学的组织和配置、监督和制约。本研究欲从下面几方面进行研究：

　　1. 理论研究。阐述区域经济一体化与地方政府间合作区法制理论之间的内在联系，指出区域一体化是行政区划发展的客观趋势，地方政府间合作区是推进我国区域一体化协同发展的理性选择。

　　2. 实践研究。考察深汕特别合作区、横琴粤澳深度合作区等代表性合作区法制模式及其实施经验问题。

　　3. 制度研究。探讨并研究合作区的基本法律制度，对合作区的基本制度进行学理阐释和构建。

　　4. 对策研究。探讨并研究设立、合作共建治理、发展合作区的法制建议、实施方案和策略。

　　（二）现实意义：本研究有利于为区域一体化协同发展及合作区的建设发展提供坚实的法治保障。合作区是科学推进区域一体化协同发展的重要方式。在区域一体化协同发展进程中，合作区是重要的制度创新，合作区法制的建设对于规范合作区设置、组织、治理、监控全过程，保障合作地方主体和合作区主体的权益方面，具有价值。

　　有利于构建区域合作协同发展的重要平台。通过体制机制创新，扩大南北合作对接，推进南北挂钩合作，实现区域共赢、共同发展。我国各地优势产业众多、资源禀赋各异，共建合作区，必将大有作为。

　　有利于提高区域资源配置的效能，实现跨区域资源调配和优势互补。行政区划具有资源配置的功能，它的资源配置的方式和能力，很容易受到行政区划壁垒的限制。合作区赋予核心区域配置更多资源的能力，提高主体区域资源配置的效率。

　　有利于对合作区发展规律的摸索，为未来更大规模的区域合作积累经验，直至扩展到为国际合作区的开展积累经验。国内的合作区实践，一方面可以促进国内区域一体化协同发展，另一方面也是未来国际合作区的试验场、演习场，可以利用政府间合作区系统训练、培养和储备国际合作区的联合协同人才。

　　经济发展与法治之间具有相辅相成的密切关系，经济发展与法治之间关系是否和谐，对地方政府间合作区经济的发展有着重要影响。地方政府间合作区要稳定、健康有序发展就需要以法治作为保障。同时，只有法治的先行才能促进地方政府间合作区经济的快速和高质量发展。① 应该看到，地方政府间合作区在初期发展比较迅速，成效也比较明显，但发展到今天，由于合作各方利益问题，各方面的关系不好协调，以至于难以比较好地解决市与县政府之间、县与县之间、县与园区管委会之间的行政管理协调难题。② 地方政府间合作区还面临着一些法律上的瓶颈，影响了其进一步快速发展，如地方政府间合作区管理机构法律定位问题没有解决。③ 对地方政府间合作区在发展过程中出现的问题，能否从法制建设入手进行破解，这是一项值得研究的任务。

**二、研究限度**

学术研究都有其局限的范围，由于受到客观条件和时间的限制，研究要保持一定限度，不可能面面俱到。本研究在研究的历史和范围的探讨等方面都有着明显的边界。

首先，本研究的时间范围限于改革开放以后，地理范围限于中国大陆地区，其次主要侧重于地方政府间合作区及飞地经济园区的法治研究。由于地方政府间合作区及飞地经济园区是改革开放后设立的，地方政府间合作区及飞地经济园区是我国地方政府间合作的关键领域，所以笔者重点对其进行有关的法治研究。地方政府间合作区如自贸区、境外经济贸易合作区等不属于本研究的内容。本研究属于探索性研究，以有限的知识探索未知，虽全力以赴、精诚研究，但存在偏颇、不足在所难免。

本研究力求将区域一体化协同发展与地方政府间合作区法制建设有机结合起来，夯实区域一体化协同发展中，地方政府间合作区的法治理论基础，并提供体制、机制创新路径，破解区域一体化过程中地方政府间合作区的法治难题。

---

① 王春业. 论我国"特定区域"法治先行 [J]. 中国法学, 2020 (03)：110-128.
② 查婷俊，刘志彪."飞地经济"的江苏实践 [J]. 环境经济, 2017 (16)：38-41.
③ 江国华，俞飚. 深汕特别合作区管理机构之法律定位论析 [J]. 广东行政学院学报, 2020, 32 (06)：50-57.

# 第四节　研究思路和研究方法

## 一、研究思路

以研究地方政府间合作区的先行先试的典型案例为抓手，对典型案例采用系统解剖的办法，以小见大，见微知著，研究这些地方政府间合作区法制建设方面的经验。研究和分析地方政府间合作区存在的法制等方面的问题，并对目前地方政府间合作区的治理存在的问题进行梳理，找出具有共性的问题，寻找解决问题的路径，并为完善地方政府间合作区的法制建设提出具体建议。

地方政府间合作区的开发建设无疑是未来推进我国经济发展的又一重要方面。通过对地方政府间合作区法制建设进行系统深入的研究，将有利于推进地方政府间合作区形成规范化的合作关系，有利于实现资源的最优配置。有利于提升地方政府间合作区的竞争力，对提高地方政府间合作区善治水平、调动多方面积极性、加快区域经济一体化步伐，探索一条全新的地方政府间合作区法制建设之路都具有重要的现实意义。

探讨在我国区域一体化协同发展背景下，合作区产生、发展与演变的规律和原理；探讨在法治与改革的紧张关系下，合作区应当如何进行理论阐释和制度构建；探讨合作区如何通过内外协调，通过理论和制度构建，实现共同治理目标和保证各方的权益，以发挥其独特优势。

1. 构建合作区的基本法理体系。分析合作区的概念、特征、本质、作用、分类、影响因素等问题。

2. 梳理合作区的历史，分析合作区的典型模式，总结其发展的基本规律和经验。进行宪法学、行政法学、经济法学、行政管理学等学科的综合阐释和分析。

3. 构建合作区的基本法律制度。以"设立—协议—治理"为逻辑主线，对合作区的法制的总则、合作制度、设置制度、治理制度进行科学研究和系统构建。

4. 构建合作区的法制建设方案和基本策略。

## 二、研究方法

### (一) 基础研究和本质研究法

全面搜集与本课题有关的论文、书籍和网络上的有关资料，仔细研读，走访相关地区，努力设身处地地感知，并对搜集到有关的感性认识信息，全面理性梳理、处理。坚持从个别到一般的归纳思维，坚持从一般到个别的演绎思维，坚持归纳和演绎的辩证统一。不被浩繁的信息迷惑，透过现象看本质，发现事物底层逻辑。

### (二) 分类方法和比较法

对于未知问题，首先应适用分类方法。分类的方法是认识事物的基本逻辑方法。它依据一组事物相同的属性（共性）把它们归为一类，又依据事物各自不同的属性（特殊性）把它同其他事物区分为若干类。通过这种方式能够加深对事物本质和规律的认识。

比较分析法是在相对的意义上认识事物的一种基本方法。在进行相关比较的时候，需要分析事物所处的背景和现象背后的原理差异，而非进行机械式的对比，要从有机对比中寻找出制度的本质。

### (三) 系统分析法

系统分析法就是将问题纳入到整个系统中进行分析，在系统的视角下寻求解决问题的可行性方案。在系统中每一个具体问题都不是孤立存在，而是相互联系的。运用系统分析方法有助于我们在研究某一问题的时候，不会就事论事，割断联系，而是把问题放到全局中去考察，以期获得正确的解决，并寻求对问题整体性、系统性的解决思路。古希腊哲学家亚里士多德说："在每一个系统里面，都存在着第一性原理。第一性原理是基本的命题和假设，它不能被省略，不能被删除，也不能被违反。"①

### (四) 实证研究法

关注合作区的来龙去脉，运用案（事）例分析地方政府间合作区的体制、机制和法制建设等方面存在的问题，提出具体的解决问题的方案。实践是检验真理的唯一标准。法律的生命不在于逻辑而在于经验。时刻关注现实合作区的实践动态情况，总结经验，发现规律，构建制度。

---

① 亚里士多德. 形而上学 [M]. 吴寿彭，译. 北京：商务印书馆，2017：194.

## （五）权益分析法

权益分析法就是从权利和利益角度把握社会现象的本质和根源，分析主体之间行为动机和模式的基本研究方法。维护合作的各方权益是保证合作区平稳、健康有序发展的基础，是合作区的动力来源。合作方权益得不到保障，合作区就无法继续下去，应承认各方主体的基本权益，重视各方主体的基本权益的保护，切实保障各方主体的基本权益。

## （六）规范分析与社会分析相结合

规范分析方法注重对规范意义上的文本分析，包括对宪法、法律、行政法规、规章、政策、合作协议等规范的分析，从规范出发，阐释应然与实然的关系。社会分析方法是注重事物的实际运行状态、实际功效、真实的法则的认知，要从实际出发，强调实证和经验，两种方法结合能够使我们关注规范的预期效果与社会实效的差距，从中寻找导致差距的原因和机理，寻找出制度的缺陷和漏洞。

## （七）多学科研究法

地方政府间合作区法制建设问题涉及经济、政治、法律、管理等多领域，单靠某一领域的研究方法是远远不够的，需要综合运用法学（宪法、行政法、经济法、民商法、法理学）、经济学、公共管理学等多学科的知识，对地方政府间合作区法制建设问题进行交叉综合研究并提出相应对策。

# 第二章

# 地方政府间合作区的概述

## 第一节　地方政府间合作区的概念和特征

21世纪，交通、通信网络四通八达，多样、便捷的出行工具迅速普及，移动互联网、大数据、人工智能渗透社会全领域、各角落，强大的经济物质基础保证了人们强大的跨域能力，人们的生产、生活空间区域前所未有的广阔。区域的组织形态和区域发展方式正在发生变革，区域一体化协同如火如荼。

传统的单一、封闭的行政区域组织形态已经日益难以适应生产力发展的需要。现代化的区域组织形态，需要协同更多的跨区域单元、聚集更强大的跨区域力量、配置更丰富的区域资源要素。传统的行政区域组织形态势必向一体化协同、联合跨域深度整合的新型区域组织形态转变，以充分利用多元跨域的发展机会与势能，实现更深层次、更优质、更高效、更全面的发展。

### 一、地方政府间合作区的概念

一体化"integration"，有整合、合并的意思；协同"synergy"，有协作、相互作用、增效的意思；合作"cooperation"、"collaboration"，有一起协作、操作的意思；联合、合成"joint"，有连接、共同、合办、结合、关节、共同拥有的意思。这些都是与合作区有关的概念，表明在区域一体化背景下地方政府间是相互联系，也为合作区提供了不同的理解维度。传统的横向的地方政府间的关系，在形式上存在竞争、合作、帮扶三种关系。① 合作区统合了传统的形式府际

① 《行政法与行政诉讼法学》编写组．行政法与行政诉讼法学［M］．北京：高等教育出版社，2017：73.

关系范畴，在三种关系的基础上更具有一体化联合、组织、整合的意义。

地方政府间合作区（跨行政区划合作区或行政区域合作区，以下简称合作区）是层级相同的两个或两个以上地方政府，为实现特定的区域发展目标，根据国家区域发展战略，遵守行政区划法律制度，在上级政府指导或批准下，结合地方的实际，尊重地方的主体权益，依据平等协商、互利共赢、资源互补、共享利益、共担风险、共同发展的原则，在合作方局部行政区域范围内设立的，共同协商、共同建立、共同管理、共同享有的，享有特殊的共同法律地位的，实行协同、联合制度的地方合作开发区域。合作区不是行政区，它是在行政区划基础上建立起来的职能发展区域。本书所说的地方政府是广义的地方政府，包括开发区管理机构等区域管理主体。

1980 年，改革开放以设立与行政区划相结合的经济特区的形式开启。20 多年后，改革开放又以设立与行政区划适度分离的合作区的形式向前推进。2003 年 2 月，江苏省委省政府在靖江市的行政区域内设立了国内第一个规模较小的由江阴管理为主的"江阴—靖江"工业园区。2011 年 2 月，广东省在汕尾行政区域内设立了规模较大的深汕特别合作区，委托深圳和汕尾共同管理。2018 年，深汕特别合作区全面由深圳市主导建设、管理。2017 年 3 月，国务院印发了《东北地区与东部地区部分省市对口合作工作方案》。2017 年 6 月，国家发改委出台了《关于支持"飞地经济"发展的指导意见》，开始在全国范围内推广"飞地经济"模式，随后多省人民政府也陆续出台了关于支持"飞地经济"发展的具体实施意见，开始了"飞地经济"的尝试。2019 年 5 月 9 日，深圳和哈尔滨签订了《共建深圳（哈尔滨）产业园区合作协议》，同年 9 月 1 日，深哈产业园科创总部项目奠基动工。2019 年 12 月，辽宁省政府设立了第一批 72 个省级"飞地经济"园区，市级"飞地经济"园区 107 个，签约落地飞地项目超过 1100 个，总投资近 1500 亿元。2019 年 12 月，在湖北省委、省政府的大力关心支持下，湖北省成立了首个经济合作区，由武汉市、洪湖市共建的新滩经济合作区，洪湖市新滩镇 69 平方公里交由武汉经济技术开发区托管。2021 年 9 月，习近平总书记亲自谋划、亲自部署、亲自推动的体制更加先进的横琴粤澳深度合作区设立，有效解决了澳门产业过于单一和空间过于狭窄的难题，同时也增强了广东的国际开放和竞争能力，丰富了"一国两制"的伟大实践。2022 年 5 月，深哈产业园迎来了腾讯、华为、中兴、京东、百度等大批企业的入驻。目前，各省都在着力发展合作区这一模式，以推进区域一体化协同发展，全国各地的合作区犹如雨后春笋般个个破土而出。

2021年9月，中共中央、国务院印发了《横琴粤澳深度合作区建设总体方案》，标志着体制更加完备的横琴粤澳深度合作区的设立。横琴粤澳深度合作区实行"共商、共建、共管、共享"的新体制。"共商、共建、共管、共享"的新体制极大保证了合作区的正当性和合法性，保护了合作方的积极性和主动性，符合区域发展的规律，符合法治的精神，为合作区的发展打开了全新的局面，具有划时代的意义。"共商、共建、共管、共享"体制是具有世界文明意义的制度创新和伟大实践，是伟大时代的伟大思想理论。2022年3月，《地方各级人民代表大会和地方各级人民政府组织法》（以下简称《地方组织法》）的修改，为合作区发展铺平了法治道路，提供了法治保障。《地方组织法》第八十条规定，"县级以上的地方各级人民政府根据国家区域发展战略，结合地方实际需要，可以共同建立跨行政区划的区域协同发展工作机制，加强区域合作。上级人民政府应当对下级人民政府的区域合作工作进行指导、协调和监督。"

合作区最初是地方政府为摆脱行政区划的刚性约束而采取的自发探索改革行为。合作区如同当年安徽省小岗村的探索一样，试图以创立合作区的方式突破行政区划束缚，释放被行政区划壁垒阻碍的区域发展潜能，发挥地方政府跨区域协作开发建设的主动性和积极性。实现区域经济社会的全面多元发展是合作区的根本任务，2021年9月，中共中央、国务院《横琴粤澳深度合作区建设总体方案》规定，横琴粤澳深度合作区战略定位第一项就是打造促进澳门经济适度多元发展的新平台。

合作区的提法相比于飞地经济更先进、更科学，是飞地经济的修正完善版本，客观准确揭示了合作区的本质规律，更加具有正当性、合法性，是一个源于改革开放伟大实践的精确的法学概念，充分体现了平等主体合作、共商、共建、共担、共享的价值原则，避免了飞地经济的单方性、单维性的思维结构的缺陷，避免了单方的无限无偿付出或单方无限无偿收益，充分调动起了合作方的积极性，也解决了有违合法性原则的易侵占地方主体性权益的行政区域"租借"的问题。实际上，本文所说的合作区是一种组织法意义、行政体制意义上的合作区，是没有隶属关系的两个或两个以上地方政府在行政区划基础之上进行的行政体制合作改革实践，是合作方地方政府间共同建立起来，凿空行政区划壁垒、凝聚区域资源力量的特殊协同发展区域。

## 二、地方政府间合作区的特征

（一）合作区是为了实现特定的区域发展目标而建立起来的共同协同发展区域

区域一体化协同组织发展是区域体制改革和发展的基本趋势和主要目标，是国家的基本发展战略和任务。合作区这个局部的协同发展区域在合作方地方政府共同的统一领导下，按照统一的意图和计划，为实现共同的发展目标而活动。这种区域目标，可以是经济社会发展，可以是区域一体化，可以是区域协同联动，可以是区域空间的扩展。合作区要围绕特定区域发展目标而建立发展。

（二）合作区是在行政区划上同层级的两个或两个以上地方政府或区域主体横向合作共建的发展区域

地方政府间合作是合作区存在的基础，地方政府间合作存在，合作区就存在，地方政府间合作消失，合作区就消失。只要是在行政区划上层级相同的两个或两个以上地方政府或区域主体通过合作都有可能设立合作区，省级政府之间可以设立合作区，地级政府之间可以设立合作区，县级政府之间可以设立合作区。"如果说政府间关系的纵向体系接近于一种命令与服从的等级结构，那么横向政府间关系则可以被设想为一种受竞争和协商的动力支配的对等的分割体系。"①

合作区必须由合作方共同委托权力和投入资源而设立。合作区是以合作方的地方政府的权力、资源等要素作为合作的基础，由地方政府合作开发的治理区域。委托权力和投入资源是合作区的设立的必要条件。合作方共同投入的行政区域空间使用权、管理权、自然资源、区位优势以及人、财、物是合作区的基本要素，合作方对这些投入的要素共同享有特定的权利。合作区的主要法律关系是合作方之间的关系。

（三）合作区是在上级政府指导或批准下建立的发展区域

合作方地方政府应经过上级政府的指导或批准才能够建立合作区。不经过上级政府指导或批准，合作方地方政府无权建立合作区。合作区是在合作方上级政府指导或批准下建立的发展区域。上级政府拥有建立合作区的指导权或批准权，也具有直接的建立决定权。合作方建立合作区的权力，来自上级政府的

---

① 宾厄姆. 美国地方政府管理：实践中的公共行政 [M]. 九洲，译. 北京：北京大学出版社，1997：162.

授权。上级政府拥有宏观指导、协调、监督的权力。合作区不仅包含平等的地方政府的合作，还包含上级政府的参与。

（四）合作区是依据地方政府间合作协议建立起来的发展区域

地方政府间合作区共建合作协议是合作区建立的基础。它约定合作方的权利义务，规定合作区的基本定位和发展目标，是合作方及合作区活动的基本依据。合作方依法订立合作协议，按照合作协议开展合作区的活动。

地方政府间合作区合作协议是合作区重要的规范性文件。这种合作协议要经过上级政府的批准才能够生效。它是政府间合作的基本协议，是合作区的组织规则，也是合作区的规划纲要，更是上级政府的一种监管依据。

合作区与行政区域是不同性质的区域。合作区是依据合作协议建立的特定功能发展区域。行政区域是依据宪法和地方组织法建立的基础统治区域。合作区是合作协议性质的组织，比较容易设立或取消。行政区域是国家基本的统治单元，要求高度的稳定性、政治性，要求严格依据法律设立或取消。

（五）合作区是合作方"共商、共建、共管、共享"的发展区域

合作方按照合作协议约定共同协商建立合作区、共同协商管理合作区、共同协商分享合作区的收益。合作区为合作方共建的发展区域，作为合作方的一方应维护合作区的共同属性，不应侵犯其他合作方的权益。合作区不仅是合作方地方政府的合作，还是整个合作方经济社会发展的合作。广西壮族自治区南宁市是一个内陆省会城市，但是如果南宁拥有沿海的地理优势，发展会更为迅猛，南宁可以合并钦州市从而占有沿海的区位和资源，但是合并钦州市在当前的情况下是难以实现的。可行的方式是，在钦州市的行政区域内建立共同开发的合作区达到类似效果，并且钦州市也会得到省会南宁的资源投入支持，各方面都没有损失，各方面的情况都会极大改观，这是一种资源互补、共同双赢的发展模式。

（六）合作区是在特定合作方的局部地域内建立的深度协同发展区域

合作区的优势在于能够在重点地域，实现深度协同发展。合作区的协同效应是通过局部地域小范围、多领域、深度协同达成的。传统的地方政府间协同是整体地域大范围、单领域、浅度合作的协同，存在难以聚焦能量、难以实现深度发展的问题。毕其功于一役式推进全地域、全领域、深度合作显然过于理想化，合理的选择是小地域范围、重点深度合作区与大地域范围、渐进式的广域协同区结合推进。

（七）合作区是地方政府间区域一体化协同发展的阶段性过渡区域

合作区是促进区域一体化协同发展的阶段性过渡区域。地方间直接一体化过渡，势必跨度过大，应渐进式过渡，合作方正是通过合作区的渐进方式实现过渡。香港和内地之间，正缺少这样一级汇聚共同优势，实现交流的中间过渡阶段性桥梁和台阶区域。普通行政区与特别行政区的经济社会正需要这种中间过渡阶段和平台区域。横琴粤澳深度合作区实质上是国家搭建的汇聚两地共同优势的经济社会平稳过渡阶段和中间交流区域平台。在弥合南北方、东西方发展裂谷的协同发展中，普通行政区域之间也正缺少发挥阶段性、渐进性的过渡区域平台。

# 第二节　地方政府间合作区的性质和地位

## 一、地方政府间合作区的性质

（一）合作区的共同性

共同属性是合作区的第一属性。合作区是合作方地方政府"共商共建共管共享"的发展区域。合作区在法律关系上表现为合作方"共商共建共管共享"，合作区一经成立，就由合作方地方政府"共商共建共管共享"。合作区管理机构由合作方共同组建，管理行为由合作方共同协同完成，合作方地方政府为合作区的"共商共建共管共享"主体，共同承担合作区的主体责任。作为合作区的基础的行政区域属于原行政区域，但是作为经过上级政府授权、合作方协议共建的合作区，为合作方共同发展区域。

（二）行政区域的衍生性

邓小平的经济特区思想是一种伟大的变通思想，其以行政区域为基础，在行政区域基础上构建不同性质的变通权能区域，一方面保证了行政区域的政治性、行政性，另一方面又保证了经济区域的经济性、开放性，发挥了不同区域的属性功能。行政区域可以灵活机动地向下职能分化为多种形式的衍生次级区域。合作区则属于这种新型的应对区域一体化协同发展的行政区域分权合作衍生次级区域。

合作区是行政区域的衍生次级区域。合作区是以行政区域的特定治理职能分工为基础建立的经济社会发展区域。合作区是行政区域的特定职能区域的划分结果，而行政区划则是国家政权统治区域的划分。合作区的设立不改变行政区划的基本法律关系。例如，横琴粤澳深度合作区的设立并没有改变横琴的行政区划，横琴的行政区域依旧属于广东省珠海市。两种法律关系只涉及协调的问题，不涉及替代的问题。合作区是地方政府间次级区域的合作，是在合作方的部分行政区域内或行政区域之间构建的局部共同发展区域。

（三）合作方政府的协同性

合作区是在行政区划上同层级，或者类似同层级，没有隶属关系的两个或两个以上的地方政府合作建立的经济社会发展区域。合作方地方政府共同向合作区投入资源，共同向合作区委托权力，共同经营发展合作区，共同拥有合作区的支配权。"现代生活的性质已经使政府间关系变得越来越重要。那种管辖范围应泾渭分明，部门之间水泼不进的理论在 19 世纪或许还有些意义，如今显见着过时了。不仅经典联邦制国家，管辖权之间的界限逐渐在模糊，政府间讨论、磋商、交流的需求在增长，就是在国家之内和国家之间，公共生活也表现出这种倾向，可见唤作'多方治理（multi governance）'的政府间活动越来越重要了。"①

合作区的管理权属于全体合作方共同所有，管理执行权可以委托特定合作方行使。合作方之间可以按照合作协议约定或者协商决定委托管理合作区的合作方，可以委托"飞入地"合作方管理合作区，也可以委托"飞出地"合作方管理合作区，也可以组建共同的管理机构管理合作区。合作区委托由一方管理时，其他合作方有权参与合作区的决策和监督，也有协同配合的义务。无论何种情况，合作方均应对合作区的社会管理和经济发展承担相应的责任。例如，苏州宿迁工业园区，苏州合作方要做到人员、资金、项目"三为主"，宿迁合作方确保规划建设、社会管理、政府服务"三到位"。②

（四）合作方政府的从属性

合作区是合作方地方政府下辖的经济社会发展区域，是合作方地方政府管理整体区域的一部分。合作区管理机构是合作方地方政府的派出机构，合作区管理机构隶属于合作方地方政府。合作方地方政府直接领导派出的合作区管理

---

① 卡梅伦. 政府间关系的几种结构［J］. 国外社会科学，2002（01）：7，107-113.

② 国家发改委. 江苏高质量推动共商共建共享谱写南北共建园区发展"新篇章"［EB/OL］. 澎湃新闻·澎湃号·政务，2021-05-26.

机构，合作区管理机构向合作方地方政府负责。合作方地方政府的合作区管理机构直接负责管理合作区，合作区相当于合作方地方政府的下辖分区。

合作区同时受上级政府的领导。我国是单一制国家，行政层级之间是领导与被领导的关系，中央政府领导地方各级政府，上级政府领导下级各级政府。合作区除了要服从上一级的合作方地方政府领导外，还要服从所有上级政府的领导，特别是服从中央政府的统一领导。

（五）上下级政府的结合性

合作区是融入上级政府价值规范与合作方自主合作相结合的产物，是一种"自组织"与"他组织"的结合①，是一种价值利益的结合，是一种多主体行为的结合。上级政府的价值规范是合作区客观存在的因素，上级政府要设定下级合作方政府的活动规则和边界。只有在上级政府的指导或批准下，合作方才能够建立合作区。只有在上级政府的支持和帮助下合作方才能组织合作区，合作方的权力运行也受到了上级政府的监管。合作区也离不开上级政府的保障。同时，没有下级合作方之间的主动有效合作，合作区也难以有效建立发展。合作区兼具上级政府和下级政府的共同价值利益，上级政府要实现整体价值利益，下级合作方也要各自实现自身的价值利益，这些价值利益上下相维，应加以平衡协调统合。

（六）合作方之间的开放性

合作区是"共商共建共管共享"的重要组织形式，也是区域自由开放的重要载体。合作区面向合作方全方位开放，合作方的人员、项目、资金可以自由往来于合作区与合作方之间，企业可以自由落地。这进一步推进了区域的自由开放。例如，横琴粤澳深度合作区不仅向粤澳开放，向我国各地开放，还向所有的葡语系国家连通开放，更向全世界开放。

（七）改革开放的先行区和试验区

合作区是改革开放的先行区和试验区。先行区和试验区是探索性质的区域，能够实施一定的特殊政策，合作区的先行性和试验性一般应由相关立法予以确认。2023 年 1 月，广东省人大常委会制定的《横琴粤澳深度合作区发展促进条

---

① 协同论的提出者德国理论物理学家 H. Haken 认为，从组织的进化形式来看，可以把它分为两类：他组织和自组织。如果一个系统靠外部指令而形成组织，就是他组织；如果不存在外部指令，系统按照相互默契的某种规则，各尽其责而又协调地自动地形成有序结构，就是自组织。参看，邢军. 论自组织与企业管理效率［J］. 中外科技信息，2002（06）：65-67.

例》第一章总则第四条第二款就明确规定，"广东省人民政府及其有关部门应当结合自身职能制定措施，加大对合作区指导支持力度，把合作区作为深化改革、扩大开放的试验田和先行区。"明确赋予了横琴粤澳深度合作区的"试验田"和先行区的法律地位。在试验区和先行区内可以进行大胆创新、先行先试、自主探索，对于一些不适应合作区发展的法律制度，赋予了进行一定调整或停止使用的权力。对于符合合作区战略定位和任务要求的改革创新，建立合理的容错免责机制。

总之，合作区是具有综合性的次级区域，开始只是单一职能领域的地方政府间的合作，随着合作的深入，势必涉及社会、生态、文化、行政领域的全方位的合作。合作区除了承载经济联系和职能之外，还需要承载众多社会联系和职能、行政联系和职能。合作区是地方政府合作的高级形态和实体化运作方式，也是地方政府间合作的重要组织方式，是以行政区域管辖使用权为对象的整体性合作，是一种地方政府权力的再组织形式，能有效衔接行政区划造成的区域发展割裂，推进区域一体化发展。

**二、地方政府间合作区的地位**

（一）设立合作区是促进区域一体化协同发展的特殊制度措施

促进区域一体协同发展有众多制度措施，例如，区域规划、区域协议、区域协同立法、区域首长联席会议、区域联合执法司法、行政区划等。合作区制度措施综合了这些制度措施的一些优势，形成了独具特色的跨行政区划的准实体性质的治理组织形式，能够在设定的聚焦区域，高效地推进区域一体化协同发展，并且没有增加行政层级，没有形成固化的集权性的跨区域组织重叠。

合作区是地方政府合作的重要组织形式，是以类实体化的组织方式推进区域一体化协同发展，促进合作方之间的自由开放。合作方可以自由开发利用合作区，合作方的人员可以自由往来合作区，在"飞入地"合作方本地设立的合作区享有相应的上级政府准许的"飞出地"合作方的待遇。同时我们应看到，我国任何地方的合作区都是一种先行区和试验区，设立合作区是一种特殊的区域发展措施，各级地方政府应当抓住时机，重点集中加以使用。

（二）合作区是行政区域的次级区域：功能开发区

行政区与经济区并行交替运作，是我国区域发展的基本经验。经济功能区是行政区域衍生的分权次级区域。在区域终极归属上，归属原行政区域。地方政府间不仅能够建立经济职能的开发区，还可以建立各种形式的功能区，如生态功能区等。合作区是合作方地方政府授权或委托由法律确认的一种特殊形式的合作发展区域。

合作区是经济开发区（功能区）的升级版本。传统经济开发区的设置是纵向政府间的单向权力行为，地方政府经过上级政府的批准，可以在本辖区内设置具有二级次区域性质的经济开发区。合作区的设立是在上级政府指导或批准下，横向地方政府行使合作权力的行为，也是在某一合作方区域内或行政区域交界处设立合作区的行为。

合作区是在行政区划基础之上所进行的经济等职能区域设置，行政区为"体"，合作区为"用"，行政区划基础地位没有动摇。合作区是在行政区划基本制度之上的一种法律拟制的区域合作体制，是一种权能分置的创新，是一种统分结合的双层区域创新体制。合作区是非行政区划的区域组织体，是过程性的职权实体性的功能区域。

（三）合作区是根据上级政府统筹决断建立的发展区域

实际上，上级政府的决断，或指导，或批准赋予合作区特定地位。上级政府具有领导统筹全局、协调区域发展、管理区域间关系的职责，合作区属于跨区域事项，理所当然属于上级政府管辖的职责范围。最终需要上级政府的拍板决定。没有上级政府的拍板、统筹决断或制度支持，地方政府间断然不会合作，或进行不正确、不合理的合作，或深陷琐碎的利益纠葛泥潭，难以实现整体最大发展利益，难以有效建立起合作区。上级政府制定合作规则和鼓励政策，根据不同的区域发展需要设置基本任务，下级平等地方政府主体具体进行基于平等共赢原则的合作。合作区依据上级政府决断建立。例如，2021年，中共中央、国务院直接印发了《横琴粤澳深度合作区建设总体方案》，粤澳两地才根据《横琴粤澳深度合作区建设总体方案》的精神，具体建立了横琴粤澳深度合作区。2023年1月，广东省人大常委会制定的《横琴粤澳深度合作区发展促进条例》第一条开宗明义规定，根据《横琴粤澳深度合作区建设总体方案》和有关法律、行政法规，制定本条例。① 合作区受到上级政府的领导、支持、帮助、指导、协

---

① 2017年9月21日，广东省委、省政府下发了《关于深汕特别合作区体制机制调整方案的批复》，要求深圳市要不折不扣落实好全面主导合作区经济社会事务的责任，按照"10+1"（深圳10个区+深汕特别合作区）模式给予全方位的政策和资源支持。2003年，江苏江阴—靖江工业园区，也是在江苏省委、省政府总揽下设立的。

调、监督，上级政府负有把握区域发展时机、科学指导合作、制定合作协同规则和鼓励政策、发挥合作方主动性和积极性、保障合作合作权益的职责。

（四）合作区是合作方地方政府的开发建设区域

合作区是合作方地方政府"共商共建共管共享"的开发建设区域。合作方共同开发建设利用合作区。合作方是合作区的主体。共同地位是合作区的基本地位。合作区是合作方地方政府的共同从属区域，由合作方地方政府共同协同管理。横琴粤澳深度合作区既不为澳门独占，也不为广东独占，是粤澳共同的发展区域。

"共商共建共管共享"隐含了作为合作区基础的行政区域仍然从属原行政区域的元逻辑。在不改变行政区划法律关系下，进行次级区域的"共商共建共管共享"合作。原行政区域主体仍然具有一定的主体性的基础性权力，如《横琴粤澳深度合作区发展促进条例》第十三条规定："中共广东省委、广东省政府在横琴合作区设立派出机构，负责党的建设、国家安全、刑事司法、社会治安等职能，履行属地管理职能，配合合作区管理委员会和执行委员会推进合作区开发建设。"广东省派出机构对于合作区管委会和执委会只在开发建设事项上进行配合，保留有其他主体性权力。广东省方面制定《横琴粤澳深度合作区发展促进条例》，维护了行政区划的隶属法律关系，贯彻了"一国两制"和粤澳互利互惠的方针政策，粤澳双方共同向合作区委托权力和投入资源，共同开发利用合作区。合作区属于合作方共同协商、共同建立、共同管理、共同分享的发展区域。合作方地方政府负有主体协商决策、建设、管理、分享合作区的职责权力。合作区是合作方地方政府"共商共建共管共享"的区域，这种对发展区域的共同地位应在法律中予以进一步明确规定。

（五）合作区是全体合作方地方政府授权或委托建立的开发区域

合作区管理机构的权力主要来自合作方地方政府的授权或委托。合作区虽然在特定合作方的行政区域内，但合作区的管理权却与行政区域存在一定的分离，出现了合作区"悬浮"于行政区划之上的现象。这是因为合作区是基于合作方地方政府授权或委托组建的区域，它与宪法和组织法创制的行政区域存在本质的区别。合作区所属的"飞入地"合作方行政区域主体授权或委托出了部分区域的使用权，"飞出地"合作方授权或委托出了部分管理权、资源调配权，建立合作区，使区域所有权与管理权分离。实际上，行政区域与经济区域的适度分离来自上级政府的授权。合作区的管理权来自全体合作方的共同委托或授权。全体合作方都在向合作区共同委托或授予自己的权力，合作区的管理权不仅由"飞入地"的管理权构成，还由"飞出地"的管理权构成。

合作区的管理权力来自合作方地方政府的授权或委托。如《横琴粤澳深度合作区发展促进条例》第四条第一款规定，广东省人民政府及其有关部门、珠海市人民政府及其有关部门应当根据合作区开发建设实际，将有关省、市管理权限依法授权或者委托给合作区有关机构行使。

（六）合作区可以成为行政区划调整的前置阶段或补充阶段

合作区的一种功能是行政区划制度的重要补充。双轨制的区域变动模式未来将成为一种趋势。行政区划与在行政区划上设立合作区，会平行存在，交替运行，共同推进区域一体化协同发展。

合作区作为一种行政区划调整前的过渡阶段，能够提前测试行政区划拆分合并的环境是否合适，有效保证行政区划拆分合并的科学性、平稳性、安全性，减缓了因行政区划调整梯度过大而可能造成的冲击，能有效降低行政区划调整的风险，对行政区划调整后的失误也具有弥补作用。

合作区能够形成稳步、渐进、共赢、局部重点突进的区域合作态势。合作区的合作是准体制层面合作，相比传统的区域机制层面合作，组织化程度更高、实质效力更强，并且它是一种在有限的重点区域领域内实施的深度全方位合作，解决了浅层的少数领域合作的"摊大饼"式的泛化、缺乏实效性的问题。

合作区不是经行政区划调整形成的，因此没有改变行政区划的基本法律关系，只发生开发利用权关系变化。合作区这种模式为区域开发开辟了新的广阔空间，注入了新的生机和活力。这种模式在理念上改变了传统区域运作的原理，对行政区划与经济区域关系的理念进行了一次革新。

# 第三节　地方政府间合作区的作用和优势

## 一、地方政府间合作区的作用

（一）推进区域一体化发展

合作区能够平稳地推进区域一体化发展。相邻地区要实现一体化，行政区划调整是一种方式，但是行政区划推进区域一体化缺少渐进性、平稳性，会出现区域的陡然拆分或合并。这种刀切、割肉式的方式，有时会造成对被调整方利益的较大损失和伤害，长期难以恢复元气。并且拆分、合并、整合的工程量和成本无疑是巨大的，有时即便吞并了一些区域，也难以消化，拖累本体。直接在行政区划上下手动刀，也是有一定风险的，有时还很不合时宜，火候难以讲究，条件难以保证成熟，行政区划拆分、合并最好的时候，是在两地经济社会发展水平相接近时进行。

合作区模式能够有效解决这种刀切、割肉式分割合并模式的弊端。在行政区划之上设置合作区能够实现区域渐进式的一体化融合。并且绕开了一些非此即彼的行政区划合并的场景。合作区是中心城市扩张的锋线，是区域一体化发展的桥头堡，是一种共赢渐进式的区域生长方式。2003 年，江苏省委、省政府决定成立江阴—靖江工业园区，经过近 20 年的发展，这种管理权在江阴、园区在靖江的合作区模式，使一江之隔的江阴、靖江南北两岸连接成一体。横琴粤澳深度合作区的设立，形成了广东（社会主义制度）—珠海（经济特区）—横琴（深度合作区）—澳门（资本主义制度），逐级过渡衔接的平台。

2021 年 4 月，《河南省国民经济和社会发展第十四个五年规划和二〇三五年远景目标纲要》提出探索设立平原示范区，武陟、长葛等特别合作区。郑州通过在焦作设立合作区，郑州北部与黄河北岸的焦作市武陟县可以逐步实现一体化和深度协同融合。郑州、焦作、许昌"一旦成立特别合作区，那么就会形成统一规划、联合开发、园区共建、政策协同等机制，郑州跨河发展就会成为现实"①，从而形成黄河两岸一体化协同发展的格局。通过在许昌设立合作区，可以实现郑州南部与许昌市的长葛市一体化发展，焦作和许昌也能够从合作中得到收益分成。核心城市可以通过这种柔性的方法，逐渐扩大城市圈规模，适应一体化协同发展的需要，逐步提高管理大城市圈的能力。通过设立合作区能够推进特定区域融入主流发展潮流，融合相关区域，加强相关区域居民交流，让相关区域共享发展成果和红利。例如，设立横琴粤澳深度合作区，就是促进澳门经济适度多元发展的重大举措，为澳门居民的生活、就业提供了新空间，丰富了"一国两制"的伟大实践，成为推动粤港澳大湾区建设的新高地。在没有合并行政区划的情况下，不仅澳门、香港可以用合作区的方式，以后台湾也可以采用该方式，进行一体化协同发展和大陆融合。在我国领土之外，与新加坡、

---

① 张波，李岩，杜文育，等. 全国仅 4 个! 河南三地和郑州设立"特别合作区"[EB/OL].
北青网，2021-04-17.

日本、越南等地也可以用这种方式协同，构建经济共同体，共享利益成果。

(二) 推进区域间协同、均衡发展

设立合作区可以促进行政区域边界地带的发展。两块行政区域交界的地带一般处在各自行政区域的边缘，行政区域一般越靠近行政区域的中心越先进、越富庶，越靠近行政区域的边缘越落后、越贫穷，如老少边穷地区都是某一个行政区域的边缘地区、交界地区。通过创建合作区能够有效地推动行政区域边界边缘地带的发展，深入推进边缘区域合作协同，吸引资源进入，扩大对外开放，推动合作开发，促进共同富裕，逐步使合作区成为边缘地区对外开放和经济发展的引擎。

我国新时期的增长，需要利用更多的外部资源、机会，才能够实现。传统的区域内增长，经济增长空间越来越有限，已经难以满足保持持续增长的需要，区域外增长，正越来越成为区域增长的重要方面。合作区模式能够在保障地方主体权益的情况下，实现区域外增长，实现地区间的协同增长，提供新的增长发展空间和机会。合作区提供的增长是高效双赢、良性互动的增长，不是一方补偿另一方的增长，而是能使大家都能得到充分发展，是充分利用行政和市场双重机制的增长。合作区利用市场机制缩小地区间的发展差距，实现良性互动循环，构建区域间"你中有我，我中有你"的发展格局，提升经济效能，降低经济风险，利用行政机制，调整区域产业布局，实现区域整体发展利益。在我国，上级政府的产业布局有时不可能面面俱到，总会有照顾不周全的情况，合作区可以进行再次产业资源的合理配置，弥补宏观产业布局造成的不周到、不均衡情况。

行政区域合作区是一种通过地方政府的共建关系，主动寻求经济增效的方式，当行政区域内的发展潜能被逐渐挖掘殆尽之后，经济发展就会逐渐放缓，就需要通过跨区域合作寻找新的发展动力、机会和增长曲线，实现区域外的再次增长驱动，发挥区域内外链接的复合效应，实现"整体大于部分之和"的非线性增长，实现新的组织自我进化与协同增效，实现范围、规模经济和协同效能。[①]"成立合作区以后，因为合作区可以由双方科学规划，有利于从以前的被动承接到以后的主动布局的过渡，这使两地联系更加紧密、可以构建更高效率

---

① 陈春花，朱丽，刘超，等. 协同共生论：组织进化与实践创新 [M]. 北京：机械工业出版社，2021：29.

的协同共进体系。"① 这个时代跨界整合将成为新常态，任何地方都要制定两个战略，一个面向今天，一个面向未来。面向今天的是管理好当下行政区域、发现创造本区域价值，面向未来的是实现本区域的可持续发展、寻找新生长空间，合作区就是面向未来的区域。②

合作区的共同管理体制模式，能够极大保证合作的正当性、合法性、公平性，极大调动地方主体参与合作治理的积极性，特别是"飞出地"合作方开发投入的积极性。例如，江苏省经济发展态势南强、北弱，"苏州和宿迁代表江苏省发展的两极，要实现江苏均衡发展，重点是实现宿迁在经济发展方面的突破。宿迁必须扩大与苏州的南北合作对接，加大推进苏州宿迁合作的共建对接的力度，更有力地推进南北挂钩合作，实现区域共同发展"③。苏宿合作区的建立，对于苏州宿迁发展经济的目标精准对接，对于合作的实体化，对于苏州和宿迁资源的精准投放，对于投入资源及收益都起到了保障作用。吉林省长白山保护开发区、延边朝鲜族自治州、白山市三方应当共建合作区，共同合作开发共享长白山，带动整个吉林省、白山市和延边朝鲜族自治州实现更大的发展，以利于区域协同、均衡、高质量发展，让长白山生态资源开发和旅游事业的发展利益辐射更多地方，兴边富民，为巩固边疆国防发挥更大的作用。

设立合作区不仅能促进区域间协同发展，而且还赋予了合作地方新的政策势能、引擎动能。在行政区域间总会形成资源、政策、传统的特殊性、互补性势差的情况。通过合作区平台能够形成资源、政策、传统优势的叠加，就能够借助合作方的资源、政策、传统势能实现新发展，能够极大改变原来地方的固化发展态势，汇聚气运，革新发展。例如，浙江省如果与吉林省建立合作区，共建的合作区就能充分利用吉林省厚重的工业基础，肥沃的土地，丰厚的人才教育储备，而且浙江省优良的营商环境和发达的商业文化，吃苦耐劳、独当一面的创业精神，活力强大的民营经济，这些都是发展经济的有利因素。黑龙江省的深哈产业园"借鉴深圳改革开放以来的成功经验，通过'带土移植'深圳

---

① 张波，李岩，杜文育，等. 全国仅 4 个! 河南三地和郑州设立"特别合作区"［EB/OL］. 北青网，2021-04-17.

② 陈春花，朱丽，刘超，等. 协同共生论：组织进化与实践创新［M］. 北京：机械工业出版社，2021：53.

③ 苏州宿迁工业园区管委会. 园区概况［EB/OL］. 苏州宿迁工业园区管理委员会网站，2022-06-06.

的体制机制、管理模式，打造成了新的发展热土"①。

（三）增强区域主体跨区域资源配置效能

合作区能够提升区域资源优化配置效能，加强优势资源互补，增强区域资源的投送能力，降低合作成本和资源开发成本，实现地方间点对点的直接合作，减少合作冗余环节，用较低的合作成本，提高合作行政效率。例如，深圳、哈尔滨两市设立合作产业园后，实现了"市—市"的直接对接，减少了"市—省—省—市"的对接路径环节，提高了行政效率。从经济学角度分析，行政区划具有将资源进行行政配置的功能，合作区则是一种以市场为主、市场与行政结合的资源配置方式。行政区划一经划定，资源就属于行政区划划定的那个地方，资源配置的范围效能，会受到行政区划边界的影响，其他地方就无法直接开发利用该地方的资源，即地方主体只能配置本区域内的资源，无法配置本区域外的资源。合作区则赋予了其他合作方地方主体直接配置特定区域资源的一定的资格和能力，这极大提高了区域资源配置的能力和效能，加强了资源要素的流动，缓解了地方低效或无力利用本土资源的情况。合作区表面上是一小块区域，但实际上与整个合作方的区域有直接关联，是一个发展的引擎，能够配置、转化、消化整个合作方的经济要素。

在区域一体化和统一大市场的背景下，越来越需要跨区域精准配置行政区划资源，提高区域间的资源配置和利用效率，盘活特定地区的富余资源。人力、资金、土地是经济发展的基础要素，要让其在区域间流动、活跃，进行合理、精准的资源配置。合作区是实现特定的区域资源精准配置的切实可行的办法。通过设置合作区，合作方地方政府靠前感知和指挥，实现区域间的合理分工和行政区域间的联结，实现区域间的资源流动和产业转移。例如，深汕特别合作区，深圳与汕尾的跨行政区域合作，汕尾可以承接深圳的产业溢出，深圳则可实现"腾笼换鸟"，为高精尖产业发展腾出发展空间。而且发达地区并没有失去这些转移出去的产业和资源，仍然可以控制调配这些资源，仍然可以从中获得收益，汕尾地区则通过深圳的产业辐射，获得发展势能、收益分成和发展契机。

设立合作区能够使合作地方获得更优良的地域资源和区位优势。加强了区域资源和区位优势的互补，引进了自己所欠缺的资源，提高了自己的区位优势。经济发展落后地区通过跨区域合作，可以寻找到新的区域发展机会。例如，深

---

① 郝迎灿.哈尔滨新区大力推进改革创新［N］.人民日报，2021-12-20（10）.

汕特别合作区的设置，深圳获得了漂亮的海岸线和稀缺的发展空间，同时不缺少发展空间和海岸线的汕尾获得了充沛的发展资金和动能，更为重要的是汕尾并没有丢失该行政区域。2022 年，昆明托管西双版纳傣族自治州磨憨镇，共同建设跨境口岸，使昆明成为唯一一座拥有"边境线"的省会城市。坐落在黑龙江省哈尔滨市的深圳（哈尔滨）产业园未来会成为深圳长期开发远东地区的前沿基地。黑龙江、吉林省没有出海口，也可以与浙江或辽宁省共建出海港口合作区。作为局部的合作区控制占比，依据不同的时期和形势，可能发生合作方之间 AB 或 BA 权重次序的转变，但只要有利于全局和局部的共同发展就是可行的。合作区设置以后，合作地方可以实现对合作区的合作渐进治理，综合能力强的一方可以逐渐提高管理比重，综合能力弱的一方可以逐渐减少管理比重，但综合能力弱的合作方可以从中得到相应收益，无论是哪方控制合作区，都不影响合作区总体的共同合作性质和共赢性质。比如，苏州的苏州产业园与苏州市相城区的苏相合作区，实现了"跨区合作、联动开发、优势互补、互利共赢"。①

（四）促进行政区划科学调整、增加区域面积

合作区特有的方式，可以达到类似增加行政区域面积或行政区划合并的效果。在中央行政区划权力没有向地方放开的情况下，地方如果想达到类似增加行政区域面积或行政区划合并的效果，只能通过合作区这种方式，它实质上赋予了地方政府以合作区的方式增加区域面积的能力。例如，深圳面积是 1997 平方公里，现已极度缺少发展空间，深汕特别合作区面积为 468.3 平方公里，成为"深圳第 10+1 个区"，并且是深圳最大的区。极大增加了深圳可支配的空间面积。如果通过行政区划调整的方式去实现深圳有限发展空间的扩展，势必会上升、惊动到中央层面，不可能以如此协商式的方式自由选择区域，也不可能增加如此广阔的区域，并且只能通过合并周边地区的方式去实现，但其结果会不尽人意。澳门面积为 32.9 平方公里，横琴粤澳深度合作区的面积近 106.5 平方公里，横琴粤澳深度合作区的设置极大增加了澳门可利用和可发展的空间。

行政区划拆分合并等调整具有极强的法定刚性，一经拆分或者合并，无论科学合理与否，一段时间基本要按照这种划分执行下去了，拆分或者合并交割

---

① 苏州工业园区苏相合作区建设管理局. 苏州工业园区苏相合作区建设管理局关于苏相合作区漕湖北岸城市设计的竞争性磋商采购公告［EB/OL］. 苏州工业园区管委会网站，2022-10-19.

的既定效力发生了，一时再难改动。这种方式集优缺点于一身，优点在于区域归属清晰，缺点在于刚性过强，导致了行政区划的试错包容性极低。

合作区毕竟不是行政区划拆分、合并，它是一种在行政区划之上的次级区域的拟制，不触及行政区划的体制，这种拟制既保留了行政区划的优点，也弥补了行政区划调整刀切式的缺点，有效填补了行政区划"切"与"不切"的中间的真空地带。合作区可以作为行政区划拆分合并的先导试验阶段或中间阶段，可进可退，可攻可守，不会造成过大的影响。行政区划合并有时难以"吃"下一整块区域，设置合作区这种方式可以使合作方逐渐在合作区形式之下消化该区域，待时机成熟时完成合并，这样双方都无损失，解决了行政区划一次性交割的一些弊端。设置合作区可以作为行政区划的变迁模式，能够减缓行政区划合并中的梯度差和冲击力，实现行政区划间的环境相接近、相适应，可为行政区划合并创造良好的环境，以利于平稳过渡。

在行政区划调整完成后，合作区还可以弥补行政区划调整的不足和缺憾。行政区划是人为的，再如何考虑周全，也难免存在不足和缺漏，更何况还存在各种错综复杂的利益博弈和纠葛。行政区划如同立法，一经拆分或者合并、升级降级等调整，就有了既定性，如果出现了缺漏和不足，就只能等到下一个调整窗口期了。设立合作区可以弥补上述缺憾和不足。例如，1988 年，海南以独岛建省，孤悬大陆之外，缺少了与大陆的连接点，导致交通一直受到阻碍。当时行政区划合并应将大陆最南端的徐闻县划归海南省，构建琼州海峡两岸交通往来一体化格局，加强两地交流，减少两地对接的成本。可是海南建省后，再想拆分合并，就会涉及省级行政区的调整，无法轻易进行。目前，2022 年开工建设的徐闻合作区将弥补上述缺陷，形成海南在大陆本土的据点，也有利于海南自由贸易港的优惠政策辐射广东省西南地区。

**二、地方政府间合作区的优势**

（一）共享利益、共担风险、协同发展、多方共赢

合作区是跨地域长期合作的制度化平台，是嵌入两个区域间的连通器，实现了区域间长期的挂钩对口合作、双向赋能，加强了区域间合作的组织深度，摆脱了区域合作的短期性和不稳定性。

合作区的优势在于行政机制与市场机制的结合，宏观调控机制与微观合作机制的结合。合作方按照上级政府制定的区域发展战略和设定的范围，以市场

的机制进行合作，以合作区的形式构建先进地区与后进地区的利益共同体，或者资源互补型的利益共同体，形成协同发展的态势，从而形成利益共享、风险共担、多方共赢、共同发展的态势，带动多方共赢互补发展。这种机制不是无偿的单方对口支援或扶助，是在宏观调控下平等协商、互通有无的市场交易机制。

由于合作区可以由"飞出地"管理或者合作管理，合作区的地位受法律保障，"飞出地"享有控制位于"飞入地"的合作区的一定权力，这保证了"飞出地"及相关方投入资源的信心。"飞出地"投入资源于合作区，就相当于投入资源于"飞出地"本土，"飞入地"亦是同理，消除了各合作方投入资源后对未来的顾虑，也在一定程度上扭转了产业只愿意去发达地区，不愿意去落后、边缘地区的局势。通过共同开发建设合作区，"飞入地"的合作方可以获得更多的发展机遇，"飞出地"可以获得自然资源、未来市场、区位优势和发展空间。

"飞入地"可以承接"飞出地"的产业转移和分工，享受先进地区的产业辐射，先进地区可利用"飞入地"的廉价土地空间、自然资源、劳动力等要素取得开发优势，也不用担心自己的底层低端产业的流失，专心致力于自己的高端产业发展，"飞入地"也可以充分利用燕阵效应获得发展。开发建设合作区是有偿共赢合作，要共同协议、共同出资、共同管理、共享收益、共担风险、共同发展。

开发建设合作区不是单方的无偿付出，不是投入无底洞，是有偿的、要回报的，是一种平等交易、共同投入、共享利益、共担风险的双方或多方共同合作开发的行为，是对未来发展潜力、发展机会、发展预期的搜寻、发现和投资。因此双方都要投入资源，都要履行相应的权利和义务，承担相应责任和风险，每个合作方都要尽力积极维护运营合作区。设立合作区不是打造一方控制另一方、独占封闭的地盘，而是构建多方协同开放的利益共同体。

设立合作区能够促进南北、东西跨区域合作，加强区域交织，加强资源人员往来，保证发展的成果惠及多方，促进合作方融入国家整体发展大局，促进区域共同体建设，促进区域整体发展，有效防止区域间发展不平衡。南北共建合作区，各方都能够从国家阶段性支持区域发展的优惠政策中获益，无论此刻国家是振兴南方，还是振兴北方，只要合作区足够长期、稳定，各方就都能够从中获得收益。例如，国家振兴东北，浙江省与吉林省共建合作区，浙江省也能够从中受益。对于合作区，国家应适当进行政策倾斜，加强舆论导向，激发地方政府间合作的主动性和积极性，加强价值利益的混合共享。

（二）整体引入软硬环境

特定地方经济发展状况与所在地方政府治理环境有密切关系，一方水土，养一方人，有什么样的行政区域治理生态环境，就有什么样的区域经济社会发展环境和态势，它们相互依赖、相互促进，协同共生。产城融合，既是一种目标，也是一种状态，特别是在现代中国，地方政府是最关键的战略投资者和产业培育者，各种经济主体都与所在地方政府深度绑定融合或者存在千丝万缕、或明或暗的联系，各种产业、企业、事业、人才、技术、资本等生产要素与所在地方联系紧密，离开了这个地方就可能存活不了。引进地方政府的管理模式及投资主体，对一个地区发展是至关重要。设立合作区就是要引入一个地方最关键、最有决定性意义的战略投资者和产业培育者。例如，20 世纪 90 年代初期，深圳以"三来一补"的加工贸易企业为主，工业增长后继乏力，90 年代中期开始了"第二次创业"，深圳选择了大力发展高新技术产业作为深圳未来的希望，政府制定了前瞻性的规划，引领高新技术产业发展，扎实推进七大配套体系建设，与著名高校共建研究院，统一规划建立深圳湾畔高新区，建立国家首只创投基金，举办首届高交会，建立廉洁高效政府，建立国际现代化城市，推动深圳经济成功转型，实现了直至今日的高科技引领全国态势。①

1. 引入先进地区的管理生态环境

单纯引进企业，缺乏整体配套的生态环境，企业难以存活，"橘生淮南则为橘，生于淮北则为枳"，要整体引进先进地区的管理生态环境，植入先进地区优良基因、作风和理念，引入确保企业能够存活、发展、壮大的先进地区的管理生态环境。只有将管理生态环境整体引进，合作区才可能发挥相应的整体生态功效。例如，2019 年，深圳哈尔滨成立的深哈产业园区，为确保"六深"理念（深圳管理团队、深圳体制机制、深圳政策体系、深圳理念、深圳作风、深圳精神）"带土移植"到哈尔滨。2019 年 6 月，深圳（哈尔滨）产业园投资开发有限公司总经理奉均衡一行 9 人从深圳飞抵哈尔滨，作为深哈公司主要管理人员长期留驻哈尔滨。② 哈尔滨缺少管理高科技企业的经验，必需引入深圳政府管理团队，此举更是为了将深圳的管理生态环境整体和先进的管理理念引入到哈

---

① 李子彬. 我在深圳当市长 [M]. 北京：中信出版集团，2020：3.
② 杨雪楠. "带土移植" 特区理念 深圳哈尔滨联手绘就 "双城故事" 美好蓝图 [EB/OL]. 人民网，2021-05-18.

尔滨。

2. 引入先进地区的管理经验和优惠政策

先进地区的管理生态环境整体引进，后进地方可以学习复制先进地方的管理理念、经验和方法，苏州新加坡工业园当年就是这样手把手传授开发区管理经验的。不同地方的政府工作人员通过合作区的培训，可以相互交流、学习，发现差距，从而使其管理水平得到提升。还可以共享合作方的优惠政策。例如，2017年9月，深汕特别合作区体制机制调整后，深圳的优惠政策直接进入汕尾市海丰县境内的深汕特别合作区。2021年3月，全国人大代表宁凌提出了《关于支持建设粤琼（徐闻）特别合作区的建议》，指出设立徐闻合作区能够促进两省的产业融合，分工合作，错位发展，优势互补，支持共享和延伸海南自贸港的有关优惠政策，支持陆港联动大型基础设施的规划和建设，加快琼州海峡港航一体化的进程。①

3. 引入激励竞争机制

合作区的发展状况是发展态势的指标，无论与"飞入地"合作方对比，还是与"飞出地"合作方对比，都是一种竞争激励。合作区比"飞入地"后发地区发展快，对后发地区政府是一种责任激励，如果合作区比"飞出地"先发地区发展慢太多，对于"飞出地"先进地区也是一种责任激励。例如，深汕特别合作区成立头几年发展极为缓慢，2017年，广东省委、省政府马上调整了管理体制机制。开发建设合作区要求合作各方提升自身素质，改善管理发展环境、营商环境。合作区要引入先进地方的公务员队伍的管理经验和精神面貌，引入先进地方的行政竞争力量，形成与后进地区之间的对比，激励后进地区奋起追赶。合作区是激活落后地区一潭死水的鲇鱼，能够搅活一潭死水，也可以是为一个地方注入源头活水的新鲜泉眼。

（三）实现治理和发展能力的叠加、资源优势互补

合作区由合作方共同建设，能够产生1+1大于2的效应。合作方可以分别或共同进行合作区管理，合作区还能以多重角色出现，例如，横琴粤澳深度合作区，它既可以是广东省的，又可以是澳门的，还可以是共同的合作区。这极大地增强了合作区的适应性，使合作区可以充分利用合作方的资源，占据多地之利，根据各种场景，切换内涵主体模式，实现多种发展可能。"江阴—靖江合

① 陈彦，何有凤. 支持湛江建设国家重大战略联动与融合发展示范区［N］. 湛江日报，2021-03-11（A02）.

作园区实行'行政混血'的管理体制，最直接的好处是在不改变大的行政格局下，充分调动了两个市的积极性，江阴的产业优势、智力优势、人才优势迅速向靖江转移，而靖江的丰富资源也为江阴的发展拓展了空间，实现了优势互补，合作共赢。"①

设立合作区能够发挥政府和市场、行政区域和经济区域、上级政府和下级合作方政府的多重优势，合作区的治理是一种高效的区域复合型治理模式，设立合作区是新的经济发展方式和资源配置方式。合作区发挥了上级政府的指导和调控的作用，尊重了地方主体的利益选择机制，实现了行政区与经济区的互补发展，实现了整体和部分的共同发展。合作区的设立有利于资源的开放共享、资源要素的自由流动和跨空间投送，有利于新旧动能转换和后发优势的培育。

地方的发展态势，"三十年河东，三十年河西"，兴替转化，螺旋往复上升、再生焕新，今年可能南方发展好，明年可能北方发展好。现代经济的发展是联合发展，需要善于借助合作发展的态势和风口，要抓紧各地发展的先机，因利乘便，乘势而上。合作越互补、越紧密、越积极，地域发展就越快、越稳定、越持久。合作区就是这样一种共同汇聚点，合作方都可以互相借势而上，大家的价值利益趋于一致，资源互补共享，共同投入新兴领域，共同获得发展的强劲动力。"深哈产业园是深哈合作的前沿阵地，它的第一点意义是实现了深圳和哈尔滨两地的产业资源的优势互补、合作共赢。深圳市是一个改革开放的前沿城市，总共有两万多家高新技术企业，500多家上市公司，这些企业有很大的外部溢出和市场扩大的空间和需求，深哈产业园可以发挥好这种承接和服务作用，更多地将深圳产业往东北地区进行产业布局。第二点意义是深哈产业园也是农业合作的重要平台，深哈产业园不仅要立足深哈两市，更重要的是要面向广东省和黑龙江省和全国，积极推动粤港澳大湾区建设与东北振兴发展，使二者有效衔接，使南北互动起来。第三点意义，它也是黑龙江对外开放的重要纽带，因为黑龙江省的区位优势是面向俄罗斯和东北亚的窗口，设立深哈园有助于积极对接俄罗斯和东北亚的合作，充分发挥好深哈园的改革创新的高地，创新试验田的作用。"② 不仅深圳市，广东省乃至南方地区都可以利用这块在东北的与俄罗斯远东地区合作的战略支撑点，南方的各地市都可以通过深哈合作区这个

---

① 李致平，王先柱．集中区建设与相邻区域的利益共享机制［J］．安徽行政学院学报，2011（01）.

② 郝迎灿．哈尔滨新区大力推进改革创新［N］．人民日报，2021-12-20（10）.

基地参与东北亚和整个远东地区的开发。

合作区是两块行政区域的"对接"区域，能够成为行政区划一体化融合的桥梁和缓冲过渡地带。合作方可以通过合作区充分了解对方的实际情况，熟悉对方的价值、理念、制度、资源禀赋等情况，有利于再进行下一步的行政区域合作。

（四）有利于管控行政区域改革试验的风险

行政区划是国家治理的基础架构，如果改革实验直接在国家的基础框架上进行，一旦发生风险，会波及国家架构的安全。改革试验至少应建立隔离缓冲带和沙箱，防止改革波动波及国家基础架构的安全。合作区就是这样一种设置在基础架构上的隔离缓冲带和沙箱，能够有效屏蔽吸收改革试验的风险冲击波。合作区不是"飞出地"和"飞入地"的全部，只是它们的极小部分，出现问题，不会对"飞出地"和"飞入地"及全局造成较大影响。致使最下策的情况下，当出现极大波动危险时，关闭合作区即可解决问题。80年代改革开放，经济特区的建设也是采取了这种双轨制的模式，实行"行政区域"+"经济特区"的模式。香港、澳门问题，也采取了"行政区域"+"特别行政区"，在一般行政区域基础上建立特别行政区的模式。

雄安新区可以利用这种方式进行整合，北京与河北共建雄安合作区，明确未来雄安新区的发展方向。河北地区为京畿重地，雄安如果直接与北京合并，出现闪失，会直接影响北京的安定，可以运用合作区的方式逐渐过渡，也解决北京本地单位认为雄安属于河北，不愿意向雄安疏导的问题，充分运用市场化+行政化的方式进行疏导。

合作区也可以作为行政区划调整的前期尝试，摸着石头过河，再逐渐为行政区划合并进行体制和机制的安排。合作区可以让合作方在合作区内渐进摸索磨合，找到适合本地实际的一体化治理方式、合作方式、区域发展方式和区划方式。区域一体化是当今世界的主题，经济问题、政治问题、社会问题是互为条件、相互联系、相互影响的。区域的一体化发展首先是区域经济社会的一体化发展，合作区的行政设立，未来必将促进区域经济社会的融合一体化。设立合作区是经济区域成功经验的延续，作为一种推进区域变迁的措施，是极具有时代性和优越性的。

# 第四节 地方政府间合作区相关模式对比

## 一、行政区域飞地

"飞地"一词,《辞海》中的解释是,"指属某国(或地区)所有,位于他国(或地区)境内的土地""指属于某一行政区管辖,但不与本区毗连的土地"。①《地理学词典》中飞地是指隶属于某一行政区管辖,但不与本区毗连的土地。②飞地与本土区域归属于同一权力管辖。在社会科学中"飞地"是一种权力的现象,是特定权力在地理空间不相邻的区域的投影,是以同属于一个区域但不相连的区域形态而存在,不相邻的区域势力范围来自同一种权力的作用。飞地是合作区的基础概念。飞地的基本关系,即"飞出地"、"飞入地"、"飞地"的关系——对于认识合作区的基本形态具有重要意义。"飞地母体在哪里和它现在所处的位置就是飞地的两个核心要素。"③

地理学上的飞地,常指因历史原因,资源分布与开发,城市经济发展与人口疏散等需要,在行政区以外,但属行政区管辖并与之有经济等方面密切联系的土地,如属于上海市在江苏、安徽等地的农场、工厂、矿山等。④

《牛津地理学词典》则根据地区与国家间的相对关系区分出内飞地(enclave)与外飞地(exclave)两种类型:内飞地是指"某国家国境之内有块地区的主权属于别的国家,则该地区是这个国家的内飞地,也同时是握有主权国家的外飞地";外飞地则是指"某国家拥有一块与本国分离开来的领土,该领土被其他国家包围,则该领土称为某国的外飞地"。⑤

---

① 辞海网络版.飞地[EB/OL].辞海网络版官网,2021-03-21.

② 《地理学词典》编辑委员会.地理学词典[M].上海:上海辞书出版社,1983:75.

③ 徐建平.谈中国近现代的行政区域划界[EB/OL].澎湃新闻,2020-12-20.

④ 《地理学词典》编辑委员会.地理学词典[M].上海:上海辞书出版社,1983:75.

⑤ "Enclave:(1)A small area within one country administered by another country. West Berlin was an enclave within Eastern Germany between 1945 and 1990.

(2)A part of a lessdevelopedeconomy which is regulated by foreign capital and has few linkages with the national economy. Free trade zones may be considered as economicenclaves. Exclave:A portion of a nation which lies beyond national boundaries, as with West Berlin between 1945 and 1990. This type of territory is also an enclave in terms of the host country."
《牛津地理学词典》编辑委员会.牛津地理学词典[M].上海:上海外语教育出版社,1983:151-163.

飞地的种类很多，有行政区域飞地、经济区域飞地、司法区域飞地、军事区域飞地等。行政区域飞地是与本土行政区域属于一个行政区域，但不与本行政区域相连的行政区域。例如，加里宁格勒原本是德国的领土，原名叫柯尼斯堡，是歌德的故乡，1945 年割让给苏联，加里宁格勒有 1.5 万多平方公里，与俄国本土隔着立陶宛、拉脱维亚、爱沙尼亚、白俄罗斯，与本土最近的距离有550 公里。阿拉斯加原本是沙皇俄国最大的飞地，与俄国本土隔着白令海峡，1867 年 3 月 30 日，被美国以 700 万美元购得，成为美国第 49 个州，美国的阿拉斯加州，有 171 万多平方公里，阿拉斯加州与美国本土隔着加拿大，与美国的最近距离有 988 公里。

军事区域的飞地。一个国家的海外军事基地就是一种军事区域飞地，美国在海外设置了近 380 个军事基地，分布在 140 多个国家和地区，旨在维护自身的霸权地位。英国在西班牙直布罗陀设置了军事基地，扼守地中海西部关隘，这对英国成为世界殖民霸主，起到了非常重要的作用。

在现代，越来越需要设置各种类型的"飞地"，支持国家的发展。在海外设置各种类型的军事基地（飞地），可以有效保障国家安全和发展的利益。在希腊的比雷埃夫斯港设置的码头，能保证贸易的便捷。希腊的比雷埃夫斯港是距离苏伊士运河最近的基础港口，也是地中海地区最大、最重要的港口之一，是一带一路合作的战略结点项目，中远集团控制了该港的两个码头，使其成为中国向欧洲出口的转运枢纽。①

主动设置的飞地与被动形成的飞地不同。被动形成的飞地是指因其他行政区域扩张，对周边蚕食而逐渐形成的飞地。这种飞地会导致行政区域的错杂、凌乱，造成管理的障碍和阻隔、发展的碎片化，使治理成本增加，治理效能低下，甚至失去有效管控的情况，极不利于行政管理。

主动设置的行政区域飞地属于主动行政区划调整的范畴。主动设置的"飞地"会策应对本土区域的治理，增强跨区域管理能力和资源调配能力，发挥有效的区域间协同作用，具有独特的不可替代的行政管理功能。例如，青海省格尔木市的唐古拉山镇，就是为了保障青藏公路建设而设立。但是，直接设置的行政区域飞地，涉及其他行政区域的分割，需要妥善协调与其他行政区域的政治关系，也需要较强的交通等基础设施硬件和经济社会发展作为支撑。随着区

---

① 王雯思. 中国远洋完成希腊最大港口比雷埃夫斯港收购［EB/OL］. 凤凰网，2016-04-12.

域一体化的发展，国家社会经济实力的增强，积极设置跨行政区域飞地已经成为一种重要的发展措施，以提高跨行政区域的经济开发、区域整合和管理能力。在未来，科学主动设置行政区域飞地，将成为一种趋势。

## 二、经济区域飞地

"飞地经济"是经济学和管理学的概念，侧重点在经济，是一种对经济现象的描述。"飞地经济"的称呼会产生多重意思，存在一定的不确定性。"经济飞地"倒是一种相对稳定的概念，侧重点在法治和行政，是以经济区域的形式设置经济区域飞地，"经济飞地"的规模一般较小，多是县级行政区主体间合作设立，主要以产业园的形式出现。合作区的规模一般较大，多以开发区的形式出现，"经济飞地"与合作区存在交集，"经济飞地"的进一步扩大、高级形态是合作区，"经济飞地"是合作区的初级版本。

"飞地经济"是指打破行政区划限制，以各类开发区为主要载体，在平等协商、自愿合作的基础上，以生产要素的互补和高效利用为直接目的，在特定区域合作建设开发各种产业园区，通过规划、建设、管理和利益分配等合作和协调机制，实现互利共赢的区域经济发展模式。① "'飞地经济'是指两个互相独立、经济发展存在落差的行政地区打破原有行政区划限制，通过跨空间的行政管理和经济开发，实现两地资源互补、经济协调发展的一种区域经济合作模式。"②

"飞地经济"这一词语的正式官方出处是 2017 年 6 月 6 日，国家发改委等部门联合制定的《国家发展改革委等八部门联合印发支持"飞地经济"发展的指导意见》，该文件指出国家"十三五"规划，要创新区域合作机制，通过发展"飞地经济"、共建园区等合作平台，建立互利共赢、共同发展的互助机制。③

经济区域"飞地"是"飞地经济"的区域载体。经济区域飞地是在行政区划上同层级，没有隶属关系的两个或两个以上地方政府协商合作，一方在另一方行政区域内设立的经济区域。经济区域飞地是合作方将自己管辖的开发区设置在其合作方的行政区域之内的一种经济区域发展模式。经济区域飞地不是行

---

① 今日头条 百科. 飞地经济 [EB/OL]. 今日头条官网，2022-03-31.
② 贾云巍."飞地经济"振翅高飞 [N]. 云南日报（第十版），2019-01-17（10）.
③ 国家发展改革委等八部门. 国家发展改革委等八部门联合印发支持"飞地经济"发展的指导意见 [EB/OL]. 中华人民共和国发展和改革会议网站，2017-06-06.

政区域飞地,是以经济区域形式设置的飞地。行政区域管辖权与行使权分离,或者单领域的经济管理权能的分置,是经济区域飞地设置的前提条件。例如,2019 年,辽宁省确立首批 72 个省级飞地经济园区,规划区域面积 158 平方公里,省级园区已签约落地项目 600 余个,总投资约 1000 亿元。①

"飞地经济"(经济区域"飞地")的提法从平等地方政府合作意义上分析,存在正当性缺陷,会形成一种不平等、单向度、单领域,模糊的感觉。在名称上,会存在"合作"与"飞地"的悖论。合作区的提法深入改革的全方位、全过程,它是一种平等、公平、双向、共同、合作协商的实质性的定位。"飞地经济"(或经济飞地)在地方政府合作中只能作为辅助概念,难以成为主体性概念。没有涵盖合作区的核心内容。"飞地经济"的提法,在小规模的适用上是可行的,但从较高层级的行政合作的合法性、正当性上分析已经落后于合作区的提法。合作区的提法,体现了平等、共同、公平、双向、多领域的实质要求,体现了共商、共建、共管、共享的基本理念。

合作区的提法全面覆盖了合作区活动的全部内涵,揭示了合作区的本质——行政合作,揭示了开展合作区的本质需求——共同发展,体现了合作方的平等、公平、双向、共同、协商、有偿的实质性价值。合作区概念能够覆盖和贯穿合作区现象的全过程、全方位、全领域。

地方政府间关于合作区的合作,不可能仅局限于经济范围,必然渗透扩展到社会、文化、生态、行政等范围。"行政区域与经济区域适度分离"的内涵,相比于"飞地经济"则要更科学、广阔。"飞地经济"只是宽泛的概念,不适于做精确的法学概念。

### 三、广域协同区域

广域协同区域(一体化协同区、跨发展行政区域协同发展区,以下简称协同区)是上级政府为促进行政区域一体化协同而设立的覆盖、两个或多个整块行政区域的规划协同区域,是国家或地区的重大区域战略。协同区是与行政区,在性质、广狭、组织、功能等方面不同的区域,广域协同区域的功能更多是协同各个区域的关系,制定统一整体的治理、发展政策,整体推进区域一体化协同发展。例如,京津冀一体化、粤港澳大湾区、长三角一体化都属于广域一体

---

① 王景巍. 辽宁确立首批 72 个省级"飞地经济"园区 [EB/OL]. 中国新闻网,2019-12-10.

化协同发展区域。

中央政府（或省级政府）统一划定覆盖数个行政区域的区域集合。每个参与集合的行政区域是协调区域集合的元素。协调区域内的集合元素，具有确定性、互异性、无序性。确定性，是指在行政区域协调区的集合中，任何一个元素都是确定的，不允许有模棱两可的情况出现。互异性，是一个行政区域集合中，任何两个元素都是不相同的，即每个行政区域元素只能出现一次。无序性，是指一个行政区域协同区集合中，每个行政区域元素的地位都是相同的，元素之间是无序的。集合上可以定义序关系，定义了序关系后，行政区域元素之间就可以按照序关系排序。但就集合本身的特性而言，元素之间没有必然的序。①

广域协同区域实质上是构建了一种新型的特殊、统一政策集合区域，使区域集合内各元素相互平等、独立，按照特定政策活动。区域集合成员明确，地位平等，成员之间可以进行相互协同等特定的行为。特别是在这种区域集合范围内可以授权进行特定性质的合作行为。粤港澳大湾区是中央政府设置的广域协同发展性质的区域组织，开辟了香港、澳门特别行政区和广东省九市直接合作的可能渠道，加强了十一地的往来合作，通过协调区的创设，理论上使港澳可以直接与广东省九市合作，突破了省级行政区的边界，缩短了合作的路径。传统的行政区域之间通过自发行动，难以推进区域一体化协同发展，有了协同区域的保障，就可以在协同区内突破现有行政区划限制，推进行政区域之间的紧密联通，缩小地区发展差距，实现在实质上推进区域一体化协同发展。

以习近平同志为核心的党中央十分重视区域一体化协同发展和广域协同发展区域的构建。2015 年 4 月 30 日，中共中央政治局召开会议审议通过《京津冀协同发展规划纲要》。会议指出，推动京津冀协同发展是一项重大国家战略，要在京津冀交通一体化、生态环境保护、产业升级转移等重点领域率先取得突破。同日，中共中央政治局举行第二十二次集体学习，京津冀分别就三地在健全城乡发展一体化体制机制方面所做的工作作了介绍，并提出意见和建议。会上，

---

① 确定性，指给定一个集合，任给一个元素，该元素或者属于或者不属于该集合，二者必居其一，不允许有模棱两可的情况出现。互异性，一个集合中，任何两个元素都认为是不相同的，即每个元素只能出现一次。有时需要对同一元素出现多次的情形进行刻画，可以使用多重集，其中的元素允许出现多次。无序性，指一个集合中，每个元素的地位都是相同的，元素之间是无序的。集合上可以定义序关系，定义了序关系后，元素之间就可以按照序关系排序。但就集合本身的特性而言，元素之间没有必然的序。
参见，辛钦. 数学分析八讲［M］. 北京：人民邮电出版社，2010：4.

习近平总书记指出，健全城乡发展一体化体制机制，要"加强顶层设计，加强系统谋划，加强体制机制创新。"①2017年7月1日，习近平总书记出席《深化粤港澳合作推进大湾区建设框架协议》签署仪式。2019年2月18日，中共中央、国务院印发《粤港澳大湾区发展规划纲要》。粤港澳大湾区由香港、澳门两个特别行政区和广东省广州、深圳、珠海、佛山、惠州、东莞、中山、江门、肇庆九个珠三角城市组成，总面积5.6万平方公里，2020年底粤港澳大湾区常住人口约7000万。2019年12月1日，中共中央、国务院发布《长江三角洲区域一体化发展规划纲要》。以上海市，江苏省南京、无锡、常州、苏州、南通、扬州、镇江、盐城、泰州，浙江省杭州、宁波、温州、湖州、嘉兴、绍兴、金华、舟山、台州，安徽省合肥、芜湖、马鞍山、铜陵、安庆、滁州、池州、宣城27个城市为中心区，辐射带动长三角地区高质量一体化发展。2019年10月，长三角生态绿色一体化发展示范区由国务院批复设立，示范区包含上海市青浦区、江苏省苏州市吴江区、浙江省嘉善县共2413平方公里的土地，是长三角生态绿色一体化的试验区。2022年10月，长三角生态绿色一体化发展示范区执委会（长三角生态绿色一体化发展示范区执委会主任为上海市政府副秘书长、市发展改革委主任）会同江苏省、浙江省和上海市，由两省一市发展改革部门印发了《长三角生态绿色一体化发展示范区建立健全生态产品价值实现机制实施方案》。示范区理事会充分发挥示范区重大事项决策平台作用，64家理事会成员单位各尽其责，执委会与两区一县三级八方共推示范区建设，特别是两区一县发挥了重要的主体作用。②

合作区与协同区是不同的。第一，性质不同，协同区与合作区是不同性质的区域，协同发展区域要覆盖完整的数个行政区域，是在跨行政区划之上完整设置的战略规划性质、政策性质的区域。合作区是在特定合作方行政区域内设置的实体合作经济开发区。协同区是政策指引区，合作区是政策具体实施区域，设立合作区也是实现区域战略目标的重要措施之一。第二，形态不同，合作区是行政区划方面对等区域之间构建的交集区域，范围较小。协同发展区是数个行政区域之间构建的并集区域，范围较广。合作区将地方政府合作限制在了合

---

① 万鹏. 习近平解题"京津冀一体化"：加强顶层设计推动协同发展［EB/OL］. 人民网-中国共产党新闻网，2015-05-05.

② 鲍筱兰. 高水平建设长三角生态绿色一体化发展示范区工作推进会在上海举行［EB/OL］. 中国发展网，2023-12-11.

作区范围之内，仅就合作区展开深度合作。协同区则将地方政府协同扩大到了整个区域范围，就整个广阔的区域范围展开协同。第三，来源不同，合作区是行政区划上同层级对等地方政府主体依据区域发展战略，在上级政府指导下，按照自身利益、平等协商、上下结合设置的合作区域，地方主体具有一定的自主权。它可以来自行政区划上对等地方政府间，通过平等协商共同合作设置。协同区是上级（中央及省级）政府行使单方权力设置的战略规划区域，是中央或省级政府单方权力自上而下设置的。第四，管理不同，合作区是一种类实体性质的管理区域，有近乎实体的管理机构，合作方按约定具体承担管理职责；协同区是一种以协同为主基调的区域，管理机构主要是一种协调性的机构，原上级区域政府仍然是这个行政区域的实体领导者，具体管理仍依靠原行政区域的政府主体。有些合作区虽然名字是合作区，但实际上是协同区。例如，2014年建立的蒙晋冀长城金三角合作区，是覆盖乌兰察布、张家口、大同的广域协同区，面积10.6万平方公里。2014年8月18日，蒙晋冀（乌大张）长城金三角合作区首届联席会议在内蒙古自治区乌兰察布市召开，三地共同签署了《蒙晋冀（乌大张）长城金三角合作区建设协议》。2021年10月，国家发展和改革委员会印发《湘赣边区域合作示范区建设总体方案》，这标志着湖南省和江西省共同推进建设的湘赣边区域合作示范区正式上升为国家战略，该区域包括湖南江西两省交界地带24个县（市区），《湘赣边区域合作示范区建设总体方案》提出努力将湘赣边区域打造成为全国革命老区振兴发展的先行区、省际交界地区协同发展的样板区、绿色发展和生态文明建设的引领区。

### 四、其他区域模式

（一）"特区租管地"

2009年6月27日，第十一届全国人民代表大会常务会议第九次会议审议并通过了国务院关于提请审议授权澳门特别行政区对横琴岛澳门大学新校区实施管辖的议案。

在全国人大常委会的该项决定中明确规定，澳门特别行政区政府以租赁方式取得横琴岛澳门大学新校区的土地使用权，并且在规定的期限内享有对该校区依照澳门特别行政区法律实施管辖的权力。

澳门特区依据全国人大常委会的授权对所租地享有管辖权。管辖区域内适用澳门特别行政区法律。国务院对于特区租管地管辖权的隶属关系享有一定的决定权。

特区租管地具有租赁与管辖的双重法律属性，特别行政区对其的管理须以全国人大常委会的授权为前提，适用特别行政区法律为原则，并以租赁合同约定为依据。①

1. 租赁属性。澳门以 12 亿澳元租赁横琴部分土地使用权。土地使用方澳门特别行政区政府与土地所有方珠海市人民政府，于 2012 年 5 月 16 日签署《澳门大学横琴新校区国有建设用地使用权租赁合同书》。

2. 管辖属性。首先，澳门特别行政区对澳门大学横琴校区的管辖是以全国人大常委会的授权为前提。其次，管辖的范围由国务院决定。在《国务院关于横琴岛澳门大学新校区界址范围的批复》中确定其界址。最后，管辖区域内适用特别行政区法律，管辖内容主要指行政管理权和司法权。2012 年 11 月 20 日，《订定横琴岛澳门大学新校区适用澳门特别行政区法律的基本规范》法案草案在澳门立法会上获得通过，实现了澳门特区政府对澳门大学横琴校区的管辖。②

（二）属地不变 管理划归

黑龙江省大兴安岭地区（地级）的首府加格达奇区，坐落在内蒙古自治区呼伦贝尔市境内。1966 年 4 月 20 日，国家为了开发大兴安岭森林资源，考虑到大兴安岭地区没有合适的地方设置首府，国务院在黑龙江省与内蒙古自治区协调的基础上，将呼伦贝尔的鄂伦春旗东北部地区在原属地不变的原则下划入大兴安岭特区管理。从此内蒙古自治区的呼伦贝尔市的加格达奇就一直作为黑龙江省大兴安岭的首府。

1979 年 7 月 1 日，中共中央、国务院《关于恢复内蒙古自治区原行政区划的通知》（中发〔1979〕42 号）文件中又明确规定：松岭、加格达奇两区仍归黑龙江省管理，原属地权不变。

2004 年 11 月 25 日，呼伦贝尔市政府向内蒙古自治区政府上报了《关于松岭、加格达奇两地实行属地管理的请示》要求收回松岭、加格达奇两地。该市请求自治区帮助该市收回松岭、加格达奇地区管理权。中共中央、国务院批示："此两区归黑龙江领导，原属地权不变，税收归内蒙古。"

---

① 董皞. "特区租管地"：一种区域合作法律制度创新模式［J］. 中国法学，2015（01）：152-168.

② 董皞. "特区租管地"：一种区域合作法律制度创新模式［J］. 中国法学，2015（01）：152-168.

### （三）基层"飞地"管辖权划转移交

2020 年 10 月，天津市开始治理城中村"飞地"。天津市北辰、河北两区积极沟通、密切配合，经北辰区委政府、河北区委政府同意。由河北区属地发起，北辰区配合，就白庙、张兴庄、东于庄 3 个经济合作社管辖权进行确认移交。天津市北辰区与河北区举行了"飞地"治理"城中村"管辖权划转移交接仪式。"飞地"属地化治理工作有效解决了基层社会治理职责交叉、责任不清和治理真空等问题。①

## 第五节 地方政府间合作区的实质和分类

### 一、地方政府间合作区的实质

21 世纪，政府的发展能力除了传统的体系内能力外，体系外的合作协同能力也成为一项重要能力。地方政府的组织任务除了要加强传统的自上而下的组织体系，还要加强横向的、协同的组织体系建设，通过各种方式，实现区域间更紧密的联合发展。

马克思在《〈政治经济学批判〉序言》中指出，"物质生活的生产方式制约着整个社会生活、政治生活和精神生活的过程。"经济基础决定上层建筑，上层建筑反作用经济基础。生产力决定生产关系，生产关系要适应生产力的发展，生产关系是生产力发展的形式，生产关系会反作用于生产力。区域合作形态的上层建筑及其经济基础生产关系，应当与当前的生产力发展水平相适应、相一致。

### （一）行政实质

合作区实质上是上级政府为实现特定区域目标，设定合作规则和措施政策，指导或主动联结两个以上区域主体进行组织协同的活动，是一种行政区域单元的合作协同、组织联结，是一种次级区域、次级权力的合作。上级政府宏观指导与下级地方政府间主体合作是它的基本特征。合作区要实现上级政府设定的宏观目标，合作方主体就合作区活动要展开深度协同合作。各种区域单元力量

---

① 李露彤. 城中村"飞地"管辖权划转河北板块内项目未来发展如何？［EB/OL］. 中国网，2020-10-29.

要素集结，在局部焦点区域形成联合力量，集中高效地实现特定区域的发展目标。这种合作协同方式整合程度更高，联动合作方的能力更强，发展能效更集中、更密集，是地方政府间高效协同的重要方式，合作方深度整合协同组织效能越高，合作区治理效能也就越高。

建立理想化广域型的区域共同体，整体推进一体化，实践证明没有想象中的效果好，有时难度比想象的更大。例如，欧洲共同体，从 1951 年开始建立到现在都 70 多年了，英国都脱欧了，欧洲共同体还在举步维艰地推进，欧洲各国的发展水平仍然参差不齐，各国之间差距仍然很大。因此，需要一种有别于传统理想化方式的局部重点区域发展的方式，充分考虑合作方的差异性，在合作体制内实现合作方的渐进式融合。合作区就是这样一种能够在局部重点区域集中高效推进区域一体化协同发展的组织方式，是推进区域一体化协同发展的一种有效方式。

合作区的治理从表面上看是局部合作区的治理，实质上是整个合作方为主体的治理，合作方之间合作整合，深层次协同联动，直接管理合作区。赋予了某一个合作方地方政府以合作区为平台调动，配置其他合作方地方政府权力、资源的能力。合作区背后的合作方地方政府的权力、资源、能力，是合作区发展的动力来源。合作区的管理机构是合作方地方政府的派出机构。在合作区的合法正当形式之下，实质上是委托一方地方政府作为全权代表直接调配全体合作方资源，减少了管理的层级，提高了资源调配的效率，这是以合作区为核心的深度协同，按照合作区的角色、计划和任务，集中调配合作方地方政府的资源和能力。这与当年我国设立地级市，实现市管县体制有异曲同工之妙。

合作区在形式上是合作方的合作，实质上是合作方的深度整合。这种合作不是"想来就来、想走就走"的合作，而是经过深思熟虑的长期结合，如同婚姻一般。合作区，不是一个区域单元，既要听合作方 A 的领导，也要听合作方 B 的领导，而是合作区要听合作方 AB 的联合统一领导。

合作区不仅是合作方的合作区，同时，由于我国是单一制国家，下级政府是上级政府的行政分支，上级政府可以通过下级政府的合作区配置资源。例如，深圳哈尔滨产业园既是属于深圳的，也是属于哈尔滨的；既是属于广东省的，也是属于黑龙江省的。它不仅配置深圳市、哈尔滨市的资源，还配置广东省、黑龙江省的资源，乃至东北、华南地区的资源。昆明与西双版纳共建的磨憨国际口岸是昆明的，更是云南省的。整个云南省的资源、西南地区的资源都可以通过磨憨国际口岸加以配置。

合作区是两地或者多地地方政府合作的产物。任何合作构建的体制，天然存在不稳定性，会随着利益的损益波动而产生波动。特别是当合作区赖以存在的政策环境和形势发生变化时，更是如此，为保障合作区的稳定性，需要营造并维护合作区稳定的制度环境和法治环境，需要上级政府制定科学的合作规则体系，维护合作方的正当利益。当发生利益倾斜时，仍然要维持合作区正常运行，国家更需要进行政策和利益方面的倾斜扶持。合作区除了需要承载经济联系之外，更需要承载众多社会、文化等方面的联系和职能。要保证合作区的稳定，必要时可以向行政区划过渡。

（二）区域实质

合作区的实质是次级区域合作扩张。合作区实质上赋予了一定横向政府合作设置次级区域的权力。在上级政府批准授权下，允许横向政府间以合作区的形式实行区域扩张。由于中央的行政区划的刚性约束，地方政府很难通过行政区划方式实现区域扩张，只能通过管控较松的次级合作区的方式实现区域扩张。行政区划刚性约束与地方政府对于区域发展需求的矛盾是合作区得以产生的重要原因。

合作区是在国家的行政区划严格控制和约束下，地方政府采取的较为灵活的区域合作措施。没有隶属关系的两个或两个以上地方政府经过上级指导或批准合作设置次级合作区，实行互利共赢发展、双向扩区扩容。这种方式既坚持了行政区划的原则性，又实现了区域治理的灵活性。随着某一天国家行政区划刚性约束的放松，部分合作区存在的基础就会慢慢消失，将会转化为行政区域。

（三）经济实质

合作区的实质是一种区域利益交换的场所和经济产业共同发展的平台，是一种行政和市场相结合的资源配置方式，是一种长期、结构性的区域发展引擎，从区域自主模式上转换为开放共生平台模式，实现合作方之间的互补和差异性要素资源配置，完善各自的经济社会结构，增强各自的系统能力，是合作方利用区域间互补差异化的资源要素实现倍级叠加共同发展的制度模式。

发展合作区需要合作方资源的互补性，要求合作方有足以交易的当前资源或未来发展潜力的价值。南方具有民营经济发达的比较优势，民营企业家视野广阔、经济态势感知能力强、应变速度快、为人勤奋灵活；而北方重工业、装备制造业基础雄厚，森林、土地资源丰富，发展潜力巨大，发展前景可观。如果采取南方与北方协同共建合作区的方式，结合各自先天的优势，就可以充分发挥整体效能，提高各地区资源互补性和利用率，进而可以快速提升区域综合竞争力，适应未来经济发展的不确定性。

（四）法律实质

合作方的合作组织形式。行政区域的属地权与管理权的分置、合作区的共有权与管理权的分置，需要组织形式加以组织结构。其既是一种具有类似企业的合伙制度因素，又是一种具有类似公司的股份制度因素；既是一种具有联合统一管理制度的因素，又是一种具有委托、代议制度的因素。作为同层级没有隶属关系的两个或两个以上地方政府间或区域主体间共同委托权力、投入资源、管理发展、共享收益、共担风险的合作形式，合作方是合作区的管理者，形成了合作方之间的共同组织管理关系。

合作方意志和利益的保障。合作区制度的核心、合作区活动的驱动力是合作方的意志和利益。意志和利益在，合作区在，意志和利益不在，合作区不在。合作区法律的实质就是保障合作方的意志和利益，每个合作方正当的意志和利益都能够表达和实现。作为意志和利益共同体独立成员的各个合作方，拥有共同管理合作区事务的权力，享有按照协议约定主导或参与管理合作区事务的平等权利。合作区一致的发展目的和利益关系，把各个合作方的意志和利益有机地联系在一起。不患寡而患不均，利益分配不公平，意志不能得以实现，合作区就没办法办好。

合作方是合作区的主体。合作区特有的资源共有关系、合作管理关系和连带责任关系，决定了合作区的权力能力和行为能力没有完全与合作方分离，即合作区只具有有限的区域主体资格，要以合作方的名义进行活动，合作方承担法律后果。合作方与合作区存在近乎一体的关系。合作区进行管理、发展和对外活动时，更多利用的是合作方的名义和权利能力。例如，深汕特别合作区是深圳的深汕特别合作区，以深圳的名义对外招商引资，深汕特别合作区是深圳的第"10+1"区。① 合作方是合作区的法律和实际主体，享有合作区的主体性权力，合作区自己不具有立法权，只能建议合作方为其立法。例如，《横琴粤澳深度合作区发展促进条例》要由广东省人大常委会制定，横琴粤澳深度合作区无权制定。合作区取得的收益，主要由合作方共享。合作区的资源投入，主要

---

① 广东乡村融媒中心. 传统+创新，看深圳第"10+1"区田园都市如何打擂！[EB/OL].
深圳市深汕特别合作区官网，2022-09-01.

由合作方共担。合作方共享利益，依照协议约定分配收益，合作方共担责任，当管理经营不善时，则由合作方依据协议承担责任。当合作区发展遇到阻碍时，合作方应以其所具有的资源和能力解决合作区面临的问题。

### 二、地方政府间合作区的分类

分类是科学分析的基本方法。合作区的分类既有利于化繁为简，条理清晰，认清合作区背后的逻辑和实质，也有利于对同一类型或不同类型的合作区进行进一步研究。合作区有众多的表现形式，根据不同属性和特征的标准，可以划分为不同的类型。不同类型的合作区存在一定的差异性。分类的标准是客观准确认识合作区的关键点。可以按照合作方主体的等级、合作方主次管理责任、合作广度深度、合作的领域、合作方的差异性、合作方的数量等标准对合作区进行分类。

（一）省级政府间合作区、地级政府间合作区、县级政府间合作区

按照合作地方政府主体层级地位划分，分为省级政府间（省、自治区、直辖市、特别行政区之间）合作区，地级政府间（地级市、较大的市、设区的市、自治州、相当于地级的开发区之间）合作区，县级政府间（县、自治县、市辖区、县级市、相当于县级的开发区之间）合作区。

合作地方的主体层级地位越高，合作区的层级地位就越高，合作区的影响范围就越大。省级地方政府间合作区，层级地位要高于地级政府间合作区，地级政府间合作区的层级地位要高于县级政府间合作区。层级地位越高的合作区，对于组织管理制度的合法性要求也越高，越需要更加合法、正当、科学合理的设立。

省级政府间合作设立的合作区，由中央政府批准，省级地方政府间合作负责建立、管理、运营。地级政府间合作设立的合作区，一般由省级政府批准，地级地方政府间合作建立、管理、运营。县级政府间合作设立的合作区，一般由地级政府或省级政府批准，县级政府间合作负责建立、管理、运营。跨省级行政区的地级市或县级行政区单位主体合作设立的合作区应当由中央政府或中央政府有关部门批准。跨省的地级政府间合作区，属于地级政府间合作区，不属于省级政府间合作区，跨省的县级政府间的合作区同理，这里要明确。

横琴粤澳深度合作区属于省级政府主体间合作设立的合作区。深汕特别合作区属于地级政府主体间合作设立的合作区。苏州工业园区苏相合作区、江

阴—靖江工业园区属于县级政府主体间合作设立的合作区。在现实中，横琴粤澳深度合作区地位和影响力要高于深汕特别合作区，深汕特别合作区的地位和影响力要高于苏相合作区和江阴—靖江工业园区。但具体还要看合作区设置的等级规模、发展阶段和实际情况。合作方主体可以设立层级较低、规模较小的合作区。例如，深圳和哈尔滨开始只设立了一个产业园。一般情况下，合作主体等级越高的合作区，未来的发展潜力空间就越大。

（二）"飞入地"主责型合作区、"飞出地"主责型合作区、共同主责型合作区

按照合作方承担治理主体责任划分，分为"飞入地"主责型合作区、"飞出地"主责型合作区、共同主责型合作区。明确合作区的治理主责是搞好合作区治理、开发和建设的一个关键点。合作区一设立，就要有明确的主责归属。合作区设立的目的是要进行高效负责任的治理和发展，合作治理不能谁都不治理，谁都不负责任，也不能谁都想管，谁管都管不明白。

"飞入地"主责型合作区，"飞入地"政府直接负责管理合作区，"飞出地"地方政府参与管理；"飞出地"主责型合作区，"飞出地"政府直接负责管理合作区，"飞入地"地方政府参与管理；共同主责型合作区，合作方共同承担管理合作区的主要责任，均等协同参与合作区的管理。但在实际上还是会偏重于某一方。只有在特殊情况下，才选择共同主责型合作区。一般省级行政区与特别行政区之间建立合作区，由于"一国两制"的原因，选择共同主责型合作区较为适宜，双方都能够接受。

合作区在形式上肯定由合作方共同承担治理责任，但在实质上要将责任配置成以某一方为主为宜。合作区是一种合作治理的区域，一定要明确治理主责，承担主责的合作方具有领导、调动承担次要责任合作方的权力，承担次要责任的合作方享有参与的权利，负有配合、协同主责方的义务。不明确治理主责，合作区出现问题就会没有人承担责任。现实中，某一合作方在共同的合法正当形式下承担治理主责是一种必然的选择，责任要存在一定偏向和侧重，才能保证合作区正常运转、高效治理和发展。

（三）初级合作区、中级合作区、高级合作区

按照合作区的合作程度、组织程度、关系调节复杂程度，分为初级合作区（简易型合作区）、中级合作区（普通型合作区）、高级合作区（深度型合作区）。

初级合作区适用于人口地域规模较小、合作领域单一、投资规模不大、委托权力不多、权益关系简易、合作期限灵活的合作区。初级合作区可由属地方直接管理，管理权不发生转移，其他合作方参与协商管理，提出意见和要求即可。需要设置参议性的协商机构。在特殊情况下，也可以委托"飞出地"地方政府管理。

初级合作区的优势在于开展合作较为迅捷、灵活。例如，一些合作产业园，县区级主体间合作设立的一些人口较少、地域较小、产业领域单一的合作区，某些自然生态环境保护合作区，都可以适用初级合作区。这些合作区可以进行长期合作，也可以进行短期合作，目的达到了就可以解散，不会对双方造成过强的束缚，较为灵活。

中级合作区适用于一些有一定地域人口规模、合作已经涉及多个领域、委托权力已经明显增多、权益关系有些复杂的合作区。它需要建立相对完备的制度体系，需要合作方共同委托管理权力，需要签署更加权威公开的合作协议，需要设置实质性的合作协商治理机构，进行中长期合作。例如，地级市间的"飞出地"主责型合作区一般适用中级合作区。

高级合作区则是合作领域较广、合作组织化程度较深、涉及委托或授予职权职能较多、权益关系较为复杂、影响范围较为广泛、涉及事项较为重大或敏感、对合作区的合法性或正当性程度要求较高的合作区。其需要建立更加完备、严谨、周密的制度体系。例如，省级合作方之间设立的重大合作区，省级地方与特别行政区间设立的合作区，一般行政地方与民族自治地方间设立的合作区，一些重要、敏感的地级地方间设立的合作区。

一般行政区与特别行政区设立合作区要符合《宪法》和《中华人民共和国香港特别行政区基本法》和《中华人民共和国澳门特别行政区基本法》（简称《基本法》）的规定，全面准确贯彻"一国两制"方针政策，应具备合法性、正当性、合理性。一般行政地方与民族自治地方建立合作区则涉及一般行政地方与民族自治地方关系的调节，要全面准确实施《宪法》和《民族区域自治法》，落实《宪法》和《民族区域自治法》的精神和规定，应具备合法性、正当性、合理性，应严格遵守相关规定，尊重当地居民的意愿、风俗习惯和民族特点，保护民族自治地方的权益。例如，粤桂合作区是一般地方与民族自治地方之间合作设立的合作区。粤桂合作特别试验区位于广东省肇庆市和广西壮族自治区梧州市交界处，面积140平方公里，广东广西各70平方公里，分成两个管委会管理，未来可以考虑进一步整合。

（四）行政一体化功能合作区、经济功能合作区、社会功能合作区、生态环境保护功能合作区

按照合作区的主要功能和目的，可分为以促进区域协同一体化或区域合并为目的的合作区，以促进经济发展为目的的合作区，以促进社会发展和谐为目的的合作区，以促进生态环境保护或自然资源开发为目的的合作区。它们之间存在交集和重叠，行政、社会、经济、生态环境保护往往是相互交织、重叠、一体存在的。一个促进经济发展的合作区，往往也是促进社会和谐发展的合作区；一个促进生态环境保护和自然资源开发的合作区，往往也是促进当地经济发展的合作区；一个促进区域一体化协同发展的合作区，往往也是促进经济、社会共同发展的合作区。例如，河南省的武陟、长葛等特别合作区就是为了适应郑州城市圈扩容而建立的合作区，主要目的是为了促进郑州未来行政区域的进一步扩大。广东·海南（徐闻）特别合作区就是为了实现海峡两岸的协同策应、助推海峡两岸更好的一体化协同发展而建立的合作区。深哈产业园目前是为了经济开发而建立的合作区，主要目的是为了加强区域整体资源配置效率、拉动两地经济共同高质量增长。横琴粤澳深度合作区一方面是为了拉动澳门和广东经济的高质量发展，更主要是为了解决澳门的经济社会发展问题，为了保持澳门的繁荣稳定，保证"一国两制"行稳致远。依据促进各领域发展的目标，合作区内部还可以按照各职能领域的要素结构进行再次划分。

（五）其他合作区的分类

两方合作区、多方合作区。按照合作方地方政府（区域主体）数量的不同，分为两方地方政府合作区与多方地方政府合作区。两方地方政府合作区合作方地方政府数量只有两个，两个地方政府之间开展平等合作，需要平衡两方的合作权益关系。多方地方政府合作区，合作的地方政府有多个，多方地方政府开展合作，需要平衡多方的合作权益关系。大多数的合作区是两方合作区，少数的合作区是多方合作区。但随着区域一体化的推进，多方合作区将会越来越多。特别是在多地交界处，多方合作区的模式将会得到更多的应用。例如，长三角（湖州）产业合作区，就属于多方合作区，该合作区覆盖了上海白茅岭农场，江苏省宜兴市、溧阳市，浙江省长兴县、安吉县，安徽省广德市、郎溪县区域等多地，合作区创建初期是由浙江湖州供给区域用地开发建设的。

近距离合作区、远距离合作区。合作区还可以按照合作方的地理空间位置

远近，分为近距离合作区和远距离合作区。近距离合作区，可以委托"飞出地"合作方管理。远距离合作区，可以共同合作管理，也可以委托"飞入地"合作方直接管理，"飞出地"合作方定期提出意见和要求。相对来说，近距离合作区更好控制，苏相合作区（苏州工业园区和苏州市相城区合作区）合作方都在苏州市一个行政区域内，可以受到苏州市统辖，操作难度比较低。当然，远近都是相对而言的，由谁管理也不是铁定的。深圳哈尔滨产业园就属于远距离型"飞地经济"合作区，深圳哈尔滨两地相隔3000多公里，管理人员主要由深圳合作方派驻。哈尔滨市有面向俄罗斯的市场，有廉价的技术劳动力，比较低廉的房价，还有国家未来的区域政策扶持，广大的农业原产地市场等资源优势。郑州焦作的武陟合作区，就在郑州边上，就属于近距离合作区。如果浙江省与吉林省合作在吉林省设立合作区，天津市与吉林省合作，在吉林省内设立合作区，也属于远距离型合作区。

## 第六节　地方政府间合作区的五种前途

第一种前途，严格解释《宪法》和《地方组织法》[①]，禁止其存在和发展。如果从严解释《宪法》和《地方组织法》，其是没有合作区合法依据的。它也是有违传统的宪法理论的。传统宪法理论认为，地方政府只能管理本行政区域，地方政府怎么能突破本行政区域范围管理其他地方区域呢？一方地方政府怎么能到其他地方政府的行政区域内设置开发区呢？这本身是一个悖论。但是，现实的发展总是会超乎人们的想象。实践是检验真理的唯一标准，中国的改革从来也都是理论与实践相结合，从来都是从不断实践中得出新的经验和理论。党的十一届三中全会以来，国家是允许一些地方先行改革试验的。

第二种前途，宽松解释《宪法》和《地方组织法》，允许其存在和发展。《宪法》和《地方组织法》虽然没有直接规定合作区的制度，但如果宽松解释《宪法》和《地方组织法》，合作区就具有合法性。毕竟，各种经济特区、开发

---

① 《宪法》第九十九条：地方各级人民代表大会在本行政区域内，保证宪法、法律、行政法规的遵守和执行（实际上赋予执法权）；依照法律规定的权限，通过和发布决议，审查和决定地方的经济建设、文化建设和公共事业建设的计划。

　《地方组织法》第八十条：县级以上的地方各级人民政府根据国家区域发展战略，结合地方实际需要，可以共同建立跨行政区划的区域协同发展工作机制，加强区域合作。

区、功能区都已经存在了 40 多年了，作为其特殊形式的合作区，当然具有存在的合理性、合法性。并且合作区作为定位为一种试验性质的区域，应当允许其存在，应使其具有特殊的实践合法性。现行法律与新事物总会存在一定的紧张关系，面对新事物，现行法律总会带有滞后性，需要合理运用科学的法律解释，弥补法律的漏洞和滞后性。

第三种前途，修改《宪法》，确认其存在和发展。可以在《宪法》第三十条末尾加入国家推进区域一体化协同发展的有关内容。法律如果迟迟不修改，就难以以法治的方式推进改革，致使法律的规范含义与新事物的内涵相差过于悬殊，使法律解释和改革试验的空间过大，就会产生脱离法治的危险。修改法律就能够填补这个漏洞，赋予合作区明确的合法地位。随着区域一体化越来越重要、区域合作越来越频繁，以及区域合作实践经验的累积，在必要时，就应当修改宪法，增补有关条款，明确跨区域合作的合宪性，从宪法高度推进区域一体化和区域合作，以巩固区域合作及合作区改革的成果。法律解释的权威性、明确性毕竟不如立法，要用立法的方式明确鼓励和引导改革。未来还有一种可能，是合作区成为一种新型的行政区的形式。

第四种前途，制定专门的合作区法，规范其活动和发展。合作区属于区域合作的范畴，但又具有一定的特殊性，它产生了一个局部的实体管理机构，需要合作方深度协同，所以应当制定专门的合作区法。合作区是行政区域合作发展的中间形态，是行政区划合并的中间形态，制定专门的合作区立法就是要控制和规范这种中间的形态。相类似的规范有开发区条例，其在规范开发区的组织和活动，赋予开发区的地位和合法性方面，起到了较好的效果。

目前合作区发展的当务之急，就是要在国家层面制定合作区法，以规范合作区的活动，控制改革试验尺度，保障地方权益，保障治理秩序，促进经济发展。可以先制定低位阶的地方立法，待经验成熟后，再制定高位阶的国家法律。

第五种前途，政区化。合作区的设置有时太过于烦琐，需要协同多方主体，不如一劳永逸，直接政区化。对于一些长期由"飞出地"政府管理和发展良好的"飞地经济"合作区，可以通过行政区划调整，设置真正的"飞地"行政区域，发挥"飞出地"长期性的跨区域辐射带动作用。

合作区是一种中间过渡形态，是建立在多方合作基础之上的，需要法治的保障。它有三种转变方向，一是发展成为真正的行政区域飞地；二是维持飞地经济合作区的现状；三是因发展不顺利而被撤销掉。

主动设置行政区域飞地是未来的一种区域发展方向。主动设置行政区域飞地是一种重大的行政区划调整和改革行为。设置成功，就能发挥长期稳定性的辐射带动作用，设置不当，会增加区域管理成本，降低区域管理效率，引发长期性的不利后果。应采取渐进式、试探性的措施，先设置合作区，待发展成熟，再设置行政区域飞地。同时，以行政区划方式设置行政区域飞地，如果飞地是一块富庶之地，会损失"飞入地"的利益，如果飞地是一块"不毛之地"，会损失"飞出地"的利益，需要足够强大的政治权威和足够强大的正当性理由及推动力才能实现。

# 第三章

# 地方政府间合作区的历史、法制、理论和原则

## 第一节　地方政府间合作区的历史发展

### 一、萌芽阶段的地方政府间合作区

中国的改革开放，发端在广东。广东的改革开放局面，是由习仲勋同志打开的。1979 年 4 月，时任广东省负责人的习仲勋出席中央工作会议，在会议上习仲勋向中央提出了让广东先走一步、放手干，请求中央给点权，搞贸易合作区的意愿。邓小平听取了汇报，当听说贸易合作区的名称定不下来，大家意见不一致时，邓小平立即说还是叫特区好，陕甘宁边区开始就叫特区嘛！中央没有钱，可以给些政策，你们自己去搞，杀出一条血路来。①

1980 年 8 月 26 日，全国人大常委会正式批准通过并颁布《广东省经济特区条例》（以下简称《条例》），正式设立经济特区，该《条例》第一条规定，"为发展对外经济合作和技术交流，促进社会主义现代化建设，在广东省深圳、珠海、汕头三市分别划出一定区域，设置经济特区"。就此改革开放以设立与行政区划相结合的经济特区的形式在希望和疑虑的目光中正式开启。

1988 年 7 月，国务院批准珲春撤县建市，同年 12 月 13 日，经吉林省政府批准，珲春市建立省级珲春经济开发区。1991 年 1 月 16 日，国务院批准珲春为对外开放城市。1992 年 9 月 14 日，国务院批准设立珲春边境经济合作区。

1994 年 2 月，中国和新加坡两国政府合作开发建设中新苏州工业园，并定期召开中新苏州工业园区联合协调理事会，该理事会已经召开了二十三期。中

---

① 新华社. 创办经济特区［N］. 光明日报，2019-10-12（03）.

新苏州工业园就是中国和新加坡两国政府合作开发建设的合作区。

2003年2月，江苏省为解决南北发展不均衡，促使无锡市江阴与泰州市靖江开展合作，筹划在靖江市辖区内设立由江阴管理的"江阴—靖江"工业园区。洪银兴教授建议，让江阴、张家港和靖江三市合并，设立"三江市"，使之成为经济力量由南向北渐进的枢纽。因江阴属无锡市，张家港属苏州市，靖江则属于泰州市，涉及三个地级市的行政区划调整，难度大。所以采取渐进的策略，让江阴和靖江先共建一个开发区，为未来的区域整合作创造条件。①

2003年8月，江阴和靖江两市合作共建的江阴—靖江工业园区正式挂牌成立，成为全省乃至全国首个飞地经济合作园区。由江阴管理为主，靖江参与管理，还成立了一个园区投资有限公司，双方协议，10年内园区企业的收益留在园区滚动发展。

2006年11月，江苏省提出要扩大南北合作共建开发区的对接工作，加大推进对接的力度，以便更有力地推进南北挂钩合作，实现区域共同发展。2006年11月，苏州、宿迁两市正式签订了合作开发协议，12月，苏州宿迁工业园区开发建设工作正式启动。

2009年，广东省政府批准，深汕产业转移园成立，深汕产业转移园位于汕尾市鹅埠镇。

**二、发展阶段的地方政府间合作区**

2011年2月，广东省委、省政府批复《深汕特别合作区基本框架方案》，标志着深汕特别合作区的正式设立。它包括汕尾市海丰县鹅埠、小漠、鲘门、赤石四镇区域，占地总面积468.3平方公里。

2015年7月，广东省政府常务会议审议通过了《广东深汕特别合作区管理服务规定》，以省政府规章的形式确定了深汕特别合作区的基本体制，深汕特别合作区的法律地位得以正式确立，深汕特别合作区管理委员会的地位和履行的职能从行政授权转化为政府规章授权。

2017年9月，广东省委、省政府下发了《关于深汕特别合作区体制机制调整方案的批复》，要求深汕特别合作区由深圳全面主导，深圳要全面落实好深汕特别合作区经济社会事务的责任，按照"10+1"（深圳10个区+深汕特别合作区）标准给予全方位的政策和资源支持。

---

① 金心异."两江"区域竞合能走几远？[N].21世纪经济报道，2010-08-02（15）.

2018 年 2 月，深圳市下发《深汕特别合作区体制机制调整的工作方案》，根据该《方案》，深汕特别合作区党工委、管委会调整为深圳市委、市政府派出机构。2018 年 12 月，深圳市深汕特别合作区党工委、管委会正式挂牌运转。

2021 年 12 月，广东·海南（徐闻）特别合作区作为广东省第三个特别合作区开始筹备建设。该项目是湛江市徐闻未来发展的重要平台。建设广东·海南（徐闻）特别合作区有助于海南自贸港与粤港澳大湾区协同发展。

2019 年 7 月，南京的江北新区、淮安市的盱眙县签署了《关于共建宁淮特别合作区的协议》，江苏省首个"特别合作区"宁淮特别合作区设立，它深入贯彻习近平总书记关于建设好周总理家乡的重要指示精神，积极做好"区域互补、跨江融合、南北联动"的大文章；以南京江北新区和淮安盱眙县为主体，共建宁淮合作区，推动长三角高质量一体化发展。

2019 年 12 月，湖北省洪湖市与武汉经济技术开发区按照"深度合作、资源共享、优势互补、共同发展"的总体思路，根据"区划不变、委托管理、利益分享、共同发展"的原则，共同探索"区域联合发展、两地合作共建"模式，成立了湖北省首个跨区域合作区——武汉经济技术开发区洪湖新滩经济合作区。截至 2019 年底，我国共有政府间合作开发建设的飞地型经济园区 800 多个，地方政府间合作区对中国经济的贡献越来越大。①

### 三、逐步成熟的地方政府间合作区

在我国开始改革开放 40 多年后，习近平总书记打开了合作区发展的新局面。习近平总书记亲自谋划、亲自指导、亲自部署、亲自推动横琴粤澳深度合作区的开发建设工作。2021 年 9 月 5 日，中共中央、国务院印发的《横琴粤澳深度合作区建设总体方案》（以下简称《总体方案》）正式公布。《总体方案》明确规定，横琴粤澳深度合作区实行共商共建共管共享的新体制。新体制更加完备、科学、合理、先进，标志着合作区的发展建设进入了成熟的阶段。《总体方案》内容包括：一、总体要求；二、发展促进澳门经济适度多元的新产业；三、建设便利澳门居民生活就业的新家园；四、构建与澳门一体化高水平开放的新体系；五、健全粤澳共商共建共管共享的新体制；六、保障措施。横琴粤澳深度合作区范围为横琴岛"一线"和"二线"之间的海关监管区域，总面积约 106 平方公里。在横琴粤澳深度合作区设立了合作区管理委员会。合作区管

---

① 张贵. 飞地经济的发展逻辑及效能提升［J］. 人民论坛，2021（26）：68-72.

理委员会在职权范围内统筹决定合作区的重大规划、重大政策、重大项目和重要人事任免。合作区管理委员会下设执行委员会。合作区执行委员会是承担合作区经济和民生管理职能的法定机构，依法履行国际推介、招商引资、产业导入、土地开发、项目建设、民生管理等相关行政管理和公共服务职能，负责合作区具体开发建设工作。广东省在合作区设立了派出机构。派出机构在职权范围内履行属地管理职能，配合合作区管理委员会和执行委员会推进合作区开发建设。广东省人民政府及其有关部门、珠海市人民政府及其有关部门将有关省级、市级管理权限依法授权或者委托给合作区执行委员会及其工作机构行使。2024年前投资收益全部留给合作区管委会支配，用于合作区开发建设。

2021年9月16日，广东省人大常委会第三十四次会议通过《广东省人民代表大会常务会议关于横琴粤澳深度合作区有关管理体制的决定》，以省级地方人大决议的形式确立了合作区的管理体制，保证了管理体制的权威性和稳定性。2021年10月23日，横琴粤澳深度合作区管理委员会第一次会议在广州举行，标志着横琴粤澳深度合作区进入了实质性的运作状态。

2022年3月，第十三届全国人大第五次会议修改了《地方组织法》，增加了第八十条等有关地方政府合作的条款，为合作区的存在，提供了法律的依据和发展空间。2023年1月，广东省第十四届人大常委会第四十八次会议审议通过了《横琴粤澳深度合作区发展促进条例》，合作区发展的地方法治保障上升到了一个新高度。

### 四、地方政府间合作区的发展趋势

合作区作为经济特区的延续和发展，与改革开放、开拓创新的伟大精神一脉相承，具有伟大的历史意义和时代精神。从合作区发展的历史轨迹中，我们可以看到我国合作区的实践逐步深化，1. 合作区的层级由低到高。最开始是两个县级行政区的合作，后来发展到地级行政区的合作，再到后来省级行政区的合作，再到广东省和澳门特别行政区的推进"一国两制"伟大实践的深度合作。2. 合作范围由小到大。开始只是一个镇规模的产业园，后来发展到包括四个镇面积为468.3平方公里的深汕特别合作区，而且它现已成为深圳的一个经济功能区。设立合作区的模式开始只是在江苏广东等沿海城市进行改革试验，后来逐步发展到内陆、沿边地区，例如，河南的武陟、长葛合作区，粤桂特别合作试验区。3. 合作地域跨越幅度加大。"江阴—靖江"工业园区，江阴靖江两地仅一江之隔，深汕特别合作区，深汕两地中间隔着惠州市，两地相隔60公里。深哈产业园，深圳哈尔滨两地相隔3000多公里。合作区从岭南千里跃进到松花江边，从昆明跨进到西双版纳，从海口过海到徐闻。4. 合作领域逐步增多。早期的合作区只是浅层的经济领域的合作，设立简易产业园层次的合作，后来逐渐发展到社会领域、文化领域、生态环境领域、自然资源领域、行政体制领域和法治领域的合作。从立法决策层面的合作，到执行层面的合作，再到司法监督层面的合作，甚至发展到了推进"一国两制"伟大实践的政治领域的合作。5. 合作方逐渐增加。开始是两地合作，后来发展三地共建的皖苏浙产业合作园区（广德经开区），甚至合作方更多的长三角（湖州）产业合作区，实现了一市三省（江浙皖沪）四方合作。6. 合作模式越来越多样。有两方共管模式，有以一方为主管理模式，有完全托管模式，有共同决策、一方执行的模式。7. 国内合作区有叠加国际合作区的趋向。2022年昆明托管600公里外的西双版纳傣族自治州的磨憨镇，共建国际口岸，此举有利于"中国老挝磨憨—磨丁经济合作区"的共建工作开展。在未来，吉林省与浙江、天津可以采取类似的方式，共建国内国际合作区。8. 合作区运作的体制机制越来越精细完善，合作区治理越来越务实。从开始只是产业转移的工业园，到深圳全面主导的深汕特别合作区，再到"共商、共建、共管、共享"的新体制创立，合作区的发展经历了无论是从合法性、正当性，还是从科学性、合理性，体制机制逐步完备化的过程。从开始合作方责权不清，相互扯皮，争端不断，到后来责权逐渐清晰，争议得以制度化解决。从务虚的只有单一经济职能的协同型合作区向具有经济社会等综合职能的一体化、实体性治理区域转变。可以相信在不远的将来，会实现由"飞地产业园—合作区—飞地行政区"的跃迁。

## 第二节　地方政府间合作区法律的概述

### 一、地方政府间合作区法律的概念

合作区法律是调整合作区法律关系，确定合作区的地位，控制合作区的治理权力，保障上级行政区域、合作方及合作区权益，促进合作区发展的法律规范总和。我国目前还没有制定专门独立规范合作区活动的国家法律，调整合作区法律关系的规范性文件多分散在各地地方人大立法和政府的行政规范性文件之中。

合作区法律调整的关系主要是合作区的设立关系、组织关系、治理关系、调控关系。表现在四方面：1. 关于合作区设立过程中发生的规划、指导、合作、批准等关系；2. 关于合作区组织过程中发生的配属、分工、委托、授权、任免等关系；3. 关于合作区合作治理过程中发生的领导、协同、监督、制约、分享等关系；4. 关于合作方的上级政府对合作区运行活动的指导、扶助、协调和监管的关系。

合作区必须法治，法治与合作区治理相辅相成。法治对于合作区的贡献主要在于提供科学、权威、稳定的制度，以法治化的方式引领、促进、保障合作区的发展，保证合作方合作的稳定，保障合作方的主动性、积极性，保护投资者的利益，增强投资者的信心，保证各项政策前后一致和统一。合作区应以法律制度作为基础，以保证合作区的稳定。

中国的改革开放的成功经验之一就是将经济特区与法治紧密结合，在经济特区内先行建设先进的软硬件环境，实行特殊政策、灵活措施，保证制度和政策的稳定性和连续性。1979 年，香港总商会的人建议时任深圳市委第一书记的吴南生说："你无论如何也得立法，你不立法谁敢来？没有立法，外国人最怕。"[1] 1979 年，邓小平与叶剑英在听取广东省汇报时，即要求他们尽快拟出经济特区条例，呈报国务院和全国人大常委会。叶剑英说："搞个法，在人大以法律的方式，把它固定下来。通过以后，不是哪个人可以叫停的。"[2] 1980 年 8 月26 日，在全国人大常委会委员长叶剑英的支持下，第五届全国人大常委会第十五次会议批准颁布实施《广东省经济特区条例》，第一次从法律上为经济特区建设提供法治保障。[3] 1992 年，第七届全国人大常委会第二十六次会议通过决定，授予深圳经济特区立法权。1993 年，修宪将"坚持改革开放"与"实行社会主义市场经济"写进宪法。宪法第十五条规定，"国家实行社会主义市场经济。国家加强经济立法，完善宏观调控。"作为经济立法有机组成部分的合作区法律应当加紧制定。

---

① 郭芳. 敢闯敢试铸就深圳奇迹 [J]. 中国经济周刊，2019 (16)：14-19.

② 苏永通，陈霄. 改革八贤之叶剑英：最后十年满目青山夕照明 [N]. 南方周末，2008-12-18 (01).

③ 李淑国. 党报：叶剑英为粉碎"四人帮"起重要决定性作用 [EB/OL]. 中国新闻网，2007-04-28.

纵观世界，凡是引进经济特区失败的国家，最重要的原因是没有将法治与经济特区制度很好地结合，没有保持经济特区法制的权威性、先进性、稳定性和连续性，没有进行严格的立法、执法、司法和守法，没有解放思想、实事求是，没有大胆创新、勇于开拓，没有不断深入推进改革开放的勇气，没有保护好相关方权利和利益。我们开发建设合作区，要将法治工作放在一切工作的首位，以法治化的方式推进合作区的发展。

### 二、地方政府间合作区法律的性质

（一）是保障和促进区域一体化、协同、均衡发展目标实现的法律。国家负有推进区域一体化协同发展和区域均衡发展的职责，遵守区域一体化、协同、均衡发展的规律，制定保障和促进区域一体化、协同、均衡发展的法律。以行政区划为基础，通过国家的宏观规划、指导、调控，以市场化机制，加强地方政府间平等合作。以最符合经济效益的方式，实现区域一体化协同均衡发展的目标。

（二）是规范合作区设立、组织、管理、监督活动的法律。合作区法律重点是调整合作区的设立、组织、管理、监督关系，调整上级政府与下级合作方及合作区的关系，调整两个或两个以上合作方之间的关系，调整合作方与合作区之间的关系，这种法律既要保障合作地方政府之间的利益平衡，又要保障上级区域与下级区域之间的利益平衡。实际上地方政府间合作共建合作区，国家是要限定范围的，只允许地方政府在特定范围内进行合作，例如，在经济发展好的地区和经济发展差的地区之间，地方政府可以进行合作或在为了实现区域一体化发展的情况下可以进行合作。

（三）属于公法的特别法，包括经济宪法、经济行政法的内容。规范地方政府间的经济权力，规范地方政府间区域合作发展，防止地方政府间的区域合作扰乱经济行政秩序。是针对公法的特定领域的特别规定，融入了私法的要素原理，使合作区法律有别于传统公法。它以公法为主导，是在公法主导下融入私法理念。合作区法律融汇公法规则与私法要素规则，既划定了公法的边界，又划定了合作的边界，是在公法原则边界下允许地方主体自由、平等、自愿、互利活动。并且能保证上级政府能够对合作方及合作区的不当合作进行介入。同时，遵循权力法治和适度性要求，为地方政府合作留有了自由空间。

（四）纵向的硬法管理与横向协商性软法的交织。合作区法律是硬法和协商性软法混合模式，既有上级政府的强行性原则规定，又有平等地方政府主体之间的协商性规定。合作区治理包含了地位平等的没有隶属关系的地方政府之间的合作治理，因此制定软法的趋势更加明显。传统以硬法为主的地方管理模式已经越来越不能适应合作区的治理需要。平等主体的协议协商原理已经渗透合作区的治理。要构建符合合作区治理发展规律的法治模式，实现合作区科学有效治理。

可以设想，完善后的中国合作区法律是集宪法、行政法、经济法、民商法的多重性质于一身的法律。集合作法、组织法、控权法、权益保障法、发展法和监管法功能于一身。合作区法律的渊源谱系是由宪法、行政法、经济法、民商法的相关谱系共同构成。合作区法律原理是宪法、行政法、经济法、民商法原理的有机结合，它们的相关理念规则共同构成了合作区法律的理念规则体系，尤以宪法处于统括和基础地位。

### 三、地方政府间合作区法律的功能

（一）维护行政区划法律关系，促进区域一体化协同发展。行政区划是实现国家统治的基本架构和单元，起到了维护国家统一、民族团结、社会和谐稳定、经济繁荣发展的基础作用，保证了国家统治能力的正常发挥。行政区划应当保持总体稳定。合作区具有保障行政区划稳定，促进区域一体化协同发展的重要功能。合作区是在行政区划结构之上开展的改革试验，没有改变行政区划法律关系，合作区活动要在法治的精神和原则指引下开展，保障行政区划的统一、稳定和权威，处理好改革与稳定的辩证统一的关系，处理好维护行政区划体制与开展合作区试验的关系，鼓励有条件的地方先行先试。合作区制度是实现区域一体化、促进区域协同发展的重要制度，是实现行政区域资源共享，推进区域共同发展的重大举措，是中国特色社会主义的重大创举和伟大实践。

（二）保障上级政府科学指导、协调、监督合作方的合作区活动。在上级政府的规划指导和监管下，应充分尊重和发挥地方政府合作的主动性、积极性、创造性。合作区活动要从系统、整体、全局的高度出发，贯彻习近平新时代中国特色社会主义区域协同发展思想理念，实现整体和部分共同发展，均衡发展，发挥资源优势互补作用，制定科学的合作区指导方针和政策，设定合理的合作的范围和边界，引导地方政府自主依法、有序、高效地开展合作，尊重地方的主体性选择，并依法监管合作方地方政府的合作区活动。上级政府要因势利导，尊重合作利益和价值规律，充分尊重地方主体的意愿和权益，保障合作方的收益，不损害合作方的权益，科学指导地方政府开展合作区合作，不搞粗放式设置，不搞"拉郎配"。合作区是由两个或两个以上的地方主体互利共赢、积极主动合作产生的，而不应是上级政府罔顾下级政府的意愿和利益，"单方命令"的逼迫强制行为。

（三）保障合作方合作的正当性、有效性和稳定性。合作方通过平等协商，签订合作协议。合作区是合作行为，不是单方行为，要遵循平等、自愿、公平、诚信、守法的原则，合作方要优势互补、互利共赢、利益共享、风险共担、权责利清晰。合作方要互相尊重对方主体权益，不能依仗强势地位，进行不平等合作、侵夺对方的权益。有关合作区的地方政府间合作协议是合作方设立、组织、治理、发展合作区的基本依据。地方政府间合作协议在整个合作区治理过程中具有重要的作用和意义。

（四）控制合作区的权力，保障合作方权益。合作区是没有隶属关系的两个以上地方政府的区域合作的产物，其体制要具有正当性、合法性，要符合基本的合作准则和规律，充分体现合作方的共同价值和利益，要处理好平等合作与共同发展的关系，保证合作区的权力不损害合作方的权益，不损害上级政府的权益。合作区要实现"共商、共建、共管、共享"的体制。合作区不是三不管地带，要职责明确、高效治理。要明确合作区的治理职责权限，明确主体责任，加强对合作区的权力运行的监督，要努力构建机构授权充足、管理高效、责任明确、分享公平的合作区制度。

### 四、地方政府间合作区相关立法现状和趋势

（一）地方政府间合作区相关立法现状

1.《山东省开发区条例》（2016年7月22日，山东省第十二届人民代表大会第二十二次会议通过。）第二十五条规定，"鼓励经济开发区与其他区域或者企业采取合作共建、委托管理等方式，建设跨区域合作产业园区或者产业合作联盟，拓展发展空间。"

"支持经济开发区与发达国家（地区）园区、跨国公司合作，共建高端装备制造、生态环保、科技创新等国际合作园区。"

2.《江苏省开发区条例》（2018年1月24日，江苏省第十二届人大常务会议第三十四次会议通过。）第十六条规定，"支持开发区开展横向合作，与其他

经济体以合作共建、委托管理等方式，建设跨区域合作产业园区或者产业合作联盟。"

"鼓励开发区与其他国家（地区）、跨国公司开展国际合作。"

3.《辽宁省开发区条例》（2018 年 10 月 11 日，辽宁省第十三届人大常务会议第五次会议通过。）

第三十一条规定，"支持和服务开发区开展横向合作，与其他经济体以合作共建、委托管理等方式，建设跨区域合作产业园区或者产业合作联盟。"

"鼓励和服务有条件的开发区与其他国家（地区）、跨国公司开展国际合作，支持和服务各类国际合作产业园建设。"

4.《山西省开发区条例》（2019 年 1 月 30 日，山西省第十三届人民代表大会第二次会议通过。）

第三十一条规定，"鼓励开发区按照优势互补、产业联动、市场导向、利益共享的原则，建立跨区域合作机制。"

5.《江西省开发区条例》（2019 年 7 月 26 日，江西省第十三届人民代表大会常务会议第十四次会议通过。）

第十条规定，"县级以上人民政府应当加强区域合作和交流，可以采取联合共建、委托管理等形式，建设跨区域合作产业园区。"

6.《湖北省开发区条例》（2019 年 12 月，湖北省第十三届人民代表大会常务会议第十二次会议通过。）

第二十二条规定，"鼓励开发区按照优势互补、产业联动、市场导向、利益共享的原则，对接国家发展战略，与其他地区、开发区或者跨国公司开展合作，建设产业园区和国际合作园区。"

7.《广西壮族自治区开发区条例》（2020 年 7 月 29 日，广西壮族自治区第十三届人大常委会第十七次会议表决通过。）

第十七条规定，"县级以上人民政府应当加强区域合作和交流，可以按照优势互补、产业联动、市场导向、利益共享的原则，采取联合共建、委托管理等形式，建设跨区域合作开发、飞地园区，建立跨区域合作机制，明确经济总量统计、税收等利益分配和生态环境指标分担等方面要求。"

"鼓励有条件的开发区与其他国家（地区）、跨国公司开展国际合作，支持各类国际合作开发区建设，促进融入国际产业链、供应链。"

8. 2022 年修改的《地方组织法》（2022 年 3 月 11 日，中华人民共和国第十三届全国人民代表大会第五次会议通过。)

第十条第三款规定，"省、自治区、直辖市以及设区的市、自治州的人民代表大会根据区域协调发展的需要，可以开展协同立法。"

第八十条规定，"县级以上的地方各级人民政府根据国家区域发展战略，结合地方实际需要，可以共同建立跨行政区划的区域协同发展工作机制，加强区域合作。"

"上级人民政府应当对下级人民政府的区域合作工作进行指导、协调和监督。"

9. 浙江省开发区条例（2022年12月草案)①

"第十七条【对外合作】鼓励开发区按照优势互补、产业联动、市场导向、利益共享的原则，对接国家发展战略，与其他地区、开发区或者跨国公司开展合作，建设产业园区和国际合作园区。鼓励开发区积极参与'一带一路'建设，探索建设境外经贸合作区。"

"支持开发区与国家自主创新示范区、自由贸易试验区加强政策联动、功能互补，引领高质量发展。"

"第十八条【区域协调合作】县级以上人民政府应当加强区域合作和交流，可以采取联合共建、委托管理等形式，建设跨区域合作产业园区。"

"鼓励国家级开发区和有条件的开发区强化辐射带动作用，探索一区多园、异地孵化、飞地经济、伙伴园区等方式，整合或托管其他园区，协同互补、联合发展，建设开放创新共同体。"

"跨区域合作产业园区相关政策以及各项经济社会指标统计指导办法由省人民政府制定。"

"第三十五条【乡镇协作】鼓励并支持开发区与所在乡镇建立协同发展机制，建立沟通顺畅、分工明确、利益联结的合作模式，推进开发区协调发展。"

10.《横琴粤澳深度合作区发展促进条例》（2023年1月9日，广东省第十三届人民代表大会常务委员会第四十八次会议通过。该条例是首部地方人大专门为合作区制定的法律。)

"第一条　为了推动横琴粤澳深度合作区（以下简称合作区）建设，促进澳门经济适度多元发展，丰富'一国两制'实践，根据《横琴粤澳深度合作区建设总

---

① 浙江省商务厅. 浙江省开发区条例（草案）［EB/OL］. 浙江省商务厅官网，2022-12-26.

体方案》（以下简称《总体方案》）和有关法律、行政法规，制定本条例。"

"第二条 本条例适用于合作区建设和发展促进等活动。"

"本条例的适用范围为《总体方案》中确定的横琴岛'一线'和'二线'之间的海关监管区域，不包括澳门大学横琴校区和横琴口岸澳门管辖区。横琴与澳门之间为'一线'，横琴与中华人民共和国关境内其他地区（以下简称内地）之间为'二线'。"

（二）地方政府间合作区相关立法的趋向

从各地有关合作区的立法制度情况分析，有关开发区条例发布时间越往后，制定的相关合作区的制度越完善。1. 合作主体范围，从"开发区管委会"逐步扩展到了"县级以上人民政府"。"支持和服务开发区开展横向合作"（辽宁）到"县级以上人民政府应当加强区域合作和交流"（广西）。2. 承载形式从"合作产业园区"（山东）向"合作开发区"（广西）发展。3. 合作方式，形成了联合共建、委托管理为特征的方式。4. 形成了"优势互补、产业联动、市场导向、利益共享"的原则（山西）。5. 对接国家区域发展战略，从"支持"、"鼓励"发展，转变成"应当加强区域合作和交流"。6. 形成利益分配和生态环境指标分担等方面要求（广西）。7. 在对外合作方面，"鼓励开发区对接国家发展战略，与其他地区、开发区或者跨国公司开展合作，建设产业园和国际合作园区（湖北）""鼓励有条件的开发区开展国际合作，支持各类国际合作开发区建设（广西）"。8. 合作区地方立法从普遍立法，发展到专门为特定的一个合作区立法（广东）。

# 第三节 地方政府间合作区的法制问题

## 一、地方政府间合作区设立涉及的宪法问题

（一）合作区模式是否符合宪法的问题

1. 合作区是否违反宪法的行政区划制度？宪法规定了行政区划制度，行政区划是合作区的基础，在行政区划的基础之上，我们进行合作区探索，合作区的探索并不属于行政区划的改革和调整，没有改变行政区划的基本法律关系。

2. 应以何种态度对待合作区现象？应坚持合宪性态度，中国宪法足够宽广，是能够容得下合作区存在的。合作区探索只要不与宪法相抵触，就应认定其合宪性。

法律应当为社会改革留有一定空间，即有的法律总是会与社会改革存在一定紧张关系，甚至是冲突，应允许一定的改革试验空间的存在。根据新修改的《地方组织法》，可以扩大解释第八十条规定，以赋予合作区的合法性。

3. 合作区是否违反《宪法》和《地方组织法》有关地方政府管理"本行政区域内"的规定？《宪法》和《地方组织法》明确赋予了地方政府管理"本行政区域内"的行政工作的职责，但是没有明确赋予地方政府管理其他行政区域内行政工作的职责。《宪法》明确规定了地方政府依照法律规定的权限，管理本行政区域内的行政工作。《宪法》第一百零七条规定："县级以上地方各级人民政府依照法律规定的权限，管理本行政区域内的经济、教育、科学、文化、卫生、体育事业、城乡建设事业和财政、民政、公安、民族事务、司法行政、计划生育等行政工作。"① 2022 年修改的《地方组织法》解决了上述问题，只要符合《地方组织法》第八十条的规定②，参与共建合作区的"飞出地"地方政府具有了以共同合作的形式实现跨行政区域管理的合法性基础。适当时候可以修改宪法，赋予地方政府跨区域横向合作的明确的合宪性地位。

宪法第一百零七条的立宪原意是针对本级和上下级政府间行政管理权限而言的，该条可以扩大解释为，地方政府可以依照法律规定的权限，减少管理本行政区域内的行政工作；其他地方政府进行跨区域合作，可以以共同合作形式扩大管理该行政区域内行政工作，但需要依照法律规定的授权。

如果地方政府因参与合作区的建设，试图管理其他行政区域内的行政工作，应当依照《地方组织法》的规定进行共同合作管理。进行跨区域管理，只能以共

---

① 《地方组织法》"第十一条 县级以上的地方各级人民代表大会行使下列职权：（一）在本行政区域内，保证宪法、法律、行政法规和上级人民代表大会及其常务委员会决议的遵守和执行，保证国家计划和国家预算的执行；（二）审查和批准本行政区域内的国民经济和社会发展规划纲要、计划和预算及其执行情况的报告，审查监督政府债务，监督本级人民政府对国有资产的管理；（三）讨论、决定本行政区域内的政治、经济、教育、科学、文化、卫生、生态环境保护、自然资源、城乡建设、民政、社会保障、民族等工作的重大事项和项目。"

"第七十三条 县级以上的地方各级人民政府行使下列职权：（五）编制和执行国民经济和社会发展规划纲要、计划和预算，管理本行政区域内的经济、教育、科学、文化、卫生、体育、城乡建设等事业和生态环境保护、自然资源、财政、民政、社会保障、公安、民族事务、司法行政、人口与计划生育等行政工作。"

② 《地方组织法》"第八十条 县级以上的地方各级人民政府根据国家区域发展战略，结合地方实际需要，可以共同建立跨行政区划的区域协同发展工作机制，加强区域合作。上级人民政府应当对下级人民政府的区域合作工作进行指导、协调和监督。"

同合作的形式进行。合作区的管理领域，应认定为"区域协同发展"的行政领域。

（二）合作区的地位需要明确

合作区到底属于何种性质的区域需要明确。合作区是地方政府间合作产生的区域，是一种地方合作区域。合作区不是行政区域，合作区的设置不是行政区划。他们的区别主要体现在：1. 在地位上，行政区划是宪法的基本制度，是国家统治的基础框架，具有权威性、长期性、稳定性。合作区是以行政区划制度为基础的机制，是一种阶段性、举措性的制度。2. 在目的上，行政区划首要目的是维护统治阶级的统治，实现国家的政治职能，维护国家的统一和团结，维护国家的安全、稳定和发展，巩固人民民主专政，保障居民安居乐业。合作区的目的是实现国家经济社会的职能，推进区域一体化和区域协调发展。3. 在调整原则上，行政区划要大体稳定，越往上调整越要慎重，综合考虑政治、行政、经济、社会、文化、生态、历史、民族、国防等因素，考虑生产力发展水平、经济基础、制度文明、国家能力等因素。合作区设置较为灵活，可以随着经济环境的变化而设置，主要考虑经济发展的因素。4. 在调整权力和方式上，行政区划调整的权力是中央政府的权力，地方政府没有主体行政区划调整权力，省级政府的乡镇的行政区划调整权力要理解成为中央委托省级政府行使的权力。合作区的设置则是地方政府可以行使的权力。行政区划是中央政府纵向、单向、刚性调整行为。合作区的设置是横向、平等、柔性的地方政府间双向合作协同行为。5. 在程序上，行政区划调整遵循统一、严格、明确的法律调整标准和程序。合作区的设立、治理则为地方留有一定的协商的自由空间。应通过地方立法，进而中央立法，总结合作区的发展经验，明确合作区的法律地位，规范合作区的活动，促进合作区的发展。

（三）合作区管理机构设置的合法性问题

2022 年新修改的《地方组织法》明确规定了地方政府机构工作部门设置的原则。在第四章第四节新加入"优化协同高效"的原则，第七十九条规定："地方各级人民政府根据工作需要和优化协同高效以及精干的原则，设立必要的工作部门"。作为地方政府机构工作部门设置的指导原则，适应了地方政府机构设置发展的需要，引领了地方政府机构的科学发展，并符合了区域之间、领域之间一体化协同的未来发展趋势。合作方地方政府据此就可以设立合作区的工作机构。该条的解释空间，可以容纳地方政府间合作设立必要的工作部门。根据工作需要和优化协同高效以及精干的原则，既可以作为单个地方政府机构设置的原则，也可以作为地方政府间共同合作设立工作部门的原则。《地方组织法》第八十条更可以作为合作区管理机构的合法性基础。

（四）合作区适用合作方政策法律的问题

合作区是合作地方政府的下属区域，存在选择适用合作方政策法律的问题，存在合作方地方政府政策法律能否一致的问题。合作区选择适用合作方地方政府政策法律，会存在三种可能：第一种，适用"飞入地"的政策法律；第二种，适用"飞出地"的政策法律；第三种，适用"飞出地"与"飞入地"协商确定的政策法律。在一般法理上，"飞出地"主责的合作区，势必适用"飞出地"的政策法律；"飞入地"主责的合作区，势必适用"飞入地"的政策法律；共同主责的合作区，势必适用协商的政策法律。如果从严格的行政区划法律关系角度，"飞出地"一方，应通过"飞入地"一方，制定政策法律。如果从授权或委托成立经济区域的角度，合作方可以协同制定政策法律。例如，横琴粤澳深度合作区，需要贯彻"一国两制"方针政策，在横琴不应直接实行澳门的制度，需要广东与澳门共同协商确定合作区的政策法律。

1. 合作区适用"飞入地"的政策法律争议较少。合作区在"飞入地"本地，实行属地管理，理所当然要适用本地政策法律。条件是"飞入地"承担了治理合作区的主体责任，"飞入地"主责管理的合作区实行的政策法律与"飞入地"的政策法律保持一致。

2. 合作区适用"飞出地"的政策法律上会存在一定的争议。因为"飞出地"的政策法律属于"飞入地"他方地方政策法律。涉及"飞出地"一方的政策法律，能否延伸到合作区，这需要上级政府的授权。"飞出地"主责管理合作区，如果不适用"飞出地"的政策法律，就会出现管理主体与管理政策法律制度的错位。应以合法、正当的方式，允许"飞出地"的政策法律延伸至合作区，与管理合作区的主责关系相一致。①

"飞出地"主责管理合作区目前应认定为合作方的共同委托或授权行为，而非"飞出地"的单方直接管理行为。在合作区适用"飞出地"的政策法律，需要经过合作方的协商一致和共同上级政府的批准授权，还因为涉及地方性法律适用问题，情况较为复杂，需要中央立法供给。如果国家层面立法许可，就可以直接适用"飞出地"的政策法律。

---

① 谢海生."飞地"区域法制发展的挑战及前景：以广东深汕特别合作区为例［J］. 人民论坛·学术前沿，2020（06）：54-57.

3. 合作区适用"飞出地"与"飞入地"共同协商确定的政策法律争议较少。在这方面应该注意地方性法规适用范围的问题。合作区为合作方共同组建，可以通过协商的方式，共同选择适用合作区的政策法律，合作方还可以通过协同立法的方式共同为合作区制定相关的法律。有些场合，不便于适用某一方的政策法律，则共同协商确定适用的政策法律。

（五）合作区应建立互通的社会保障制度

合作区居民的户籍和社会保障制度是维护合作区的社会安定兴旺，保障合作区居民的权利和利益，服务合作区的发展的基础制度，是加强合作地方与合作区的人员往来，增强合作区的吸引力，留住人才、增加人气的基础制度。人是保证合作区能否可持续发展的最重要因素。人多了合作区才能够有生气、生机、活力。合作区应能够吸引住人，使客商云集，熙熙攘攘。

合作区设立后随着发展壮大，会吸引越来越多的"飞出地"居民到合作区投资、兴业和居住，这就需要建立相应的合作区居民的社会保障制度，保障合作方居民的基本权益，实现合作方的人员自由往来流通。合作区对"飞出地"和"飞入地"应同等开放，应建立户籍互认制度，实行合作方与合作区的人员自由流通。合作方可以协商确定合作区实施的社会保障制度，既可以适用"飞入地"的制度，也可以适用"飞出地"的制度，还可以适用共同的社会保障制度。

合作区的居民可以享受"飞出地"居民的经济社会待遇，也可以根据居民的意愿，自由选择适用合作区或其原居住地的经济社会待遇。在合作区的合作方居民，应享有合作区的社会待遇，如购房就业、子女入学、医疗保障等。

合作区的居民户籍和社会保障问题，应当由合作方地方政府协商确定，可以分为三种情况：第一，"飞入地"主责型合作区，合作区居民享有"飞入地"的户籍和社会保障；第二，"飞出地"主责型合作区，合作区的居民可以享有"飞出地"的户籍和社会保障。例如，深汕特别合作区的居民就可以享受深圳的户籍，享受深圳的社会保障。云南托管磨憨镇，医疗卫生教育实现对接，磨憨镇居民可以自由选择，既可以选择留在西双版纳磨憨镇，也可以选择来到昆明。第三，共同主责型合作区，合作区的居民享有原居住地的户籍和社会保障，同时享有合作区的社会保障。合作区居民的户籍可以采取根据居民的意愿，选择适用原居住地的户籍，或可适用合作区的户籍，或其他合作方的户籍。

居住在合作区的合作方的居民有维护合作区的义务，有遵守合作区的法律、爱护合作区的公共财产、遵守合作区的公共秩序、尊重合作区的社会风俗及公德的义务；"飞入地"居民也有尊重"飞出地"当地的风俗习惯，与"飞出地"居民和谐相处的义务。

（六）合作区长期发展的保障问题

合作区建设，合作方双方投入了大量资源，飞出地合作方最担心有一天突然失去合作区，在别人的地方投入的资源血本无归，飞入地合作方最担心自己的地方被长期霸占，被掠夺式开发，没有公平收益。

在江阴—靖江合作区早期，就有这样的争论。一位从江阴来的园区主任助理吴群力开玩笑说："在人家的地盘上搞开发是没有先例的。有靖江人说，我们搞的就像过去的租界。"靖江市副市长钱进华解释说："开始靖江人认为这是江阴在作秀，对园区能不能成功持怀疑态度，老百姓观望、猜疑，甚至是看笑话的都有。""共建园区带来真金白银，促使靖江人上上下下观念发生大转变。如今大家对跨江联动的意见高度一致。原来靖江人认为自己被圈了一块地，江阴人认为自己少了一群优质企业，现在大家都明白了，实际上大家都多了一块。"①

合作方单方轻易取消合作区，会对相关方造成巨大的损失，应保证合作区的长期性，保证合作区不会被轻易取消。合作区应加强系统性保障。第一，要将合作区发展编入区域长期发展规划，2019 年，中共中央、国务院就制定了《粤港澳大湾区发展规划纲要》，明确共建粤港澳合作发展平台，加快推进深圳前海、广州南沙、珠海横琴等重大平台开发建设。第二，上级政府应制定权威的指导意见文件，2021 年 9 月 5 日，中共中央、国务院印发了《横琴粤澳深度合作区建设总体方案》，直接打开了合作区的发展局面。第三，合作方之间应签订有关合作区的合作协议。要加强地方政府间合作协议制度的建设，加强地方政府间合作协议的效力，在国家层面应加强地方政府间合作法或地方政府间合作协议法的立法，明确地方政府间合作协议的法律地位和效力。第四，要加强合作区的立法保障，用法律来保证合作区的长期性，地方人大可以制定合作区条例，规定合作区的基本治理架构和规则，这种方式能够至少保证 10 年，合作区不被无端取消。第五，应充分调动各合作方建设积极性，加强合作方正当权益的保障，科学构建合作方利益表达、协商和动态调节机制，加强上级政府的科学指导和协调，扩大共同利益基础、提升各方发展收益。科学配置合作方的

---

① 肖强，蒋跃生，朱洁. 苏南苏北"共富样本"的得失成败 [J]. 瞭望东方周刊，2008（23）：54-57.

协同职责权利和义务责任，保证合作方权责利一致和合作区治理有序，定期修改完善合作区的治理体制机制，加强信息互通共享。合作区设立应符合区域发展的趋势与规律，符合长远利益，合作区域之间应存在明显的优势互补的需求。

### 二、地方政府间合作区设立涉及的行政法问题

（一）合作区管委会的行政主体资格有待明确

合作区管委会的行政主体资格需要用地方立法的形式予以确认。行政主体一般是指享有公共行政权力，能够以自己的名义进行行政活动，并独立承担由此产生的法律责任的组织。合作区的行政主体资格应以地方立法的形式加以确认，明确个人或者组织如果对于合作区管委会的行政行为不服，应当如何进行行政复议或者行政诉讼，合作区需要健全综合行政执法体制。

（二）区域行政管辖权委托或托管的制度供给不足

区域管辖权委托或托管制度是合作区底层制度，这方面还需要进一步深入研究。由于地域管辖权委托或托管制度的欠缺，使合作区的权力来源较为模糊，造成权力移转链条出现了缺失。例如，在形式上，深汕特别合作区管理机构是深圳市的派出机构，行使的权力是深圳市的权力。而深汕特别合作区位于汕尾市的海丰县，在行政区划上属于汕尾市的海丰县，现在深汕特别合作区是深圳的经济功能区，这就涉及汕尾的权力如何转化为深圳市的权力，需要利用行政委托制度或托管制度加以说明。

行政托管是一种行政管理措施，是为了实现更为高效的管理或为实现特定的行政目标，在不改变行政权最终归属、不损害被托管方利益的情况下，托管方按照自己的意志和利益直接对被托管方开展行政管理的措施，具有极强的单方性，是现有条件下推进跨区域治理的有效模式之一。

显然合作区管理机构行使的权力涉及行政委托或托管制度。合作区管理机构的权力来自合作方的共同委托或托管。合作区管理机构行使的权力是全体合作方的所应行使的权力，要以合作方共建的合作区的名义行使，合作方地方政府承担相应的法律后果。

行政权委托是被委托人以委托人的名义，按照委托人的意志和利益，在委托权的范围内，行使权力的制度。行政归属权与行使权相分离是它的底层逻辑。"行政委托制度的设计，本身就意味着行政机关保留着对行政职权的支配，而非

彻底的职权转移。"①行政委托有纵向层级主体间的委托和横向平等主体间的委托。纵向层级的行政权委托，如市政府将行政处罚权委托给下级开发区行使，横向平等区域主体间的委托，如2020年10月，天津市为解决基层治理的犬牙交错的问题，河北区、北辰区将张兴庄、东于庄等城中村移交河北区管理。2022年，教育部将依托相关部属高校托管100所县中（县中一般指一个县的第一高中），组织东部发达地区面向西部国家乡村振兴重点帮扶县开展对口帮扶。

### 三、地方政府间合作区的组织治理问题

（一）构建符合"共商、共建、共管、共享"的组织形式

有些合作区在组织上，无法体现"共商、共建、共管、共享"的合法性的最低要求。"共商、共建、共管、共享"分为两个层次：最高层次是"共商、共建、共管、共享"四者具备，具有最高等级的合法性；最低层次的限度是"共建、共商、共享"三者具备。如果连"共建、共商、共享"三者都不具备，就会突破最低的合法限度。合作区是两方或多方共同建立的，需要至少体现两方或多方"共建、共商、共享"的基本形式合法性，否则就难以名曰"合作区"。

如何贯彻"共建、共商、共享"的最低合法性要求，就需要建立常态化、周期性的举行合作方协商代表会议的制度。在合作方协商代表会议中实现"共建、共商、共享"。在缺少常态化、周期性的合作方协商代表会议制度的情况下，是无法支撑起最低限度的合法性要求的。

因为缺乏法定的合作方代表协商机关，致使意见和利益诉求无法通过正式、权威的渠道加以表达，对于某些合作方是不公平的、有失尊严的，对于"飞入地"对接、配合"飞出地"主责或共同主责的合作区公务人员的交流、区域一体化是不利的。在"飞出地"合作方承担治理主责的情况下，"飞入地"合作方的要求和利益也同样需要通过法定的权威渠道加以正式表达。合作区应设置体现合作区最低限度要求的合作方的代表协商机关或者兼具此种职能的机关。无论在实际上合作区的管理权归谁行使，但在形式上至少要设置合作方的代表协商机关，以代表合作方的共同权益和合作区的共有属性。

（二）合作区的治理主责不明确

合作区应明确主体治理责任。深汕特别合作区早期主体责任不明确，合作区的主体治理责任在广东省、深圳、汕尾之间来回游荡。直至后来，明确由深

---

①　叶必丰. 论行政机关间行政管辖权的委托［J］. 中外法学，2019（31）：94-110.

圳承担治理主责后，合作区才走上了快速发展的道路。合作区归属不清晰，合作方就不会做长远打算，"有恒产者有恒心，无恒产者无恒心"，只有明确合作区的管理归属和主责，合作区才能够长远、快速发展。合作区应当由合作方合作建立，归属合作方共有，但要由合作方共同委托一方承担治理主责，并由上一级政府行使调控、监管的权力。合作区的责任应当按照合作方的协商来确定，承担治理主责的合作方，承担主要责任，承担治理次要责任的合作方，承担次要责任。在合作区的法律关系中，主体关系应是合作方之间的关系。合作区应明确合作方的治理主责，统一行使合作区的权力，明确合作区的责任主体。

（三）合作区的管理机构体系有待完善

合作区需要权威、高效的合作方代表机构，协调合作方的关系，参与决策合作区的重大事务。全国各地的合作区管理机构基本沿用过去开发区的管理机构形式，或者旧瓶换新酒，保有其形式，但内核发生了根本变化，例如横琴粤澳深度合作区管理机构，虽然仍称为管委会，但内涵已经发生变迁，合作区管委会实际上是一种协商、决策和代表合作方的权力机关，管委会的执行委员会倒像是过去的管委会。传统开发区的单一纵向的管理机构越来越难以适应合作区多主体横向合作管理的需求。因为合作区是合作方地方政府共同建立的经济社会开发区域，权力治理的主要矛盾，已经从传统的上级政府与下级政府、行政区域的权力机关与执行机关的矛盾，转变为横向的合作方的地方政府代表机关与权力行使机关之间的矛盾。

构建既能够平衡合作方的利益，又能够实现合作区高效治理的机构，实现类似于股东会、董事会、监事会、高管层的科学的层级治理结构就不可缺少，以实现重大问题、一般问题、日常问题的决定，执行管理及对合作区运行权力的监督制约，以深入激发合作方的活力，推动区域合作进一步发展。合作区治理结构的功能是要协调、平衡合作方之间的意志和利益，实现对合作区执行权力的监督，构建适合合作区发展需要的现代治理结构。[1] 当然，还要考虑采用一切可能的合伙的架构、公司的架构、代议机关的架构、联合治理架构等有效组织形式和原理要素。

（四）缺乏合作区的专业管理人才

传统的行政区域行政都是单区域的行政管理，具有区域封闭性、行政自利

---

① 陈英华. 我国地方政府治理结构的探讨［J］. 河北理工大学学报（社会科学版），2009，9（05）：25-28.

性、权力垄断性、地域限制性。① 管理人员只熟悉本行政区域的工作，不熟悉非本行政区域的工作，只会用传统的方式进行管理，不擅长、不习惯运用协同和联合的方式进行管理，跨行政区域行政能力、协同联合能力较弱。合作区的管理者对其他合作方地方政府的工作流程、能力和策略缺乏了解，对于协同联合能力重视不足，协同联合能力急需提升。

合作区的协同管理人才和能力的培养是合作区管理的关键因素。目前系统性培养深入理解协同联合能力的人才还存在明显短板。应尽早深入普及协同联合的理念，加强协同管理规律的认知，加强合作方管理人员的深层次轮岗和交叉任职，加强协同联合人才能力的深层次建设，加强协同的实践和经验积累，丰富管理人员的协同的知识结构和履历结构，加强整体培训、整体管理。在培训体制机制方面要加强建设。构建协同的人事管理制度。

合作区应当构建与合作区治理相适应的人事制度。与国内许多"飞地"一样，早期的深汕特别合作区按照"深圳、汕尾市分别选派干部，人事工资关系仍保留在原单位"的管理模式，在城市建设管理中两市各有侧重，但在实际运作中，这种模式难以适应深汕合作区发展建设管理的要求。② 应建立由合作区统一管理的人事制度。

## 第四节 地方政府间合作区的理论基础

理论是人脑对客观事物发展规律的主观认知，是人们分析问题的基本系统。科学的理论来自科学的认识。认识经历实践、认识、再实践、再认识的循环往复过程，形成理论。科学的理论能够揭示事物本质和发展规律，透过层层迷雾正确指导人们的实践。理论具有绝对性，又具有相对性，绝对真理与相对真理对立统一，任何理论都要在特定的场域下结合实际加以适用。

设立合作区是改革开放的重大举措，合作区是富有文明魅力的新事物，合作区理论正在探索之中，要摸着石头过河，走一步看一步，不断积累经验。合

---

① 石佑启．区域经济一体化中府际合作的法律问题研究［M］．北京：经济科学出版社，2018：36．

② 石义胜，林捷兴．"飞"出一片新天地 深汕特别合作区建区十年飞地经济模式初见成效［N］．深圳特区报，2021-06-18（A04）．

作区的设立是一场前所未有的深层次的地方改革实践，需要运用系统思维、战略思维、法治思维、制度思维分析和解决问题，推进合作区的探索实践。对合作区建设和发展的有意义的理论介绍如下：

## 一、"共商、共建、共管、共享"理论

"共商、共建、共管、共享"理论是习近平总书记提出的理论，是中国共产党和中国人民伟大智慧的结晶，是习近平新时代中国特色社会主义思想及新发展理念的有机组成部分，是人类命运共同体思想在国际国内领域的系统运用，是习近平一整套符合时代发展、历史发展、世界发展潮流的科学的重大论断。① 在该理论提出前，合作区一直在荒原中不断探险、寻找出路，合作区的正当性、合法性始终无法得到科学合理的解释，直到该理论的提出，才为合作区的发展指明了方向。"共商、共建、共管、共享"不仅是中国智慧、中国理论、还体现了中国的核心价值，更是中国智慧、中国理论、中国核心价值对于全人类和全世界文明的伟大贡献。

"共商、共建、共管、共享"的理论强调区域各方要体现共同的精神、价值，要相互尊重、平等合作、互利共赢、携手同行、共同奋进、共享收益、共担责任、同舟共济、共向未来，其背后彰显的是开放、博大、平等、互惠，追求共同幸福、共同繁荣的伟大精神。2012年11月，中共十八大明确提出要倡导"人类命运共同体"意识。2015年10月，中共中央政治局第27次集体学习中，首次提出"弘扬共商共建共享的全球治理理念"。2018年，习近平新时代中国特色社会主义思想、新发展理念、推动构建人类命运共同体理论写入宪法。2021年2月，在中国—中东欧国家领导人峰会上习近平总书记强调，共商共建、务实均衡、开放包容、创新进取的合作原则。2021年9月，习近平总书记在横琴粤澳深度合作区建设中提出要建设"共商、共建、共管、共享"的体制，合作区上升到了一个全新的理论制度高度，在指导国家区域治理实践中，起到引领性的作用。

"共商、共建、共管、共享"是促进合作区发展的基本理念，是科学处理合作主体之间关系的基本准则，讲求处理合作关系要协同、共赢，要虚怀若谷、海纳百川、兼容并包、进取开放，它吸收了古今中外思想智慧的结晶，既包括马克思主义推进世界共同发展、谋求全人类幸福解放的伟大理想，也包含中国

---

① 新发展理念，即创新、协调、绿色、开放、共享的发展理念，是习近平总书记于2015年10月，在党的十八届五中全会上提出。

传统文化智慧精髓和世界先进文明经验。这一思想强调协作主体之间寻找到互为有利的合作点，互利共赢，共同发展，还包括了努力不让任何一个区域掉队的大格局，整体发展的大思想，要求整体的价值与部分的价值、部分之间的价值实现相互和谐统一。启发人们：合作区的事业不是某一地方政府的事业，而是共同合作发展的事业，缺少任何一方地方都无法进行。

"共商、共建、共管、共享"需要全面完整辩证有机地去理解和把握其理论和价值，不能极端化。"共商、共建、共管、共享"理论，是一种有机和谐的体系，不是教条主义，不是平均主义，不是乌托邦主义，不能片面、孤立、静止、机械地加以解释和实施。它要求一种系统观、整体观、协同观、动态发展观，它要求理论与实际相结合，权利与义务相统一，要处理好共同合作与自主自立、主导与博弈妥协的关系，要遵循事物的发展规律，合作方之间要相互尊重、平等协商、互惠互利、优势互补、各得其所，不损害对方权益，合作共赢，共同发展。

### 二、法治与改革创新辩证统一

法治是现代国家基本的治理方式，现代文明国家无不实行法治。法治是目前人类能够找到的最好最有效的社会治理方式。法治是相对人治而言的，是正义、科学、民主、权威的法律制度的统治，要求制定良好的法律被普遍遵守，被普遍遵守的法律是制定良好的法律，整个法律体系中宪法居于最高地位，宪法要统领整个法治体系，法治体系领整个国家体系和社会体系。宪法在国家各方面生活中具有最高的权威、最高的地位和最高的效力，禁止任何组织和个人有超越宪法和法律的特权。实行依法治国，建设法治国家，维护法治的统一和尊严。要求树立全面、系统、科学的法治观念思想，坚持全面、系统、科学的法治实践，有法可依、有法必依、执法必严、违法必究，科学立法、严格执法、公正司法、全民守法。法治的核心是依法控制权力，权力在法治下运行。"法治意味着政府的全部行为必须有规则依据，必须有法律授权。"① 法治应是全面的、系统的、有机的、联系的、发展的，不能是支离破碎的、死板停滞的、唯心绝对的、封闭僵化的。改革不能脱离法治，要在法治下推进改革，达成法治与改革相互辩证统一。

立法与改革是相伴而生，相伴而行，相互促进，在改革的不同时期，立法

---

① 张文显. 二十世纪西方法哲学思潮研究［M］. 北京：法律出版社，2006：528.

与改革的关系也呈现了不同的特点。① 有时立法处于领先的位置，有时立法处于滞后的位置，有时需要先试验一会儿再做判断。设立合作区是一种改革创新的活动，可能会发生与既有法律制度不完全一致的情况，这就需要科学处理好改革与法治的关系。科学评判、解释、调节法治与改革不完全一致的情况，在法律实施和改革探索试验的不同阶段，应判别是法制的落后原因导致的，还是不适当的改革导致的。有时改革与法制不一致，并不一定违反法治的精神，还有可能是立法落后原因造成的，应进行双向综合研判，科学研判改革，科学解释法律，必要时授予其立法变通权力或调整改革。

第一，合作区活动要贯彻宪法的时代精神。宪法是合作区活动的基本准则，合作区活动必须遵守宪法，维护宪法尊严，保证宪法实施，根据宪法的时代精神进行活动。宪法对于合作区具有根本性的保障作用。宪法所体现的改革开放精神和时代价值应当在合作区活动中得以体现，允许合作区试验的存在和发展，保障相关方的基本权益。邓小平同志在南方谈话中指出，革命是解放生产力，改革也是解放生产力。改革开放胆子要大一些，敢于试验。看准了的，就大胆地试，大胆地闯。改革开放迈不开步子，不敢闯，说来说去就是怕资本主义的东西多了，走了资本主义道路。要害是姓"资"还是姓"社"的问题。判断的标准，应该主要看是否有利于发展社会主义社会的生产力，是否有利于增强社会主义国家的综合国力，是否有利于提高人民的生活水平。

第二，在法治轨道上推进合作区制度的创新。中国特色社会主义的法治文明，就是用法治的方式分步骤、分阶段、分对象、不断实践地推进改革。改革并不是脱离法治，而是用法治来保障改革。脱离法治轨道的改革活动都是极其危险的，法治与改革并不是对立的，是能够统一的。要坚持在法治轨道上推进改革创新，用改革的成果不断充实完善法治的内容。要在法治的坐标系中合理推进合作区的试验，允许合作区在法治的合理解释空间进行探索，如果超出合理解释空间，要么及时修改法律，要么停止调整探索，重大改革应当于法有据。2022 年修改的《地方组织法》就及时赋予了地方政府合作及合作区一定的合法性试验空间。

第三，加强合作区的科学立法。通过法律控制合作区的活动，要加强合作区法律制度的构建供给，通过法治化、制度化的方式推进合作区活动，以法治

---

① 阚珂．人大及其常委会"四权"表述的由来 [J]．人民之友，2020（06）：57．

的方式保障法治的原则和价值，以法治的方式保障相关方的正当权益。法治首先要有法律，没有法律就无法进行法治。合作区是法治下的合作区，要为合作区活动制定法律、设计制度。可以先制定行政法规或地方性法规，待时机成熟后再从国家层面制定有关的法律。但同时要讲究法治策略，合作区是一种改革试验区，尚处在摸索阶段，其发展规律还需要进一步摸索清楚，其发展模式还没有最终定型，尚有较大发展空间。合作区活动应遵循合法性原则，要在法律允许的范围内，或者在全国人大和常委会的单独授权下进行，要进行充分改革试验。合作区的发展规律没有探索清楚前，不宜过早细化立法，防止禁锢和妨碍合作区的探索。

### 三、单一制的行政区划结构

单一制，就是由若干普通的行政区域或自治区域构成统一主权国家的国家结构形式。① 我国是单一制国家，是中国特色社会主义的统一的多民族的单一制国家。中央与各地的关系是中央与地方、上级与下级的关系，是领导与被领导的关系，地方没有固有权力，地方的一切权力来自中央政府的授予，下级政府的权力来自上级政府的授予。中央人民政府统一领导地方各级人民政府，上级人民政府领导下级人民政府，上级人民政府有权改变或者撤销下级人民政府的不适当的决定或命令，全国各地方都要服从中央政府的统一领导。

单一制的国家结构形式决定，中央享有主权、最高权力、统治权，中央设立地方各级行政区域。各级地方都是中央政府的行政区域，是上级政府和本级地方政府的行政区域。中央及上级政府领导区域合作，地方政府间合作，要获得上级政府的授权或批准，未获得上级政府授权或批准，地方政府间不得开展合作。如果地方政府间开展合作，必须遵守行政区划的秩序。处于行政区划同层级的地方政府可以设置合作区，处于不同行政区划层级的地方政府不得设置合作区。设置合作区要获得上级政府的授权、批准或允许，在法理上，上级政府也有权直接设置合作区，但要尊重下级地方政府的意愿和利益，遵守行政区划的法治。地方政府的合作区活动，没有得到上级政府的授权或批准，会缺乏正当性和合法性，上级政府可以对其直接改变或撤销。上级政府不尊重、不考虑下级政府的意愿和利益直接设立合作区，合作区也不可能长久存活。不同性质区域单位的合作要遵守相关规律和法则，要在行政区域范围内设立合作区。单一制的国家结构形式，上

---

① 《宪法学》编写组．宪法学：第二版［M］．北京：高教教育出版社，2019：36.

下级的命令与服从关系，对于地方利益的维护，区域之间的上下左右法定关系是地方政府开展一切区域合作活动的基础和先决条件。

单一制的行政区划系统从一到多、从高到低、从广到狭，创立了各层级、大小各异、各区域类型的地方行政区域主体，形成了行政区划层级间上下隶属和同一层级的行政区域主体之间相互独立、平等的关系。每一个行政区划层级内的行政区域主体都是相对独立、平等的关系，使同层级的行政区域主体能够进行共同开发建设合作区。因为有单一制的行政区划呈现金字塔式三角形稳固结构形态，形成了纵向的命令关系与横向的合作关系，决定了我国的地方政府间合作区是按照单一制的行政区划原理构建的合作区模式进行。

### 四、地方政府间合作的契约理论

契约精神是现代文明的基石之一。契约对于增进主体、个体平等、自由，构建和谐的社会关系，维护缔约方的合作关系的稳定，遵守承诺，实现合作价值利益，起到了不可或缺作用。契约精神强调契约的公正、契约的自由、契约的信守、违约的救济，强调契约在维持社会关系、社会运转中的重要地位和作用。契约是政治学、经济学、社会学、哲学、法学等学科广泛研究的领域。契约的思想理念制度在社会诸多领域产生了广泛而深刻的影响，在商品交易、合伙创业、公司管理、婚姻家庭、政府组织、国际关系中无不窥见契约的身影。中国古代也十分注重契约制度，古书《周礼》中就有契约制度的记载。

虽然契约在政治、社会、经济、道德、宗教等不同领域的逻辑存在差异，但是契约的共通的精神价值，特别是平等、自由、互利、自愿、公平、等值、协商、博弈、均衡、自律、信守承诺、忠实履约等价值所体现的现代契约的共同精神价值追求却是相通的。

契约（合同）在法律意义上是主体之间设立、变更、终止法律关系的协议，是对等主体之间意思一致的表示行为。在经济学中，契约是资源流转方式的一种制度安排，它规定了交易当事人之间的各种关系，限定了当事人各方的权利义务，签订契约可以规范未来的行动。地方政府间合作协议体现了契约精神。在民法中，不同类型性质的合同，既有共性，又有个性。地方政府间合作协议也分多种类型。例如，地方政府间共建共享合作区的合作协议，是区域地方政府间合作协议范畴中的一种类型。地方政府间合作区共建合作协议是中国特色社会主义政权组织形式和国家结构形式条件下的地方政府间合作、共建合作区的协议，具有特殊的权利义务关系，其协议的体系、管理关系需要不断加以探索和完善。

区域地方政府间合作协议（简称区域政府间协议）是为了实现共同区域发展目标，摆脱行政区划的束缚，基于互补性、共赢性的需求，在遵守政治和法律原则的前提下，地方政府间就行政权力的共同或协同行使而达成的合作协议。地方政府间共建合作区的合作协议是一种公法性质的地方政府间合作协议，既具有宪法和组织法属性，又具有行政法属性，还具有政治法属性。这类协议的缔结主体是行政区划上层级相同、没有隶属关系的地方政府或区域主体。合作协议的目的是为推进区域一体化和协同发展而共同创设合作区。区域地方政府间合作协议应遵循宪法原则，遵循区域发展规律和战略，在上级政府统筹指导和批准下签订。它是地方政府间的全面性的合作协议，签订此类协议应遵循共同发展的理念，保障地方主体权益，周期性地开展合作方地方政府间议事协商活动。区域地方政府间的合作协议的内容缔约范围、自由程度是受到一定限制的，政治的基本逻辑不可能绝对放任协议的自由，契约履行的义务也是随着行政态势的变化而进行调整。这种区域合作协议是一种基于行政区域管辖权与领导权分置和行政事务管理职权整体委托授权为特征的政府间协议。

它是地方主体基于合作区的产生、组织、管理、收益而整体进行的行政区域管辖权管理权分置委托而签署的协议。这种协议依法成立，具有法律赋予的效力，受到法律的保护。协议一经生效，缔约方就要受到该种协议的约束，缔约方就有履行在合作协议中所约定的义务。这种关涉整体的区域协议囊括了立法、行政、监察、司法的权力的整体委托或部分委托，是在不改变行政区划的条件下、能够协调区域间治理关系的合作协议。这种合作协议的签署，涉及地方主体权利和利益，涉及国家治理的政治和法律秩序，要经过上级政府的指导和批准，同时重大协议应当经过本级人大常委会的讨论通过。

## 五、协同学理论

"协同"一词《辞源》将之解释为：和合，一致，它反映的是事物之间、系统或要素之间保持合作性、集体性的状态和趋势。[1] "协同"一词《辞海》的

---

[1] 广东、广西、湖南、河南辞源修订组，商务印书馆编辑部. 辞源 [M]. 北京：商务印书馆，1979：417.

解释是同心合力，互相配合。①"协同"之本意在于两个或两个以上的不同主体相互配合、相互协助完成每一任务的过程。1971 年联邦德国斯图加特大学教授、物理学家哈肯（H. Haken），提出协同论（Synergetics）的概念。协同论认为，千差万别的系统，尽管其属性不同，但在整个环境中，各个系统间存在着相互影响而又相互合作的关系。该学说为主体间积极互利合作，系统或领域间建立有机联系，提供了理论阐释，适应了当前世界一体化、多极化的趋势。协同学是研究自组织系统结构、演化规律的科学，研究系统在外参量的驱动下和在子系统之间的相互作用下，以自组织方式在宏观尺度上形成空间、时间或功能有序结构的条件、特点及其演化规律的学说。② 一个组织来自上级或外部的设定，靠外力使其变得有序就是他组织。一个组织是自发形成的，不需要外力就变得有序就是自组织。合伙、结婚是典型的自组织，而地方国家机关是典型的他组织。但是并非自组织就没有规则，就不受到外部的设定（他组织因素影响），外部需要设定一些自组织的规则，如同合伙要按照合伙法律进行，婚姻要按照婚姻法律进行，自组织也会受到外部力的作用，有时合伙或婚姻也会存在外部干预的情况。在行政组织中，纯粹的自组织都是过于理想化的，因为上级要为自组织设定科学的规则。并非两个系统的任意合作，就能够自发形成有效和稳定的系统结构。需要用科学的协同理论和法则来指导子系统的合作。协同理论如同契约理论一样，在不同领域表现的规律的特性是不一样的，需要研究不同领域的自组织理论，摸索其规律，以总结在该种领域最有效的自组织规律法则。

---

① （1）协调一致；和合共同。《汉书·律历志上》："咸得其实，靡不协同。"《后汉书·桓帝纪》："内外协同，漏刻之闲，桀逆枭夷。"宋庄季裕《鸡肋编》卷中："誓书之外，各无所求，必务协同，庶存悠久。"鲁迅《热风·随感录三六》："太特别，便难与种种人协同生长，挣得地位。"

（2）指团结统一。《三国志·魏志·邓艾传》："艾性刚急，轻犯雅俗，不能协同朋类，故莫肯理之。"《乐府诗集·燕射歌辞二·北齐元会大飨歌皇夏三》："我应天历，四海为家。协同内外，混一戎华。"

（3）协助；会同。《三国志·魏志·吕布传》："卿父劝吾协同曹公，绝婚公路。"元马致远《岳阳楼》第三折："勾头文书元着我协同着你拿这胡道人。"清李渔《比目鱼·奏捷》："若果然是他，只消协同地方，拿来就是了。"毛泽东《给中国人民志愿军的命令》："协同朝鲜同志向侵略者作战并争取光荣的胜利。"

（4）指互相配合。范文澜，蔡美彪等《中国通史》第四编第三章第一节："遇有战事，召集各部落长共同商议，调发兵众，协同作战。"郭光《英雄列车》："我们的英雄乘务员和旅客协同动作，又从洪水里抢救出来了九个灾民。"

② 曾健，张一方．社会协同学［M］．北京：科学出版社，2000：10-15.

一个开放系统通过内部的子系统之间的协同合作，会形成宏观有序、稳定、有效的规律结构，类似于一个二人合伙企业，要想保持企业的稳定和管理的有效，就需要科学地分配股权，它可以是 67% 的绝对控股、51% 的相对控制、34% 的一票否决权，股权及管理权平分或类平分，相较于其他比例对合伙系统的稳定性、有效性的削弱都要大。单板滑雪，要协同用"刃"滑与用"板"滑，用"刃"滑与用"板"滑可以视为一个协同系统，一个"板"前后两个"刃"。用"板"滑需要左右近乎绝对平衡、走直线，不用板刃，只用直板冲下山的情况是极少的，需要极高的平衡能力，是极危险的，不容易稳定。用"刃"滑则在不同时段交替倚重于前刃、后刃滑行，走 S 弯，易稳定，因此在用"板"滑与"刃"滑的协同系统中，用"刃"滑占据主导地位。同时，运用前刃或后刃滑，又构成了一个协同系统，有的人前刃熟练，有的人后刃熟练，要根据个人技术熟练的程度有所不同，哪个技术熟练，哪个自然占主导。但并不是所有的合作都是纯粹的自组织合作，有些还是他组织与自组织结合式的合作，这就需要综合考虑各方面的因素进行分析。序参量、自组织、役使原则、临界条件是协同理论的核心概念。①

---

① 1. 序参量。序参量是评价合作系统有序性的参量。子系统总是存在着自发的无规则的独立运动，同时又受到其他子系统对它的共同作用。存在着子系统之间关联而形成的协同运动。在运动中有许多控制参量，分为"快变量"和"慢变量"，而"慢变量"序参量才是处于主导地位的。投票中，反对或赞成的人数就可作为序参量。（1）由于协同学研究的是系统的宏观行为，所以引入的序参量是宏观参量，用于描述系统的整体行为；（2）序参量是微观子系统集体运动的产物、合作效应的表征和度量；（3）序参量支配子系统的行为，主宰着系统演化过程。

2. 自组织。自组织是指系统不需要外部指令而是遵循某种默契的规则，各尽其责而又协调、自动地形成有序结构。它解释自组织的整体系统，如何与外部发生作用，再经由各子系统的协同，最后形成新的有序结构。自组织系统，即那些不需要外界特定的干预，没有隶属关系的两个或多个独立系统能够通过内部过程产生宏观空间、时间的系统。这里要区分他组织和自组织，"他组织中子系统的关联和协同是'死'的，系统中各个子系统应如何运作和协调是靠外部指令操纵的，系统的状态由外部指令所决定，只要知道了外部指令，其子系统的运作和它们之间的协调方式也就一目了然；而自组织中的关联引起的协同行为是'活'的，在自组织系统中，系统转变为什么样的结构不存在外部对系统的硬性指令，它依据当时的条件可演化出形形色色的组织结构和功能，以适应发展中的需要"。合伙、结婚、自由选举都属于自组织。企业与企业之间，国家与国家之间，地方与地方之间，不同属性单元之间只有找到共同的序参量才能形成自组织系统。

3. 役使原理。系统演化过程中，在接近状态变化的临界点时，"快变量"由于变化太快，以致在未对系统施加影响以前就消失或变化了，而极少数"慢变量"变化相对缓慢，成为支配和主宰系统演化的序参量。也就是说任何协同，都存在役使的现象。参见：陈春花，朱丽，刘超，等．协同共生论 [M]．北京：机械工业出版社，2021.

协同能力是一种除科技创新以外的重要的基础竞争力。例如，有些传统的汽车企业，各零件也不用最先进的，就能将各零件协同装配得非常好，汽车整体性、可靠性、综合性能较好。有些汽车企业，装配时用最优质的零件，但装配的汽车整体性能却不尽如人意。能够用同样的零件、有限的资源，装配出来整体性能、综合性能更优异的汽车，就是一种协同能力。

现代的区域发展，不再是仅凭单一区域单元、区域力量、区域要素的发展，而是区域的体系与体系的联结发展。只有超越传统的区域的自我封闭和单枪匹马的思维惯式，充分借助区域联合整体发展力量和势能，运用协同思维、协同方式，协同集结区域单元力量，才有可能及时抓住发展机遇，充分发挥区域发展的潜能。未来的区域联合组织会科学突破区域界限，实现区域高度的协同组织和管理发展，这也是各国一直在努力的方向，需要加强对区域深度协同理论、制度、技术的研究，以在未来极度竞争的环境中占据领先地位。目前，合作区处于重要的试验阶段，协同理论对于探索区域深度协同的改革路径，摸索改革经验，降低改革风险，实现未来区域的更大发展范围、更大深度协同都具有重要意义。

传统的行政区域管理，都由纵向度、层级式、单方政府主导完成。合作区的管理，则在此基础上，由两个以上法律地位平等的横向地方政府协商、协同、共同完成，这种管理模式的转变无疑是巨大的。它导致纵向单向度政府管理要向横向的多方合作的管理模式转变。合作协同共治的理论为合作区更好的治理提供了新的理论支撑。合作方要充分均衡彼此的权益，互相配合，充分协商，深度合作，没有一致的行动就无法完成合作区的管理。合作方要学会在合作中、相互博弈中管理好合作区，保证共赢。合作方要逐渐习惯、适应这种理念的转变。

## 六、区域共同发展

21 世纪，共同发展的价值成了最重要的价值之一。共同发展的精神、思想、理论、制度体系将成为整个时代和世界共同需要构建的内容。整个世界都需要适应共同发展的潮流，都需要进行符合共同精神价值的重塑。合作区更加集中体现了共同发展的精神和价值。

构建各种性质共同体、统一体是宪法的一项重要任务。"共同"一词在我国宪法文本中出现的频率很高。1949 年"共同"一词在《共同纲领》共出现 4

次，标题 1 次、序言 2 次、总纲 1 次①，在 1954 年宪法中共出现 4 次，序言 3 次、国家机构 1 次②，1975 年宪法没有出现"共同"一词，1978 年宪法也没有出现"共同"一词，在 1982 年宪法（即现行宪法）中是中华人民共和国修饰的对象③，具有重要的宪法意义，共出现了 7 次。第 1 次，我国 1982 宪法序言第一自然段第一句话："中国各族人民共同创造了光辉灿烂的文化，具有光荣的革命传统。"第 2 次，序言第十一自然段："中华人民共和国是全国各族人民共同缔造的统一的多民族国家。"第 3 次，序言第十一自然段："国家尽一切努力，促进全国各民族的共同繁荣。"第 4 次，序言第十二自然段："推动构建人类命运共同体。"第 5 次，第一章总纲第六条第二款："国家在社会主义初级阶段，坚持公有制为主体、多种所有制经济共同发展的基本经济制度。"第 6 次，第三章第一节第六十七条："全国人民代表大会常务会议行使下列职权：（十九）在全国人民代表大会闭会期间，如果遇到国家遭受武装侵犯或者必须履行国际间共同防止侵略的条约的情况，决定战争状态的宣布。"第 7 次，第三章第八节第一百三十九条："在少数民族聚居或者多民族共同居住的地区，应当用当地通用的语言进行审理。"

区域共同发展是社会主义的本质要求。1956 年毛泽东发表了《论十大关系》，其中探讨了不同领域共同发展的问题。1992 年初，邓小平在"南方谈话"中提出："社会主义的本质，是解放生产力，发展生产力，消灭剥削，消除两极分化，最终达到共同富裕""一部分地区、一部分人可以先富起来，带动和帮助其他地区、其他的人，逐步达到共同富裕"。④ 2018 年习近平新时代中国特色社

---

① 《共同纲领》序言最后一句话，"中国人民政治协商会议一致同意以新民主主义即人民民主主义为中华人民共和国建国的政治基础，并制定以下的共同纲领，凡参加人民政治协商会议的各单位、各级人民政府和全国人民均应共同遵守。"

总纲最后一条，"第十一条　中华人民共和国联合世界上一切爱好和平、自由的国家和人民，首先是联合苏联、各人民民主国家和各被压迫民族，站在国际和平民主阵营方面，共同反对帝国主义侵略，以保障世界的持久和平。"

② 1954 年《宪法》序言第一自然段第 2 句、第 3 句，"这个宪法以 1949 年的中国人民政治协商会议共同纲领为基础，又是共同纲领的发展。这个宪法巩固了我国人民革命的成果和中华人民共和国建立以来政治上、经济上的新胜利，并且反映了国家在过渡时期的根本要求和广大人民建设社会主义社会的共同愿望。"

第二章第一节"第三十一条　全国人民代表大会常务会议行使下列职权：（十六）在全国人民代表大会闭会期间，如果遇到国家遭受武装侵犯或者必须履行国际间共同防止侵略的条约的情况，决定战争状态的宣布。"

③ 朴飞. 中国宪法与行政区划［M］. 长春：吉林人民出版社，2016：56.

④ 邓小平. 邓小平文选：3 卷［M］. 北京：人民出版社，2001：372-373.

会主义思想、新发展理念和伟大的人类命运共同体理论，载入宪法，成了宪法的核心指导思想。习近平总书记指出，"我们决不能允许贫富差距越来越大、穷者愈穷富者愈富，决不能在富的人和穷的人之间出现一道不可逾越的鸿沟"①。习近平总书记通过全方位的区域发展战略不断推进区域一体化发展，不断促进区域协同发展的格局。区域共同协同发展已经上升为我国政府一项重要宪法任务。

实现何种方式的共同发展是共同发展的关键问题。共同发展讲求科学处理先发展与后发展的关系，统筹兼顾顶端优势与均衡发展，不能为实现极端化、激进化的均衡发展，而削弱顶端优势，削足适履，也不能因为一味追求顶端优势、单极快速发展，而忽视均衡发展、共同发展。应统筹兼顾，四方是维。"首先是共谋发展，共同繁荣，打造利益共同体。其次是共担风险，共同治理，打造责任共同体。"② 区域共同均衡发展要符合经济和区域发展规律，违背经济和区域发展规律，会阻碍共同发展。应统筹运用区域协同一体化发展模式推进共同发展，充分发挥行政机制和市场机制的双重作用，发挥区域的要素禀赋比较优势，进行区域间的混合融合发展，逐步减少低效率的单向度的割裂式的帮扶，应激发后发地区的造血能力。

合作区是行政区划上具有相同层级的地方之间一种合作关系和协同发展关系，通过一种合作来寻求新的成长机会。协同、合作发展是区域一体化发展的重要理念。区域交往越密切，区域组织结合度越高，发展机会就会越多，区域间贫富差距就会越小，一体化程度就会越高，区域间的关系就会越和谐安定。合作区设置、组织、治理、发展都要体现共同的价值，体现合作双方或多方的利益和价值诉求，构建具有共同价值的组织形态，构建"你中有我、我中有你"的区域共生发展格局。

### 七、经济区与行政区适度分离

2020年1月3日，中央财经会议第六次会议提出支持成渝地区探索经济区和行政区适度分离。2022年2月，《成渝地区双城经济圈经济区与行政区适度分离改革方案》在召开的四川省政府第98次常务会议上审议通过。

---

① 习近平. 在省部级主要领导干部学习贯彻党的十九届五中全会精神专题研讨班上的讲话 [EB/OL]. 人民网，2021-01-11.
② 王义桅. 论习近平一带一路思想 [J]. 学术界，2018（04）：34-36.

经济区与行政区适度分离主要指行政区域的职能二级区域——经济区（功能区或开发区）与行政区的分离。行政区与经济区分离的概念的提出，强化和明确了经济区可以与行政区分离，强化和明确了合作区的独立地位，肯定了它与行政区的分工、分权，职能相差异、相交互的重要的区域定位，强化了经济区与行政区在区域一体化进程中共同发挥作用的地位。如果不实行行政区域与经济区域的适度分离，是不可能建立合作区的。经济区范围可能是多个行政区域的整体范围，或者经济区可能位于行政区域间的交集地区，这两种情况都属于经济区与行政区适度分离。

经济区与行政区适度分离的范畴和含义较为广泛，不仅可以包括合作区，还可以囊括更多的改革尝试，是一种方向性的囊括和富有想象力的描绘性构想目标，赋予了宽广的试验空间和试验的可能性，鼓励地方进行尝试，探索出各种可能的改革路径，允许地方有更多的试验选择性。

为了维护经济区的管理秩序、协调经济区与行政区的关系、防止经济区管辖的混乱和地方权力被侵蚀，传统的经济区设置一般要求与行政区域相统一。地方政府在本行政区域内设置经济区，经济区从属于本行政区域，是本行政区域政府的下级管理区域，各级政府都要求在本行政区域内设置经济区。传统的经济功能区都是各级政府在本级行政区域内设置的，没有实现经济区与行政区的分离。经济区本身是地方政府治理本辖区的再分工区域。行政区域是依据宪法和地方组织法等基础性法律设置的基础性的区域，经济区域（开发区）是在行政区域基础上依据地方政府授权或委托设置的区域。经济区是行政区的次级职能区域。但是，在区域一体化形势下，需要新的模式开启推进区域一体化的可能性，提高区域要素配置的效能，发挥经济区更广泛的作用。构建经济区与行政区适度分离的制度，就能够发挥这种作用。

从历史发展的角度看，权力及区域的不断专业分工是历史的趋势。国家的权力区域经历了从单一的权力区域向多元复合区域演变的过程，在中国古代早期只有一种权力区域，秦朝实行郡县制，行政监察军事区域合于郡县，汉朝行政区与监察实行分立。东汉后期，为了镇压黄巾起义，将监察区的刺史部改为行政，刺史被授予了行政权、财权和军权，唐代的道是监察区，后由虚变实，安史之乱以后，监察区和军区结合起来，形成道和方镇相结合的制度，宋朝各种权力区域制约掣肘就非常严重，叠床架屋，一级政区统辖区为路，路一级的权力由转运使司负责财政，由提点刑狱司负责司法监察，经略安抚使司负责军事，提举常平司负责平仓、免役、市易、坊场、河渡、水利，"路"实质上是四种性质不相互统属的次级区域。元朝始设行省，明清总督辖区与巡抚辖区分开，分工各有不同，《清朝通典》把总督的职掌概括为："总治军民，统辖文武，考察官吏，修饬封疆"；巡抚则为："宣布德意，抚安齐民，修明政刑，兴革利弊，考察群吏之治，会总督以诏废置；三年大比献贤能之书则监临之，其武科则主考试"。明清都察院又分为左都系统与右都系统，左都御史为专职监察官，右都御史为总督兼衔，左都御史监察区为道，右都御史兼总督的监察区和行政区合一，同为省府州县。现代权力区域分工在国家治理中是经常的现象。行政区域、监察区域、司法区域等都是权力区域的适度分离，并由实行民主集中制的人民代表大会制度加以统合。最高人民法院可以在普通司法辖区基础上设置巡回法庭辖区，统辖数省司法。设立开发区本质上也是纵向上的权力分立，是同一主体行政区域内开发区和行政区适度分工。经济区与行政区的适度分离是横向上权力分工的结果，是区域一体化协同发展的需求和社会制度文明发展的结果。要求经济区的权力从行政区的权力中适度分离出来，进行合作共享。

中国的改革开放也是推进各种权力（权利）的科学分置和组织的过程。权力（权利）分置和组织是现代国家和地区治理的基本要求，无论在经济领域、社会领域、行政领域、政治领域，若想充分实现治理，就需要进行科学合理的权力分立、权能分置。中国经历了一个逐步权力分置和放权的过程，中国首先在经济领域推行权能的分置，从家庭联产承包责任制的集体土地所有权与农户土地承包权的二权分置，到新时期的所有权、承包权、经营权的"三权"分置，从政企分开，"国营企业"改为"国有企业"，再到国有企业公司制改革，权能分置极大调动起了企业主体的积极性。从土地不可转让，到土地的使用权可以依照法律的规定转让。在行政领域，中央在保有统一领导和控制权的前提下，逐渐向地方下放权力，使地方享有一定的自主权，充分发挥了地方的主动性、积极性。人民代表大会的民主集中制也是一种权力的统一与分工的组织方式，国家的一切权力属于人民，人民行使国家权力的机关是人民代表大会，国家行政机关、监察机关、审判机关、检察机关都由人民代表大会产生，对它负责，受它监督。

经济区与行政区分离的本质是行政管辖权与行使权的分置。实现行政区域管辖权的权能分置，是我国改革开放的创新之举。行政区域管辖权可以分置为行政归属权与行使权。在地方政府间合作过程中，行政区域管辖权属于原地方主体，行使权则可以委托给其他地方主体行使。行政区域管辖权与行使权的分置适应了区域一体化协同发展的需要，充分发挥了行政区域的效用，明确了行政区域管辖权的归属。

经济区与行政区适度分离，经济区的设置超出了本级行政区域的范围，实质是行政区划层级方面对等地方政府之间以共同委托或托管等方式合作设置跨越行政区划的经济区域。经济区与行政区分离需要跨行政区域设置经济区，这需要两个以上没有隶属关系的行政区域主体进行合作设置。它不应理解成为上级政府设置的跨行政区域的经济区域行为，因为上级政府设置的经济区仍属于上级政府在本行政区域内设置经济区域，应理解成为行政区划方面同层级平等地方政府或区域主体合作设置经济区域的行为。经济区与行政区分离默认的潜台词是行政区域归属权与行使权的适度分置。区域是权力的空间作用范围。权力区域是权力作用的效力现象。特定权力产生特定的权力区域。区域的分离本质是权力的分工和分置，甚至是委托或托管。经济区与行政区适当分离，首先要实现经济区的权力与行政区的权力适度相分置，要不断探索权力相分离和再组织的体制机制。

### 八、经济区域管辖权的委托管理

经济区域管辖权（即行政区域职能派生权或运行权）委托管理是指地方政府为实现特定的区域发展的目标，在上级政府的批准或授权下，委托其他地方政府机构或区域组织在委托权限范围内，以委托方的名义，代为实施全部或部分经济区域管辖权。它源于委托代理理论，委托代理理论是民商法、经济法等法律的一个重要理论，随着区域一体化协同发展和区域合作规模的扩大，该理论也逐渐应用到涉及宪法和行政法的区域治理发展领域，传统的单一政府行为的行政委托正在向经济区域管辖权的整体委托扩张。

经济区域管辖权委托在性质上属于涉及宪法和行政法的委托管理的范畴，应服从宪法和行政法的逻辑原理。行政区域管辖权是不可以委托的，但是经济区域管辖权是可以委托的。在涉及宪法和行政法委托关系中，行政委托的设定要基于实现特定的正当行政目标，只有在实现特定的正当行政目标下才可以进行委托，要依据法律或经过上级政府的批准或授权，委托组织的职权源于委托主体的委托，被委托组织获得的职权以委托主体的名义行使，执行委托主体的意志，维护委托主体的权益，行为后果由委托主体承担。关涉宪法和行政法的委托关系是一种合约关系，被委托主体行使重大职权一般应当征得委托主体的同意，代理方要按照委托主体的意志和利益行为，委托主体要加强对被委托主体的监管。

关于委托管理理论及制度在宪法和行政法中都有论述。例如，宪法第八十二条规定，"中华人民共和国副主席受主席的委托，可以代行主席的部分职权"。《地方组织法》第五十一条规定，"常务委员会会议由主任召集并主持……主任可以委托副主任主持会议"。《人大常委会监督法》第十三条规定，"专项工作报告由人民政府、人民法院或者人民检察院的负责人向本级人民代表大会常务委员会报告，人民政府也可以委托有关部门负责人向本级人民代表大会常务委员会报告"。《行政处罚法》第二十条规定，"行政机关依照法律、法规、规章的规定，可以在其法定权限内书面委托符合本法第二十一条规定条件的组织实施行政处罚。行政机关不得委托其他组织或者个人实施行政处罚。委托行政机关对受委托组织实施行政处罚的行为应当负责监督，并对该行为的后果承担法律责任。受委托组织在委托范围内，以委托行政机关名义实施行政处罚，不得再委托其他组织或者个人实施行政处罚"。《行政许可法》第二十四条规定，"行政机关在其法定职权范围内，依照法律、法规、规章的规定，可以委托其他行政机关实施行政许可。委托机关应当将受委托行政机关和受委托实施行政许可的内容予以公告。委托行政机关对受委托行政机关实施行政许可的行为应当负责监督，并对该行为的后果承担法律责任。受委托行政机关在委托范围内，以委托行政机关名义实施行政许可，不得再委托其他组织或者个人实施行政许可"。目前的委托都是基于某一行为或某一事项的委托，管辖权的整体委托理论和制度还在发展和完善之中。

委托管理在开发区管理中广泛运用。2016年7月公布的《山东省经济开发区条例》第二十五条规定，鼓励经济开发区与其他区域或者企业采取合作共建、委托管理等方式，建设跨区域合作产业园区或者产业合作联盟，拓展发展空间。2018年1月公布的《江苏省开发区条例》第十六条规定，"支持开发区开展横向合作，与其他经济体以合作共建、委托管理等方式，建设跨区域合作产业园区或者产业合作联盟。"2018年8月公布的《辽宁省开发区条例》第三十一条规定，"支持和服务开发区开展横向合作，与其他经济体以合作共建、委托管理等方式，建设跨区域合作产业园区或者产业合作联盟。"2019年7月公布的《江西省开发区条例》第十条规定，"县级以上人民政府应当加强区域合作和交流，可以采取联合共建、委托管理等形式，建设跨区域合作产业园区。"2020年7月公布的《广西壮族自治区开发区条例》第十七条规定，"县级以上人民政府应当加强区域合作和交流，可以按照优势互补、产业联动、市场导向、利益共享的原则，采取联合共建、委托管理等形式，建设跨区域合作开发区、飞地园区，建立跨区域合作机制，明确经济总量统计、税收等利益分配和生态环境指标分担等方面要求。"

经济区域管辖权委托管理这一新手段适应了区域一体化协同发展的目标。行政委托管理增强了地方政府的能力，使其能够实现以往实现不了的行政目标。随着区域一体化协同发展和区域合作规模的扩大，地方政府主体可以将自己的经济区域管辖权或其他职能区域管辖权委托给能力更强、更富经验、资源更具有优势的区域管理主体，从而实现单一行政主体难以实现的区域治理目标。

## 第五节　地方政府间合作区的基本原则

基本原则是制度的立场、底线、准则和原理，是制度的"四梁八柱"。在基本原则基础上构建出整个制度规范体系。合作区的基本原则是能够反映合作区的本质和规律，体现合作区的开拓精神，贯穿于合作区法律制度的始终，规范整个合作区法治活动，指导合作区法律制定、修改和实施的基础性规范。合作区的基本原则是整个合作区法制的基础和柱石，支撑整个合作区法制大厦的体系和结构。合作区的基本原则是与合作区有关的宪法原则、行政法原则、经济法原则、民商法原则的集成与提炼。合作区的基本原则除了包括公正的原则、法治原则、程序正当原则、合理原则等一般性原则外，还包括专属于合作区法制特色的基本原则。

### 一、坚持行政区划稳定与发展合作区相统一的原则

行政区划是国家统治的基础，是国家及地方治理的基本单元，它的稳定直接关系到国家统治的稳定，关系到国家统一和民族团结，经济发展和社会安定，中央与地方关系、上级地方与下级地方关系的健康和谐、良性互动，地方权益的保障，居民生活的便利和安居乐业，国家能力的正常发挥。稳定压倒一切。行政区划是国家安全、稳定发展的基础。行政区划安全、稳定，国家才能够安全、稳定、发展。科学稳定的行政区划能够增强国家的能力，不科学、不稳定

的行政区划，会削弱国家的能力。

行政区划是国家"大树"的枝干、国家"大厦"的柱梁。传导和承受国家的力量。统一的行政区划，产生了层级不同、大小不同的地方主体，产生了丰富多彩的地方治理形态。行政区划之"树"结有众多的社会关系，行政区划一动，地动山摇，这些社会关系会随之剧烈摇撼、变动，行政区划变动应当慎重，应保持总体稳定。①

我国应加强行政区划的中央统治和集中统一领导，加强行政区划法治，保持行政区划总体稳定，保证中央掌控行政区划的权力，加强顶层设计规划，稳健推进行政区划的发展和改革。为了维护国家的统一和稳定，省级地方只能有最基层乡镇街道级政区的调整权力，不应有其他行政区划调整的权力。但是，行政区划稳定性的总体要求，又必然造成了其难以紧跟区域一体化协同发展的实际。所以需要合作区这种模式，缓解行政区划的保守特性，赋予地方政府一定的经济区域合作设置的权力，在维护行政区划总体稳定的基础上，促进区域一体化协同发展。合作区模式是大有裨益的，既可以保证行政区划的稳定，又可以推进区域的一体化协同发展，解决了为保证行政区划的稳定而引发的区域一体化发展滞后性问题。

行政区划和职权划分系统，设置和授予了地方政府行政区域管辖范围和行政事务管理权限。行政区域管辖范围是中央政府依法划分的区域管辖范围，具有稳定性。行政事务管理权限是上级政府依法授予或委托地方政府行使的权力，有时会按照地方管理形势的需要而进行一定的变化调整。行政区域管辖权力是相对稳定地授予地方政府的权力，具有唯一性，并且不可转让，同层级其他地方政府无权占有该种权力。新的观点认为，同层级合作的地方政府可以被委托行使该种权力的派生权力。设立经济区域的权力是地方政府设立行政区域的次级区域的权力，是一种经济社会领域的行政管理权力。按照统一的稳定的行政区划原则，没有隶属关系的同层级地方政府之间设置合作区，发生权力的移转，应通过上级政府的批准授权，合作方地方政府间不经上级政府批准授权不得转移行政区域管辖使用权和行政事务管理权。

---

① 《行政区划管理条例》第二条：行政区划管理工作应当加强党的领导，加强顶层规划。行政区划应当保持总体稳定，必须变更时，应当本着有利于社会主义现代化建设、有利于推进国家治理体系和治理能力现代化、有利于行政管理、有利于民族团结、有利于巩固国防的原则，坚持与国家发展战略和经济社会发展水平相适应、注重城乡统筹和区域协调、推进城乡发展一体化、促进人与自然和谐发展的方针，制订变更方案，逐级上报审批。行政区划的重大调整应当及时报告党中央。

　　统一的稳定的行政区划是我国区域发展的基本原则，也是地方政府间合作及合作区设立的前提和基础。例如，2019年12月，在湖北省委省政府的支持下，洪湖市与武汉市经济技术开发区按照"区划不变、委托管理、利益分享、共同发展"的原则，建立了湖北省首个跨区域经济合作区新滩经济合作区。①在统一的稳定的行政区划之下，平等的地方主体之间才能够进行合作。不在统一的稳定的行政区划之下，各种法律关系动荡不安，平等的地方主体之间则无法进行合作及设立合作区。行政区划是一种体制层面的制度，合作区是一种机制层面的制度，行政区划为本，合作区为末，不可本末倒置。任何地方政府合作都要遵循统一的稳定的行政区划原则，在统一的行政区划基础上进行合作，并且地方政府间合作及合作区设立要维护行政区划的基本法律关系。

　　在性质上，合作区是地方政府间以行政区划为基础进行的经济区域改革试验，不是行政区划的改革实验。合作区是在行政区划基础之上进行的次级区域合作，但不是脱离行政区划的合作，更不是违背行政区划秩序的合作。合作区未改变行政区划的基本法律关系。

　　合作区设置与行政区划在法治理论上界限是泾渭分明的，行政区划是行政区划，合作区是合作区，一个是行政区域设置，一个是经济区设置。合作区是以行政区划为基础的二级区域，没有行政区划，就没有合作区，要规范协调二者之间的关系，共同发挥二者的作用，共同推进区域一体化协同发展。在基本职能上，行政区划的首要职能是政治统治，要有稳定性，合作区的首要职能是经济发展，要开放性，但并不是说它没有政治统治的职能。

　　合作区要在维护行政区划权威的基础上进行发展。鼓励合作区因需而设，牢固树立行政区划的基础地位与合作区依法发展理念，不断完善合作区的各项制度。合作区设置不当，也会侵犯行政区划的基本价值，所以要科学合理设置合作区，构建科学的合作区设置规则体系，明确二者的关系。总之，要在坚持行政区划制度的原则下，开展合作区活动。合作区的创设也不应视为行政区划的调整，也不应视为行政区域管辖权的转让，应视为在行政区域基础上二级职能区域的委托或授权。在合作区的设置过程中，应维护国家的行政区划的价值和地方的行政区域主体权利，不应违反行政区划的形式和实质法律关系。合作区在适当时机通过行政区划法定程序可以转变为"飞出地"的行政区域。

---

　　①　潘宗文. 洪湖市成立新滩经济合作区 探索跨区发展新模式［EB/OL］. 湖北省人民政府门户网站，2019-12-19.

**二、上级政府宏观指导调控与下级政府间主体合作相结合的原则**

在合作区活动中，上级政府的宏观指导调控与下级政府间主体合作是相辅相成、相得益彰、缺一不可的。要充分发挥上级政府的宏观指导调控与下级政府间主体合作的共同作用，充分发挥上级指导、协调、监督与下级政府主体利益合作的双重优势。下级地方政府间的市场合作，具有活力，但有时具有逐利短视性和不稳定性，有时会发生市场失灵、方向偏离，或发生违法、侵犯上级地方或合作方权益的情况，这时就需要上级政府的指导调控，甚至是直接介入，并且在合作区的发展初期和困难时期需要上级政府的一定支持和帮助。如果上级政府的调控权力不当行使，也会干扰下级政府的正常合作。行政具有资源配置的功能，市场也具有资源配置的功能，上级政府具有宏观指导调控的职责，下级合作方政府负有主体合作的职责，合作区就是四者的能力职责有机结合。2018 年，中共中央、国务院制定的《关于建立更加有效的区域协调发展新机制的意见》，规定了坚持中央统筹与地方负责相结合的原则，加强中央对区域协调发展新机制的顶层设计，明确地方政府的实施主体责任，充分调动地方按照区域协调发展新机制推动本地区协调发展的主动性和积极性。

地方政府间的合作是在上级政府指导、调控下的合作，上级政府要制定科学的合作指导政策，既不能管得太死，也不能放得过宽，明确宏观指导调控与地方政府自主合作的边界。宪法第三条第四款规定，"中央和地方的国家机构职权的划分，遵循在中央的统一领导下，充分发挥地方的主动性、积极性的原则。"上级政府应充分发挥下级地方政府的合作的主动性、积极性，否则上下级政府间的责任就难以明确。合作区要与整个区域发展计划相一致，要在区域发展计划指导下合作，地方政府之间的合作自主权是受到限定的，地方政府之间的合作是在一定范围内的合作。2017 年 3 月，国务院办公厅印发《东北地区与东部地区部分省市对口合作工作方案》，确定辽宁省与江苏省、吉林省与浙江省、黑龙江省与广东省，沈阳与北京、大连与上海、长春与天津、哈尔滨与深圳，"三省四市"对口合作关系。这实际上，就是上级政府的指导和计划。因为有中央政府的指导和计划，所以 2019 年辽宁省才能够与北京市合作建立多个飞地经济园区，哈尔滨才能够与深圳共建深哈产业园区。

行政区划上同层级地方政府设置合作区的权力，既属于合作方地方政府合作权力的范围，也属于上级政府的权力范围。下级政府横向合作要在上级政府授权范围内进行，这涉及上级政府的授权和监管。上级政府当然也能够命令下级政府进行合作，但此时就已经不属于"合作"的含义了。地方政府在法理上只能够管理本行政区域，没有上级政府的授权，下级政府是难以进行跨行政区划合作管理的。下级政府应在上级政府的指导授权下设置合作区，下级政府不经上级政府允许而设置合作区，不受上级政府的监管调控，上级政府有权撤销合作区。

合作方地方政府是建设发展合作区的主体。合作区合作是平等地方政府间的主体行为，合作方地方政府要对合作区的合作行为承担主体责任。下级平等地方政府具有一定的主体权利，上级政府不应违背下级政府的意愿和利益，强迫地方政府进行合作，上级政府不可代替下级政府的合作，合作还应由下级合作方地方政府按照平等协商、自愿有偿、公平诚信、互利共赢、共享共担的原则进行。上级政府划定宏观范围后，合作的内容、具体办法，应由下级合作方地方政府协商决定。合作区的设置主体、治理主体、发展主体都是合作方地方政府，没有合作方地方政府，合作区会失去合作主体。上级政府需要科学指导协调监督，下级政府需要主动、积极合作，需要上级指导调控与下级自主负责相结合，行政指导与市场主导相结合。

### 三、共建共享、优势互补、合作共赢、权责利一致的原则

共建共享。共建共享是合作区正当性、合法性的底线原则。不坚持共建共享，合作区就丧失了正当性、合法性。合作区为合作方共建、共享。共同属性是合作区的基本属性。合作区不为某一方独建、独享，为全体合作方共建、共享。共建共享从原因和结果、从起点和终点的角度对合作区根本属性进行概括，共建共享辩证统一，不可分割。每一个合作方都应当建设合作区，享有合作区收益，合作区为合作方共建共享的发展区域。2019年8月，苏州宿迁两市在吴江区签订《吴江泗阳产业合作园区合作协议》，园区将紧紧把握长三角生态绿色一体化发展示范区战略机遇，坚持"共建共享、优势互补、合作共赢、平等协商、权责一致"的原则，力争将吴江泗阳产业合作园区打造成优质产业的首选区、区域合作的示范区、高质量发展新动能的集聚区。①

优势互补。合作区建立发展应坚持优势互补的原则。合作方之间的资源和能力应当优势互补，如果合作方之间的资源和能力、没有优势互补，合作区建

---

① 宿迁市经济合作处. 苏州宿迁两市以务实过硬举措落实省委全域一体化战略［EB/OL］. 宿迁市发展和改革委员会官网，2019-08-15.

立就会丧失动力和意义。合作区建立的前提条件是存在优势互补。如果一方合作方的资源与另一方合作方的资源是同质的，双方的关系就是竞争关系。如果一方所有的资源不是另一方所需要的资源，不是另一方所没有的资源，就形成不了互补关系。如果双方互补的资源优势性不足，合作区发展也会动力不足。合作区不是单向度的帮扶，是双方各取所需、共同发展的互补合作行为。

合作共赢。合作方之间应当积极通力合作配合，合作区是合作方深度合作、协同共治的区域，合作方合作不协调、不充分、不紧密，合作区无法实现有效治理。合作方应实现深度的合作，应构建深度合作的制度。合作方共赢，要求大家都有价值收益，都有公平合理的价值收益，不能一方有价值收益，另一方没有价值收益，或者价值收益畸轻畸重不公平，要使合作方都能得到充分的发展，都有与投入付出成比例的收益，大家都能够各得其所。对于弱势合作方应给予照顾。各方不积极合作、不共赢，发展利益分配不科学、不公平，合作区就难以长久发展。

权责利一致。明确合作方的职责、职权、利益分配，明确合作区的责任主体，赋予合作区责任主体以相应的职责和职权，并按照责任比重和投入劳动、资源的比重及结合相关因素分配利益。保障任务分工、手段权力和价值激励能够形成一致的关系。防止出现有责无权，有权无责，有责无利，或者责权利割裂、不统一的情况。将合作区的管理配置给有抱负、有能力、相适合的合作方。这种配置并非机械式的配置，要符合合作区的治理规律，按照不同的主责类型并结合功能定位等实际情况来进行，并与合作区管理状况和业绩相挂钩，实现差异化的约束激励机制。这种配置也可以按照合作协议约定来实行责权利的配置，可以动态化调整，但是出于兼顾平衡的考虑，利益分成应合理照顾其他合作方。合理配置合作主体的责权利，对于科学分担合作区责任，保护合作主体的利益，实现利益共赢，长远发展具有重要意义。

## 四、平等、公平、自愿、协商、互利、诚信的原则

合作方地方政府法律地位平等是实现合作区合作活动的前提。没有合作方地位的平等，就没有合作区的有效合作。在合作区法律关系中，合作方都处于平等的主体地位。平等原则集中反映了法律所调整的合作方地方政府间关系的基本特征。同层级地方主体不分区域性质、中心和边缘、人口面积多寡贫富等因素，都享有平等的法律地位。但是，现实中同层级的行政区域主体可能因为

现实地位不同，而产生不平等的现象，例如，在同区域内，省会城市与普通地级市之间，省会城市往往占有更强势的地位，容易导致普通地级市的权益被忽视和弱化。

公平与效率如同平等与自由一样都是社会科学的基本命题。公平的本质是利益的分配，就是公平合理分配各方的利益资源或负担，调动人的积极性，解放和发展生产力，维护主体的权益和社会的和谐。公平是构建合作区、保障其长期高效发展的关键因素。要求合作方的权益要得到保障，利益得到兼顾。违背了公平原则，合作方的利益就会受到损害，合作区效率就会发挥不起来，效率就会低下，合作区将难以长期发展下去。没有人愿意在利益受损害或没有回报和收益的情况下无偿投入。上级政府统筹建立的合作区，应保障各方利益。"利益不是仅仅作为一种普遍的东西存在于观念之中，而是首先作为彼此分工的人之间相互依存关系存在于现实之中。"① 地方政府间合作，应公平、科学合理分配各方的权益和义务负担，实现权益、义务责任的协调统一，不能一方只享有权益、不履行义务，也不能一方只履行义务、不享有权益。义务负担与权利收益不能失去平衡、超出合理限度，权利、义务负担应当对等、一致，多投多得，少投少得，多劳多得，少劳少得，同等情况，同等对待，不同情况，差别对待。这样大家的积极性都能够调动起来。合作区的设立、治理、运营、利益分配、风险分担都要体现公平原则。

合作方地方政府在合作区活动中，充分表达自己的真实意思，并在上级政府设定的范围内，根据自己的真实意思设立、变更、终止合作区法律关系。地方政府间合作的活动要基于自愿，只有自愿，合作区才能够搞好。如果不情愿，合作区是搞不好的。自愿原则，要求充分尊重合作方按照自己的利益自主选择，上级政府不得强制合作方地方政府进行合作。地方政府间的合作，应充分发挥市场的调节作用。合作方地方政府自愿缔结共建合作区的合作协议，自愿决定共建合作区的合作协议的内容，自愿变更共建合作区的合作协议。例如，上级政府可以设置两个或三个选项，可以划定广东省既可以选择与黑龙江省建立合作区，也可以选择与吉林省、辽宁省建立合作区。

协商在合作区活动中具有枢纽地位，是贯穿合作区活动始终的原则。合作区的制度的特色就在于协商，合作区的主要活动离不开协商。"共商、共建、共

---

① 中共中央马克思恩格斯列宁斯大林著作编译局．马克思恩格斯全集：3 卷［M］．北京：人民出版社，1972：37.

管、共享"全程都离不开协商，这是合作区运行必不可少的环节。合作区活动就是在协商中推进下去的。不经过协商，合作区活动的正当性、合法性、合理性将无法得到保障。为了贯彻协商原则，要构建稳定的常态化、全过程、层级结构性的协商体制和机制。

合作方进行合作区活动要本着有利于、便利于对方的态度，不刁难、不难为对方，不侵害对方的利益，不能以损害对方的利益来满足自身的利益，不垄断，要互相友善、有益，提供力所能及的便利和帮助。合作方地方政府应当平等互利、互相合理让利，尊重对方核心利益、合理利益，互相放权，相互为对方留有空间，互为提供优惠和减免，坚持"有钱大家一块赚"、"大家都有钱赚"、大家都有提升空间、大家都有路可走，大家分享利益、互惠互助、共赢共享。毛泽东曾指出："省市和省市之间的关系，也是一种地方和地方的关系，也要处理好。我们历来的原则，就是提倡顾全大局，互助让利。"①

合作方地方政府的合作，应当本着以诚相待，开诚布公，不欺不瞒，相互信任的态度进行合作，诚信订立合作区合作协议，诚信履行合作区合作协议。合作方在行使权利、履行义务的过程中应当信守承诺、恪守信用、诚信行使权利、忠实履行义务，承担责任。诚信也是合作方的基本义务，是对合作方的最低道德要求，违反诚信原则，合作方要承担相应的责任。合作区的建立、管理、发展取决于合作方之间的互信，合作方之间不诚实不守信，管理成本就会大幅提升，就难以相互信任依靠，合作就无法进行下去。

### 五、合作方权益保障、权力监督制约的原则

合作区活动过程中，合作方较为担心的是，自己的合法权益会不会受到对方的侵犯，会不会受到上级政府不当干预的侵犯。在众多的与合作区有关的主体权益保障中，合作方的权益的保障是主要矛盾。合作方权益受到正当保障是合作区制度的基本原则，是整个合作区制度的基础。如果合作方的正当权益得不到有效保障，受到不法、不当侵犯，最有可能造成合作区进行不下去。合作方权益保障原则，明确了合作方的正当合法权益的核心地位，明确了其应当受到有效的保障。

合作区这种双方或多方合作治理的模式，在运行中，因为需要委托或偏重一方管理，易出现一方不当行使权力损害其他合作方权益的情况，或者发生合

---

① 中共中央文献研究室编．毛泽东文集：7卷［M］．北京：人民出版社，1999：33.

作方之间因缺乏有效的组织协同沟通而导致治理效能低下，权益无法得到保障，诉求无法表达的情况。应当加强合作区的决策协商制度、协同执行制度、监督制度、纠纷解决制度、权益救济制度的建设。

合作地方主体的权益保障是合作区发展的基础。合作地方的权益得不到正当切实保障，合作区就会丧失存在基础。在合作方地方政府组建合作区的过程中，各合作方都想扩大自身的权益，都不想自己的权益受到损害。需要建立合作方代表协商的体制机制，建立科学完备的权力组织治理机构，以实现利益诉求的充分表达和权力的监督制约。

### 六、有计划、分阶段、注重效益、可持续、统筹兼顾的原则

合作区的发展要有计划、分阶段。合作区的建设是建城活动，是战略性、基础性的大事，是长期、分阶段投入的工程，不是短期的投机行为，不能一蹴而就，必须秉持长期主义、久久为功。设置合作区应充分进行论证评估，制订周详的计划，对合作方的要素禀赋，区位选址，合作的持久性，合作意愿和诚意，大小环境，未来的发展趋势，可能出现的风险，可能出现的最坏情况进行全面系统的评估。应目标明确、阶段清晰、逐步深入，制订慎重缜密的计划和措施，并分阶段策略性实施计划，分阶段适时策略性调整、修正计划。合作区的设立要稳健、集中、高效，不可盲目、草率、泛化。如若这样做，合作区的回报也是稳定、长期、持续、丰厚可观的。

要做好科学统一整体规划，谋定而后动，合作区毕竟不是一两个企业的投资，是产业群的投入、巨大的区域城市建设工程，耗费大量的资金和资源。出现失误，各方损失是巨大的。谋划在先，做充分、详细的计算。凡事预则立，不预则废。合作区要有计划、有步骤、分阶段地推进建设。先规划、后建设，先地下管网的建设、后地上设施的建设，先修路、后进场，先工业、再住宅、后商业。要科学做好合作区的土地使用、基础设施、产业发展、人口发展、社会保障、生态建设等规划工作，贯彻新发展理念，坚持改革创新、规划引领、集聚集约、绿色生态、高质量发展。合作区往往是历经地方几代领导人的接续努力才能有所成效，应秉持"功成不必在我"的精神境界和"功成必定有我"的历史担当，推进合作区发展建设。

合作区发展应符合区域发展趋势和规律，积极实施国家区域发展战略，因地制宜，因势利导，因需而设，统筹兼顾，可持续，这是基本原则。中央允许

地方发展合作区是有条件的，这个条件就是要根据区域发展战略，要与国家区域发展战略相一致，国家利益和地方利益根本上是一致的，是不可分割的，地方作为国家整体的一部分，应当在执行国家整体战略的前提下，发展合作区。上级政府指导发展合作区，要尊重经济规律，充分考虑地方的实际情况和意愿，不可"拉郎配"，不能为了建合作区而建合作区，要符合利益价值规律，尊重地方主体意愿和权益，至少不损害地方主体的利益。

合作区发展要注重经济效益。经济效益是合作方搞好合作区的驱动力，经济学认为，经济利益决定了一切关系的运转，经济效益是合作区赖以存续的基础，也是合作区发展的不竭动力之源。有了效益，合作区才能够可持续发展。要确保合作方投入的资源配置在最合适的领域，在次要的非重要的领域配置低限度的资源。应考虑投入与资源产出比，加强资源利用效率，节约资源，减少浪费，加强自然环境保护。

合作区发展要统筹兼顾各方面的利益，上级政府的、中级合作方的、下级合作区的，长期的、中期的、短期的，政府的、社会的、居民的利益都要统筹兼顾。要科学、合理配置不同阶段、不同领域、不同主体的利益，合作区发展初期，资源投入是巨量的，利益要向合作区倾斜，上级政府、合作方要适当让利，当合作区能够自主良性运行了，壮大了，合作区也要适当让利，将发展成果惠及合作方和上级政府。分享利益、兼顾利益，合作才会愉快、融洽，才会持续，才会财源广进。设立合作区既要算好经济账，也要算好政治账、社会账、文化账、生态账，要全面综合评价合作区的价值收益。各主体、各领域利益要兼顾，各主体、各领域要共同发展。

# 第四章

# 地方政府间合作区的设立和终止

## 第一节　地方政府间合作区的设立

### 一、合作区设立的概念

地方政府间合作区的设立是指合作方地方政府或上级政府依照法定的权力、条件和程序，组建合作区并使其取得一定法律地位的活动的总称。

（一）合作区的设立表现为一系列的连续法律行为过程。合作区设立过程包含一系列法律行为，这些法律行为环环相扣，缺少任何一个环节，合作区都不能设立，如上级政府的规划许可或指导行为、合作方之间的合作协商及签订合作协议、上级政府的批准行为等，这些行为有明确的步骤和顺序。合作区设立行为的起始可以理解为合作方签订合作协议或上级政府指导之日，结束日为上级有权政府批准设立合作区之日。

（二）合作区的设立由多主体的复合法律行为构成。单一的行为，是无法导致合作区设立的。合作区的设立是纵向上级有权政府的规划或指导+下级横向平等合作方的合作、协议行为+纵向上级有权政府的批准行为的结合。三种行为分工是不同的，上级有权政府的规划或指导是一种宏观性、方向性的行为，合作方的合作行为是一种平等主体的微观性、自愿契约性质的行为，上级有权政府的批准行为是一种审查行为。只有同时具备上级政府的规划许可、平等合作方的合作协议和上级有权政府的批准行为，合作区才能成立，或者统一于一个整体行为亦可。

## 二、合作区设立的性质

科学界定合作区的设立的性质，对于依法科学设立合作区具有重要意义。对合作区的设立可以从三方面去理解：

（一）上级政府单一权力行为。认为合作区的设立行为是合作方上级政府的单一权力行为，合作区的设立完全取决于上级政府的主导，是上级政府的直接设立行为，包括规划、指导、批准、授权、决定行为。规划或指导行为也确实有命令的成分在其中，也确实是合作区的设立主要动因。批准、授权行为也确实是上级政府的主导性权力。一方政府在所辖区内设立任何区域如开发区，都是对本级政府的区域权力分工，都是属于上级政府的权力范围，更何况是跨行政区划设立合作区，更需要上级政府的批准或决定。

（二）下级同层级地方政府平等合作协议，履行合作协议的行为。认为合作区的设立行为是在上级政府的授权或允许下，对等合作方地方政府的自愿合作协议行为，实质上，合作区也确是合作方合作导致的结果，没有合作区合作方的实质合作协议，就没有真正意义上的合作区，合作区的设立是一种履行合作方的合作协议的行为。合作方地方政府是合作区的真正运行主体，没有合作方地方政府的主体性合作协议，合作区就不是真正的合作区。

（三）上下级政府的复合行为。认为合作区的设立行为是上级政府规划或指导行为+合作协议行为+上级政府审查批准行为等系列行为的结合。实际上，合作区的设立是综合平衡多方价值利益的结果，合作区的设立应同时满足上级政府的规划指导、下级政府的自愿合作、上级政府的审批，以及最后执行和落实合作的协议的要求，各方都不能无限放大自己的利益要求，各方利益要求都要受到一定合理限制和平衡。总之，合作区的设立可以理解为权力的行为，可理解为合作行为，还可以理解为权力与合作结合的行为。

## 三、合作区设立的权力

合作区设立的合法性解释来自《宪法》第三条第四款"中央和地方的国家机构职权的划分，遵循在中央的统一领导下，充分发挥地方的主动性、积极性的原则"的解释和《地方组织法》第八十条的规定。《地方组织法》第八十条规定，"县级以上的地方各级人民政府根据国家区域发展战略，结合地方实际需要，可以共同建立跨行政区划的区域协同发展工作机制，加强区域合作。上级人民政府应当对下级人民政府的区域合作工作进行指导、协调和监督。"

（一）合作区设立的权力是国家或地方有权主体依法设立合作区的权力，是上级政府允许授权下级政府以合作区的形式开展区域改革开放的权力，是创设合作区的主体地位的权力，是规定在合作区内所实行的制度和政策的权力。设立合作区的行为产生合作区特定的法律主体资格。合作区设立的权力与合作区管理的权力不同。合作区设立的权力是创设合作区的主体地位的权力，合作区的管理权力是管理合作区的权力，是上级政府和合作方地方政府授予，由合作区管理机构行使的管理合作区的权力。

（二）合作区设立的权力最终归属合作方的上级政府。上级政府既可以批准授权合作方地方政府自行选择设立合作区，也可以自己直接主导设立合作区。中国是单一制国家，下级政府的任何权力都可以追溯到上级政府的同意和授予。上级政府可以允许下级政府在一定范围内开展合作，也可以在合作区开发建设工作开展得不当时，依法撤销合作区，收回授予的权力。在上级政府同意下，合作方地方政府才能够设立合作区。"上级政府不但可以牵头引导区域合作网络的形成，直接撮合两个地区的地方政府实行挂钩合作，形成稳定的合作关系，还可以参与设计合作规则与激励相容的合作机制。"①

（三）设立合作区的权力由合作方地方政府来具体行使。其是上下级政府结合行使的权力，由上级政府的指导权、协调权和监管权，下级地方政府的合作权组成。上级政府通过规划或者直接指导地方政府的合作。下级政府在上级政府允许的范围内开展平等协商合作。合作方是管理合作区的直接责任主体。合作区开发建设工作能否取得成效，主要取决于合作方之间的合作是否富有成效，合作方是否发挥了主体作用。上级政府要善于运用规则、规划、指导、监督、裁决的手段控制合作方的合作行为，使合作方地方政府合法、正确地行使自己的权力。

---

① 黄伦涛. 地方政府合作中的利益共享机制研究：以江苏省南北合作共建园区为例［D］. 杭州：浙江大学，2012.

## 第二节 地方政府间合作区设立的原则和方式

### 一、地方政府间合作区设立的原则

（一）维护行政区划的统一和尊严

行政区划是保证国家统一、民族团结、政治稳定、经济社会发展的基本治理框架。合作区是在行政区划基础之上设立的与行政区划不同性质的治理区域。行政区划是合作区的基础，基础地位应得到切实维护，维护行政区划的统一、秩序和尊严是合作区实践的基本义务。一切合作区的设立都必须遵守行政区划的基本秩序，维护行政区划的权威性和统一性。合作区的设立应与行政区划基本层级框架相对应。① 同层级的政区单位之间或同等区域主体才能够设立合作区，不同层级的政区单位之间，不应设立合作区。合作区的设立要与相应层级行政区划相一致。行政区划上的同层级地方政府间合作设立合作区应由上级政府批准。中央批准省级地方之间的合作，省级政府批准地级政府之间的合作，地级政府批准县级地方之间的合作。

合作区的面积不应突破合作方行政区面积的实质内容，应与省级政府的镇级行政区划调整权限相一致。例如，昆明仅托管了西双版纳的一个磨憨镇，深圳市主导的深汕特别合作区，只包括汕尾市海丰县十六个镇中的四个镇，仅占海丰县的1/4，横琴粤澳深度合作区仅是珠海的一个横琴镇。合作区应包含整块的镇级行政区的面积，不应将一块完整的镇级行政区割裂。

（二）根据国家区域发展总体规划

合作区的设立应符合国家区域发展规划，不能盲目、无序设立，应遵循区域经济发展的客观规律，应与区域整体发展战略相一致、相协调，既要符合区域整体的价值利益，又要符合区域局部的价值利益。上级政府应先行规划，制定规划时，规划应充分协商，制定科学的合作区设立导向政策，合作区的开发建设工作应纳入整体规划，制定大中小、远中近，相互衔接的规划，有计划、分阶段、分步骤推进合作区建立和发展。

---

① 我国现行行政区划层级：省级—地级—县区级—乡镇级

（三）上级政府的科学指导、协调、监督、保障

上级政府应宏观指导合作方地方政府科学设立合作区，科学协调和保障合作区的设立，公正调解在设立合作区过程中出现的纠纷。合作方地方政府毕竟处于下级合作方政府的地位，没有上级政府的指导、协调和保障，不可能搞好合作区开发建设工作。上级政府负有指导、协调、监督、保障合作方地方政府设立好合作区的职责。

（四）应充分尊重合作地方的主体地位

合作区的合作设立主体是同层级的没有隶属关系的合作方地方政府，合作方地方政府是设立和建设合作区的主体力量，不尊重合作方的主体地位，不发挥好合作方的主体作用，合作区是设立不好的、办不好的。应充分尊重合作方的主体地位，发挥合作方的主体力量，只有合作方地方政府真心诚意地合作，其主体权利得到确确实实的保障，主体利益得到维护，合作区开发建设工作才能顺利进行。

设立合作区不应违背预设合作区的地方政府的意愿，不应损害地方政府的权益。合作方地方政府的意愿和权益是客观存在的，要尊重和重视合作方地方政府的意愿和权益。充分考虑当地的实际情况、居民意愿，充分获得合作方及当地居民的认同，保护合作方及当地居民的利益，充分照顾到各主体的权益。

合作方地方政府合作要本着平等协商、互利共赢、优势互补、共建共享的原则促进合作区协调发展，权责利清晰，充分发挥市场和政府的双重作用，利用各自资源优势来促进合作区的发展。

（五）符合法治的精神

合作区是改革探索的活动，更要符合法治的基本精神。应尽可能科学解释宪法和法律，赋予改革开放以足够的空间。重大改革要于法有据。应尽可能先制定规则，在法治的轨道上进行合作区探索，保证合作区发展建设在法治轨道上行稳致远。

合作区设立要遵守合作区合作协议的约定。合作区合作协议应依法公正科学缔结。合作协议是合作区规范的重要组成部分，是合作方达成的重要共识，是合作方互信的基础，合法正当的合作协议，应获得充分的尊重和实施。合作区的设立是合作协议落实的结果。合作各方要按照合作协议的约定的阶段和要求设立合作区、发展合作区。

## 二、地方政府间合作区设立的方式

（一）合作区的承载形式：开发区、功能区或产业园区

合作区是在行政区划基础上设立的特殊形式治理组织区域，产业园区、经济区、开发区或功能区是其主要承载形式。合作区的合法性的基础是以产业园、经济开发或功能区等次级区域形式设立，合作区不应以初级行政区域的形式加以设立。

这是因为，第一，经济区、开发区或功能区是从一级权力区域分工出来的二级权能区域，符合开展区域合作的基本逻辑，二级权能区域具有可供配置的合法性、正当性、可能性。产业园则是从开发区二级权能区域分工出来的三级权能区域。第二，经济区、开发区或功能区是改革开放的试验场，具有较强的改革试验承载能力，能够平衡改革与法治的关系，能够缓冲改革试验的风险冲击，以开发区形式开展具有不确定性的改革试验，可以控制改革试验的风险程度，能有回旋的余地。第三，地方政府具有设立各种开发区、功能区的权力，使合作区设立改革试验具有可行性、合法性，无需躲避国家行政区划的刚性约束和严格审核。第四，经济开发区、功能区的设立形式较为灵活多样，兼容合作区的形式，几十年的改革开放，大家已经普遍接受了各种形式、各种层级、功能各异的功能区、开发区。第五，功能区的管理形式更为直接有效，主要是以一级政府派出机构——管委会的形式进行管理，减少了层级，方便合作方地方政府直接进行控制。合作方地方政府设立合作区的理想选择是采取产业园、经济区、开发区或功能区的形式。

（二）合作区设立方式："上级政府规划/指导+下级政府合作/协议+上级政府审查/批准"的方式

合作区的设立模式采取"上级政府规划/指导+下级政府之间合作/协议+上级政府审查/批准"的混合模式。这种模式结合了法律的强行性规定和地方政府间合作协议的灵活性的优势，既发挥了上级政府指导的宏观作用，又发挥了地方政府之间平等协商合作的微观利益的调节平衡作用，既蕴含了政府指令的作用，又发挥了合作博弈机制的作用，实现了上下级政府之间、同层级合作方地方政府之间的不同性质的分工协作，促进了各自目标的达成。经过上级政府的指导，合作方地方政府自主协商合作，再到上级政府合法审查批准，统筹兼顾，使合作区能依法正当、合理有效地设立。例如，2007 年，江苏省开展苏南苏北

共建园区帮扶工作，江苏省指定苏南五市一对一帮扶苏北五市，南京帮扶淮安，苏州帮扶宿迁，无锡帮扶徐州，常州帮扶盐城，镇江帮扶连云港。当时由上级宏观连线限定指导，具体的任务由合作方自己完成。实际上上级政府只设定宏观范围，园区具体怎么建，建在哪里，建什么样的园区，完全由合作方自主按照自身要素禀赋优势决定。

合作区必然是在上级政府的指导或许可下设立的。"只有在长期合作或者有外界力量强行介入的情形下，合作方才会选择对双方都有利的合作策略。从制度理论的角度来说，制定统一的规则并建立激励相容的利益协调机制是保证各地方政府作为利益主体在有限的囚徒困境博弈中达成合作均衡的制度保证。"① 在实践中，下级地方政府充分发挥主动性和积极性，充分发挥每个合作方的作用，才能发挥出合作区效能。合作方地方政府是合作区的治理主体，迄今为止，发展顺利的合作区无一不是充分发挥了合作方地方政府主体的作用，充分实现了合作主体的互利共赢和利益激励。

合作区要想发展好，既要保障局部的合作方地方政府的权益，又要保障整体的上级政府的权益。上级政府的指导是宏观性质的指导，不能代替合作方地方政府之间的主体合作和权益。下级政府之间的合作是出于利益的合作，但是要符合上级政府所要设定的目标。如果只有上级政府的指导，没有下级政府的合作和利益，或者只有下级政府的合作和利益，没有上级政府的指导，不遵从局部和整体的利益统一，没有合作方地方政府的自主合作和上级政府对合作区的监控，就可能发生违法滥纪、各自为政、损害整体利益或局部利益的情况。

在上级政府指导下，下级地方政府间要遵从各自的利益和意愿，协商一致建立合作区。决定设立何种类型、要达到何种目的、多大规模的合作区，完全取决于地方政府间是否能达成合意。地方主体的意志和利益要在协议过程中充分表达，如果各方利益差距过大、无法均衡，则达不成合意，无法建立合作区。如果各方权益能够互相满足，达到均衡，则能达成合意，经过上级政府批准后，可以建立合作区。

合作区应共同设立，共同设立是合作区设立的基本形式。共同设立是保障合作区正当性、合法性的基础，体现了共商、共建、共管、共享的原则。在共同设立的形式下，可以实现多种组织模式、多种管理模式。共同设立包括合作

---

① 黄伦涛. 地方政府合作中的利益共享机制研究：以江苏省南北合作共建园区为例［D］. 杭州：浙江大学，2012.

方共同设立和上级政府统括合作方设立。在共同设立下，有两种权力委托子模式，一是共同委托，二是行政托管。

1. 共同委托

共同委托是合作方将权力共同委托于合作区，实现共同设立合作区的方式。它也是基础性的合作区设立方式。

2. 行政托管

行政托管也是一种合作区设立的方式之一。适用于初级的、低层级的合作区，较为直接。行政委托管理（以下简称行政托管）是一种新兴的行政管理方式，理论模型较早源于企业等法律主体之间的托管活动。行政托管通常是指行政权力所有者将行政单位整体或一部分行政管理权，通过协议的方式委托给其他优势的行政单位进行管理的一种互利共赢的管理方式。行政托管的实质是行政管理权的阶段性让渡，是将行政所有权和经营权分离。在组织法规定职权、法律法规授权、行政委托外，行政托管是一种新型行政法主体制度，也是在委托、授权的基础上演变出来的新型权力行使转移机制。[1]

行政托管能够直接引进优势行政主体的理念、资源、管理力量，焕发被托管行政主体的生机和活力。进行托管的行政单位会直接派遣行政管理人员进驻被托管的单位，被托管单位需要对管理人员进行调整。行政托管在西部地区教育扶贫协作、行政区域飞地治理、开发区建设等领域产生了积极的效果。例如，为了提升哈尔滨利民经济技术开发区的管理水平，打造哈尔滨新区"江北一体发展区"，2018 年 7 月 1 日，哈尔滨新区托管了哈尔滨利民经济技术开发区。哈尔滨新区是 2015 年 12 月 16 日国务院批准设立的国家级新区，是唯一一个以对俄合作为主题的国家级新区。哈尔滨利民经济技术开发区的"六街一镇"（包括利民街道、南京路街道、学院路街道、裕田街道、裕民街道、裕强街道、利业镇）正式移交由哈尔滨新区（松北区）托管。[2]2021 年 4 月，为了拓展合肥高新区发展空间，更好地发挥创新引擎作用，使其与蜀山区形成协调发展的新格局，经合肥市委、市政府同意，将蜀山区 51 平方公里区域委托给高新区管理。[3]

---

① 安子明. 行政托管的实证研究：以西安市沣渭新区"托管模式"为例 [J]. 行政法学研究，2011（02）：30-39.

② 钟亮. 哈尔滨新区迈入"江北一体发展区"新阶段，利民开发区"六街一镇"移交新区托管 [N]. 生活报，2018-07-02（01）.

③ 合肥高新区工作委员会办公室. 合肥高新区面积再增 51 平方公里 [EB/OL]. 安徽生活网，2021-08-02.

2021年4月，湖北省荆州市荆州高新区管委会与荆州区政府签订托管协议，荆州高新区托管荆州区太湖港管理区、李埠镇、八岭山镇、城南高新园部分区域。本着"区划不变、委托管理、利益共享、协同发展"的托管原则，托管区域的行政区划仍属荆州区；托管区域内的党的建设、经济发展、城市建设管理、人事、行政管理都委托给了荆州高新区行使；托管区域内的发展改革、财政、税务、科技、自然资源和规划等行政职能，由具有委托权限的行政主体委托荆州高新区依照法律法规组织实施；托管区域内的太湖港管理区及所属国有企事业单位、直属单位移交给荆州高新区管理；托管区域内原在荆州区享有的权利和承担的义务相应移交给荆州高新区。托管协议的签订标志着托管正式实施。①

2022年5月，昆明托管了600多公里外的云南省西双版纳傣族自治州的勐腊县的磨憨镇，昆明和西双版纳共建国际口岸城市。磨憨口岸位于西双版纳傣族自治州勐腊县，毗邻老挝的经济特区磨丁。2017年，中国的磨憨和缅甸的磨丁在中缅两国牵头下成立了国际经济合作区。2021年12月3日，中老铁路开通运营。2022年5月26日，昆明市与西双版纳傣族自治州共同建设磨憨国际口岸城市工作会议在西双版纳召开。由昆明托管西双版纳傣族自治州勐腊县磨憨镇，共同建设国际口岸城市，这是云南省委、省政府基于服务和融入国家发展战略、促进区域协调发展，做出的重大决策。②此举让昆明成为全国唯一一座直通"边境线"的省会城市。2021年8月19日下午，昆明市自然资源和规划局、西双版纳傣族自治州自然资源和规划局、勐腊县自然资源局三方签订托管移交协议。2021年8月22日，西双版纳傣族自治州生态环境局与昆明市生态环境局共同组织召开了昆明市托管西双版纳傣族自治州磨憨镇共同建设国际口岸城市生态环境工作托管签订会。2022年8月26日，昆明市委政法委、西双版纳傣族自治州委政法委举行了磨憨镇政法工作托管移交签字仪式后，昆明市和官渡区两级检察院到磨憨实地进行工作对接。2022年8月27日，昆明市公安局和西双版纳傣族自治州公安局、勐腊县公安局签署了昆明市托管磨憨镇涉公安事项托管事务移交方案，并对职责清单、权责清单等具体工作进行了确认移交。2022年10月，昆明市公检法机构均正式进入磨憨镇。

---

① 杨菁嫱. 区划不变利益共享 湖北荆州区将部分区域委托高新区管理 [EB/OL]. 中国网武汉, 2020-04-27.

② 王长山, 赵珮然. 昆明托管磨憨共建国际口岸城市 [J]. 瞭望新闻周刊, 2023 (10): 66-68.

## 第三节 地方政府间合作区设立的条件和程序

### 一、地方政府间合作区的设立条件

（一）地方主体

有两个或者两个以上合作方，合作方为同层级的没有隶属关系的地方政府或区域主体，应当具有相应区域主体资格，能够承担相应法律责任。合作方的共同上级政府，也有资格设立合作区。

（二）发起设立

1. 上级政府发起设立

上级政府有权按照区域发展总体规划主动发起设立合作区。上级政府具有统筹区域发展的职责，当然具有牵头发起设立和部署设立合作区的权力，我国一些重要的合作区都是由上级政府牵头发起设立的。上级政府只要认为有必要设立合作区，就可以牵头设立。例如，深汕特别合作区是广东省委、省政府牵头设立的，横琴粤澳深度合作区是在习近平总书记亲自谋划、亲自部署、亲自推动下由党中央、国务院发起设立的。

上级政府发起设立的合作区，一般初期推进速度会较为迅猛，但如果想保持长期可持续发展，则需要充分发挥下级合作方的主动性和积极性，明确下级合作方的主体责任，培育合作区的自生能力。合作区的制度要加以完备，合作方地方政府参与、协同治理和共担共享制度要跟进配套。

有时依靠合作方地方政府自发设立合作区，效率会过于低下，时间会过于漫长，合作方地方政府有时也无从下手，不敢下手。上级政府则有更开阔的视野、高屋建瓴的优势、牵线搭桥的便利，上级政府为合作方地方政府先行牵线搭桥，合作方地方政府再进行磋商、敲定，则便利得多，顺畅得多。上一级政府发起设立合作区，具有命令的因素，合作方地方政府一般需要执行，但这种命令是宏观性的、方向性的，应预留有足够的意愿和利益协商的空间，允许合作方地方政府之间进行具体事项的协商、博弈和交换。

上级政府行使行政权力，发起设立合作区，可能会存在忽视合作方地方政府的意愿和利益的情况，下级合作方地方政府可能会出于感受到上级政府的压力而违背自己的真实意愿和利益进行合作，出现上级政府的利益与下级的合作方的利益不一致的情形。上级政府发起设立合作区应充分考虑下级政府合作方的意愿和利益，应保持上下左右利益的一致性、平衡性，实现与下级合作方地方政府利益共享、互利共赢。

2. 没有隶属关系的地方政府间共同发起设立

在上级政府的区域总体发展战略或者宏观指导允许范围内，合作方地方政府在必要时可以自主协商、自主选择发起设立合作区。自主选择设立合作区，应当获得上级政府的允许。合作方地方政府牵头发起设立的合作区更加符合自身利益，充分发挥了合作方的主动性和积极性，有利于按照经济发展的规律设立合作区，而且合作方地方政府之间权益诉求清晰直接，各得其所，优势互补，互惠互利。但也可能出现缺乏系统规划，合作秩序混乱，不充分贯彻区域总体发展战略的情况，可能会出现合作方滥设合作区，嫌贫爱富，强强联手，只顾短期利益的情况，致使合作区的设立不符合区域总体发展战略，不符合区域长期发展的利益，由于缺乏上级政府的宏观统筹，无法实现区域整体与局部利益的一致，无法实现区域总体发展战略目标。因此，合作方共同发起设立合作区要充分考量区域整体、长期的利益，上级政府也要积极指导、协调好合作方的合作区设立工作。粤桂合作特别试验区就属于合作方地方政府发起设立的合作区。深哈产业园是哈尔滨和深圳在上级宏观限定下自发合作设立的。广东·海南（徐闻）特别海合作区属于合作方地方政府在上级宏观指示下共同发起设立的合作区。随着合作区制度日渐成熟，会出现越来越多自发科学设立的合作区。

（三）地方政府间合作区共建合作协议

合作方地方政府应签署地方政府间共建合作区的协议。地方政府间共建合作区的协议是合作区成立的必备条件，是合作方在平等协商、互利共赢、自愿互信基础上达成的基础性协议。地方政府间共建合作区的协议是有偿的，以共同建立、管理和发展合作区事业为目的。

地方政府间合作区共建合作协议应协商约定合作方的权利和义务，达成具有约束力的规范性文件。地方政府间合作协议为政府间的官方正式协议，是合作方地方政府共建合作区的基本依据，应当由全体合作方协商一致，以正式书面形式订立达成。地方政府间合作区共建合作协议应经合作方地方政府代表签名、盖章后，再经上级政府批准后方能生效。如果上级政府认为地方政府间合作区共建合作协议不符合法律、不适当，有权不批准或撤销地方政府间合作区合作协议。

（四）委托权力、投入协议约定的相应额度的资源

合作方应向合作区委托管理权力，投入相应额度的资源，应组建联合管委会和开发公司。"飞入地"合作方应投入相应的区域资源，"飞出地"合作方应引入本辖区企业、事业、行业，投入相应的资金。

（五）合作区的名称

在成立合作区时，必须确定合作区的名称。该名称应体现合作区的共同属性，体现合作区的主责关系。合作区的名称要求必须包含全体合作方的行政区域名称（简称），合作区的类型，应在名称中标明"合作"或"联合"字样，还应在合作区名称中标明合作区的主体责任方。例如，深汕特别合作区，"深汕"体现了合作区的共同属性，深圳在前，汕尾在后，体现了深圳的主导与汕尾的协同关系。

（六）符合促进区域总体发展战略布局的要求

符合国家及省对自然生态、环境保护、国家安全的有关规定，符合国土空间规划。有明确的发展规划。有明确的区域范围和明显的区位选址优势，"四至"范围清晰明确（"四至"范围即指东西南北四个方向的边界），土地利用方案科学，"四至"范围应位于土地利用总体规划内。具有良好的自然地理、经济社会环境，占据区域协同发展战略的关键节点，能对周围地区产生较强的辐射带动作用。

（七）合作区的管理机构

应组建基本的合作区管理机构，合作区的管理机构是合作区的必设机构，合作方应向合作区管理机构授予相应的职权，选配好合作区管理机构的管理人员。

（八）合作区管理机构应有固定的驻地场所和必要的运行条件

合作区管理机构经常从事管理和运营活动，就必须有驻地场所和进行管理的必要条件。应具备基本的交通通信条件和能源供应、社会服务等基础配套设施条件。

（九）合作区应具有相对完备的法治条件

加强法律、行政法规、地方法规、规章制定。应及时建立完备的合作区法治体系，尽快使合作区管理机构有法可依、有法必依，与合作区存在冲突的有

关法律、行政法规、地方性法规等规范性文件要及时进行清理，并加强合作区法治实施、监督机构的建设。

### 二、地方政府间合作区的设立程序①

（一）上级政府规划或指导

合作方上级政府应制定包含合作区的区域总体发展规划纲要、经济社会发展规划纲要，指导下级合作方地方政府创建合作区，明确合作区的战略定位、任务目标，明确合作区宏观发展方向、路线和格局，形成开放创新的合作区发展前途。2019年2月，中共中央、国务院印发《粤港澳大湾区发展规划纲要》，第十章规定共建粤港澳合作发展平台，提出优化提升深圳前海深港现代服务业合作区功能，打造广州南沙粤港澳全面合作示范区，推进珠海横琴粤港澳深度合作示范，发展特色合作平台。2021年4月，《河南省国民经济和社会发展第十四个五年规划和二○三五年远景目标纲要》第二十九章提出，增强郑州国家中心城市龙头带动作用，加快郑许、郑新、郑焦一体化发展，探索设立平原示范区、武陟、长葛等特别合作区。

上级政府应宏观指导合作区的设立，制定促进合作区发展的方针和政策，鼓励支持帮助引导下级政府开展区域合作交流，必要时可以指导特定地区之间设立合作区。2018年10月，习近平总书记在视察广东重要讲话中要求"湛江要把握好国家支持海南自贸区发展的机遇，与海南相向而行"②，习近平总书记的讲话，为广东与海南开展区域活动及合作区活动指明了方向，赋予了两地清晰使命和责任，为推进两地合作注入了强大的动力，提供了坚定的政治支持和保障。

（二）合作区的发起设立

1. 上级政府可以发起设立合作区，但应充分尊重下级地方政府的意愿和利益，与下级地方政府进行充分的协商沟通、交换意志，形成一致意见，方可发起设立。

2. 下级地方政府间也可以发起设立合作区，但应充分考虑上级政府的意见和整体利益，充分考虑合作方的意见和利益，方可发起设立。

---

① 目前，合作区还未有正式设立程序，我们试图拟定了一个设立程序，以供大家参考。

② 王玉洁，梁振君. 加快琼粤两地相向而行服务国家战略［N］. 海南日报，2020-12-22（头版）.

（三）地方政府间邀请与回应

合作方地方政府发起设立合作区，应先进行沟通联络，一方发起邀请，另一方应当予以回应。获得回应，方可以进入协商阶段。双方也可以同步互相发出邀请，同步互相发出回应。

（四）地方政府间的协商协议

地方政府之间发起设立合作区应当进行平等、自愿、公平、互惠地充分协商，充分交换意见，达成共识，达成协议。如果经协商后，没有达成合作协议，则可停止进行合作协商。合作区应当按照实际需要设立。地方政府间合作区合作协议应载明的相关事项包括：1. 合作区的目的和用途；2. 合作方共建合作区委托权力、投入资源；3. 合作方的权利、义务；4. 合作区的组织管理方式；5. 合作区的收益分享方式；6. 合作的期限；7. 合作方的违约责任；8. 合作区的纠纷解决方式等内容。

（五）合作方地方政府向上级政府申请设立合作区

合作方地方政府完成协商后，应向上级政府申请设立合作区。申请设立合作区应向上级政府提交设立申请书，申请书内容应当包括：1. 合作区设立的理由；2. 合作区设立的方案；3. 与合作区设立有关的经济发展、资源环境、人文历史、地形地貌、人口规模、行政区域面积和隶属关系等情况；4. 风险评估、征求社会公众等意见的综合研判情况和应对预案措施；5. 合作方地方政府间合作区合作协议。

风险评估。合作区涉及多个地方政府在特定地方行政区域内的关系。合作方地方政府间的发展水平、资源禀赋、区域状况、工作作风、民风传统、居民对合作区的接受、认可程度等存在差距，可能会引发一定的社会风险，故应当进行风险评估。评估内容包括：1. 合作区设立的风险性和可控性；2. 合作方及合作区居民的认可程度；3. 合作区设立对当地及合作方的经济发展、行政管理、民族团结、生活就业、社会保障、基层治理、公共安全、资源环境保护、实施国土空间规划、机构调整和干部职工安置等方面可能造成的影响，以及可能引发的其他问题；4. 合作区设立的主要风险源、风险点的排查情况及结果；5. 拟采取的消除风险和应对风险的举措；6. 风险评估结论及相关内容。

（六）合作区设立的审批

上级政府对下级合作方地方政府的申请进行审批。上级政府对于合作方地方政府提交的申请书及有关材料，应当组织相关部门进行审核。合作区的设立，应由合作方地方政府向上级政府提出申请，上级政府办公厅接到申请文件后，可由具体负责部门进行初审，补齐材料，并由发展改革的部门会同商务、工业信息、自然资源、生态环境、科技、林业、统计和民政等相关主管部门提出审核意见，报该级人民政府审批。

上级政府认为下级政府提交的申请书和相关材料符合标准的，应当做出批准设立合作区的决定。上级政府认为下级政府提交的申请书和相关材料不合格的，应当做出不批准设立合作区的决定或者要求其予以补充或修改。

合作方地方政府应当在收到上级人民政府批复文件后，及时向社会公告批准设立合作区的有关情况和信息。

（七）合作区设立的实施

上级政府批准设立合作区后，上级政府、合作方地方政府应具体进行合作区的设立，组建合作区的管理机构，领导合作区的开发建设工作。

# 第四节　地方政府间合作区的终止

**一、地方政府间合作区的终止事由**

（一）行政区划调整能够导致合作区主体消灭。合作区是区域一体化、协同发展阶段性的产物，当区域一体化完成后，合作区即完成任务，归于终止。行政区划调整导致合作区合作终止分为两种情况：1. 行政区划调整，导致合作方区域主体消失，合作区自然终止或转入新的区域主体继续合作，成为新的合作区。例如，合作方主体行政区划层级发生变化，或者合作方被合并、拆分而消灭的，因为原合作方主体已经不复存在，所以合作区合作自然终止。2. 合作区所属的行政区域隶属关系发生变化，合作区自然终止。例如，如果深汕特别合作区未来行政区划调整，划入深圳市，则深汕特别合作区自然终止。

（二）合作期限届满，合作方地方政府决定不再继续合作。合作方地方政府约定合作区合作期限届满后，合作方地方政府决定不继续合作的，合作区自然终止，合作方地方政府决定继续合作，合作区继续存续。

（三）地方政府间合作协议约定的解散事由出现。地方政府间合作区合作协议可以约定合作区解散事由，如果在合作过程中解散事由出现，则合作方可以申请解散合作区。

（四）全体合作方地方政府一致同意解散合作区。合作区可由合作方地方政府基于合意而设立，也可由合作方地方政府基于合意而解散。如果合作方地方政府一致同意解散合作区，合作区理应解散，无论地方政府间合作区合作协议是否约定合作期限等事由，只要合作方地方政府一致同意解散合作区，并经过上级政府批准，则合作区终止。合作方地方政府一致同意解散合作区之前，应充分征得上级政府的意见。

（五）地方政府间合作区合作协议约定的合作目的已经实现或者无法实现。合作方地方政府或上级政府可以终止合作区的运行。

（六）合作区被上级政府撤销。上级政府应当加强对合作区工作的指导和监管，建立合作区的综合考核、评价体系，对合作区实行动态管理。合作区出现违反法律、法规、违反上级政府的命令和决议的情形，出现多次法定考核不合格的情形，出现严重治理方面的问题，上级政府有权决定撤销合作区。

（七）国家法律、行政法规等规定的合作区终止的其他原因和情形。

### 二、地方政府间合作区的终止程序

合作区是区域一体化、协同发展阶段的产物，当区域一体化、协同发展目标实现，合作区完成使命。合作区运行的终止是一个过程，也是一个结果。合作区运行的终止需要相关终止的程序，科学准确控制合作区终止的进程，妥善处理合作区终止的善后事宜。合作区的终止程序，应分为合作区的撤销程序与合作区的解散程序。合作区的撤销程序，自上而下进行，合作区的解散程序，自下而上进行，但是执行上级政府的决定是必经的程序。上级政府决定撤销合作区前，要进行深入研讨论证，充分听取合作方的意见，依法公正地行使撤销权力。合作方地方政府因为纠纷申请解散合作区，上级政府要积极调解纠纷，科学行使审批权力。

合作区的终止要做好合作区运行终止的处理和善后。1. 统一思想、严守纪律。各方要积极配合合作区运行终止的工作，贯彻执行各项工作部署，加大有关政策的宣传解释，做好矛盾纠纷排查和化解工作，为合作区的终止营造良好氛围。2. 加强领导、明确责任。成立合作区解散或撤销工作领导小组，全面负责领导合作区运行终止的工作。3. 细化方案、稳妥推进。领导小组和各专项工作组要制订详细的总体方案，根据总体方案的原则和要求，积极与相关政府部门对接，逐项研究制订具体交接方案和实施细则。4. 加强沟通、密切配合。相关部门之间要建立联系机制，加强协作，确保交接平稳进行，做好各项工作的交接。5. 维护稳定，妥善安排合作区相关工作人员。

第五章

# 区域地方政府间合作协议及合作区共建合作协议

## 第一节  区域地方政府间合作协议

### 一、区域地方政府间合作协议的概念

"协议"，在《现代汉语词典》中的解释是：动词，协商；名词，国家、政党或团体间经过谈判协商后取得的一致意见。在法学上，协议是指平等主体的自然人、法人、其他组织之间设立、变更、终止权利义务关系的契约。协议（agreement）的意思还有：1. 共同计议，协商；2. 统一意见；3. 经过谈判、协商而制定的共同承认、共同遵守的文件；4. 泛指双方经协商取得的一致意见。①

区域地方政府间合作协议是为促进区域一体化协同发展而由地方政府间签订的合作协议，它是区域地方政府间合作的主要依据之一。区域地方政府间合作协议，首先不同于传统的行政法上的行政主体与行政相对人之间订立的行政协议，其次不同于行政部门之间签订的行政协议，再次不同于地方立法机关之间就协同立法问题签订的协同立法协议，最后更不同于地方司法机关之间就协同司法签订的司法协同协议，而是层级相同的地方政府之间为实现区域共同行政目标，履行区域共同行政管理职能，在平等协商、互利共赢基础上而签订的具有法律意义的整体性的合作协议。

---

① 词典网．协议词条［EB/OL］．词典网官网，2022-07-12；［英］DEILA THOMPSON．牛津简明英语词典［M］．北京：外语教学研究出版社，2000：27；中国社会科学院语言研究所词典编辑室．现代汉语词典［M］．北京：商务印书馆，1983：1275.

## 二、区域地方政府间合作协议属于行政协议

行政协议也称行政契约，指行政主体为了实现行政管理目的，与行政相对人或另一个行政主体，经双方协商一致所达成的合意。① "如果从社会学意义上理解的话，契约是行为主体在社会理性交往过程中形成的相互约束的方式，是限制不作为、鼓励作为、规范承诺双方行为的一种重要方式。按照诺贝尔经济学奖得主、制度经济学重要代表人物科斯的观点，通过刚性契约和柔性契约两种契约方式完全可以使合作双方不会做出为眼前的短期利益而追求自利、违背合作的行为。刚性契约是指法律，从合约的角度讲是一种显性合同。"② 两个行政主体之间签订的行政协议（契约）是最为典型的公法契约。③

现代社会已经进入"福利主义国家"时期。快速增长的国家或政府经济职能，使干预的社会生活的面扩大。为了适应这种客观的需要，政府管理方式发生了很大变化，权力与权利关系被重新配置。④ 应该看到，以往传统的政府管理模式具有单方向性、命令性和强制性特点。随着现代政府职能的进一步扩展，这种模式已远不能适应现代社会管理的需要，而被具有双方向性、协商性和选择性特征的新型管理方式取代，行政协议（契约）因其具有双方向性、协商性和选择性的特征，因此被广泛地运用在政府的管理工作之中。⑤ 法国著名的行政法学家毛雷尔指出，行政协议的适用范围不限于行政行为的涵盖领域。而是更为广泛，凡是行政协议两个原则上平等地位的，具有权利能力的行政主体之间的关系，都可以采取合同方式处理。⑥

行政主体之间签订的行政协议已经得到了行政法理论和实践的肯定。⑦ 在法国、英国、美国等国家，行政协议作为政府推行政策的手段，已成为行政机关行使权力的常用方式。世界上最广泛应用行政协议的国家是法国。行政协议是

---

① 胡建淼. 行政法学：四版 [M]. 北京：法律出版社，2018：452.

② 魏向前. 呼包银榆经济区政府间合作问题研究 [M]. 银川：宁夏人民出版社，2019：32.

③ 张敏. 政府间行政协议：黄河流域协同治理的法制创新 [J]. 宁夏社会科学，2022（02）：60-70.

④ 孙笑侠. 法律对行政的控制：现代行政法的法理解释 [M]. 济南：山东人民出版社，1999：266.

⑤ 马怀德. 行政法 [M]. 北京：中国政法大学出版社，2007：271.

⑥ 毛雷尔. 行政法总论 [M]. 北京：法律出版社，2000：343.

⑦ 姜明安. 行政法与行政诉讼法 [M]. 北京：北京大学出版社，1999：252.

法国行政法上很有特色的一种制度。① 在法国，行政协议被广泛应用于经济发展、资源开发、科研、教育等各个方面，特别是在二次大战以后，政府在推行经济计划时避免采用行政命令的方式，而是采用与企业签订合同的方式，向后者提供一定的援助，由后者承担一定的义务。② 德国联邦程序法第五十四条规定，除非法律有相反的规定，行政机关有权以合同的方式参加活动。③

我国行政协议的出现，始于党的十一届三中全会以来所进行的经济体制改革。经济体制改革的初期，国家实行经济体制改革使政府职能和管理方式发生了政治性转变。我国改革前的政府包揽了经济主体所有的重要权力和自由，是一种全能的政府。政府用自己所具有的强制性权力取代经济主体的自主性权力。党的十三大提出以契约形式确定国家与企业之间的责权利关系，我国工业领域开始应用行政协议。随后行政协议被广泛应用于工业、商业、交通运输、土地等许多领域。④ 经过几十年的发展，行政协议已广泛应用于我国各个行政管理领域。

由于政府间合作行政协议是一种新型的政府合作管理方式，我国宪法学和行政法学界有关该行政协议理论研究有所欠缺，在其理论研究方面还有待进一步深入。国家有关政府间合作协议的法律还处于逐步完善的过程，为了给有关政府间合作协议的立法和司法救济等问题的解决提供理论根据，宪法学和行政法学界有必要对传统的行政协议与政府间合作协议如何区别进行更好的理论阐释和制度构建，以便有效区分行政协议与政府间合作协议的差异，以及由此产生的法律制定、适用方面的差异性问题。

区域地方政府间合作协议是为促进区域一体化协同发展而由地方政府间签订的合作协议，它是区域地方政府间合作的主要依据之一。区域地方政府间合作行政协议的合法性基于区域平等性。而区域平等性的基础是平等原则，平等原则是现代法治所确立的一项基本原则，源于宪法所确立的人的平等权，主要表现为在法律面前人人平等。这项原则乃是一项重要的宪法原则，这个宪法原则在行政法里表现为权利平等、机会平等、规则平等，具体体现为"同等情况

① 王名扬. 法国行政法 [M]. 北京：中国政法大学出版社，1989：178.
② 张树义. 行政协议 [M]. 北京：中国政法大学出版社，1994：5.
③ 毛雷尔. 行政法总论 [M]. 北京：法律出版社，2000：363.
④ 孙笑侠. 法律对行政的控制：现代行政法的法理解释 [M]. 济南：山东人民出版社 1999：267.

同等对待，不一样的情况不一样对待"。①

### 三、地方政府间缔结区域合作协议的行为是抽象行政行为

按照行政法理论，行政行为主要分为两类：抽象行政行为和具体行政行为。"抽象行政行为指的是行政主体制定具有普遍适用力、适用于不特定对象、可以反复适用的规范性文件的行为，包括制定行政法规、行政规章和一般行政规范性文件。具体行政行为是指行政主体对特定对象的权利义务做出的一次性的决定。具体行政行为的做出，实际上就是行政主体执行包括抽象行政行为在内的各种规范过程。"②

抽象行政行为主要包括两类：一类是行政立法行为，即有权行政机关制定行政法规或行政规章的行为；另一类是制定不具有法源性的规范性文件的行为，即有权行政机关制定或规定除行政法规和规章以外的具有约束力的其他规范性文件的行为。不同类型的行政行为会产生不同的法律效果。在行政法学中，行政协议也被称为行政契约。行政契约可分为对等契约和不对等契约两类。对等契约属公法上的合同，是行政主体之间签订的行政协议，不对等契约是行政主体与相对人之间签订的行政契约。③ 有学者认为我国政府间合作协议是一种对等性行政协议。④ 我国地方政府间合作协议，如飞地经济合作协议，通常是地方政府之间就飞地经济园区的设立、权限等事项达成的公法协议，具有一定的公法属性。⑤ 其是没有隶属关系的两个行政主体之间为了实现行政目的，在合意基础上签订的协议，具有抽象行政行为的特征。其本质上是一种对等性公法契约。⑥

政府间合作协议既然是一种行政协议，它也是一种行政行为，所以有必要研究政府间合作协议是属于什么类型的行政行为。从广义的行政协议视角讲，

---

① 刘平.从长三角政府间行政协议看科创产业融合的法治保障［C］//上海市法学会，江苏省法学会，浙江省法学会，等.《上海法学研究》集刊：长三角法学论坛文集.上海：上海人民出版社，2021：130-138.

② 林鸿潮.行政法与行政诉讼法［M］.北京：北京大学出版社，2015：80.

③ 张敏.政府间行政协议：黄河流域协同治理的法制创新［J］.宁夏社会科学，2022（02）：60-70.

④ 喻少如.区域经济合作中的行政协议［J］.求索，2007（11）：96-98.

⑤ 苏海雨.飞地经济合作协议的法律属性及其规范［J］.理论月刊，2022（03）：118-125.

⑥ 黄学贤，廖振权.行政协议探究［J］.云南大学学报（法学版），2009，22（01）：22-26.

行政协议的一方当事人是行政机关，另一方当事人可以是行政相对人，也可以是行政机关。行政协议是行政机关进行行政管理的一种行政行为，是双方性法律行为，故不属于具体行政行为。① 地方政府合作协议是地方政府之间为高效行使国家行政权力，实现国家行政管理职能，明确各自承担的职责权限而协商一致达成协议的双方行政行为。②

具有普遍约束力和反复适用性是抽象行政行为的两大重要特征。两个行政主体间缔结的合作协议，例如，飞地经济合作协议是一种新型行政协议，其与一般的行政协议明显不同的是一种以发展飞地经济和实现飞地社会管理等为主要内容的行政行为。因其具有普遍约束力和反复适用性，还具有规范行政行为的性质，所以是一种抽象行政行为。③

地方政府间飞地经济合作协议虽然是没有隶属关系的行政主体之间签订的行政协议，原则上只对签订协议的各方产生约束力，但不妨碍飞地经济合作协议对其利害关系人产生间接的效力。如飞地经济合作协议中有关行政事务管辖内容中行政事务管辖权的转变，就将影响行政相对人及其利害关系人，即飞地经济合作协议不仅对签约的行政主体产生约束力，也对第三人产生约束力。它可能为经济飞地的相对人规定权利、设置义务和行为规范。④ 飞地经济合作协议适用的对象除了包括协议双方行政主体，还包括协议以外、与协议相关的人；协议的履行也表现为各成员方制定相应的经济建设和社会管理等政策，而不是表现为其一次性地适用于某一特定对象，并且飞地经济合作协议能反复适用于某一类对象。⑤ 综上所述，地方政府间缔结合作协议的行为是抽象行政行为。

### 四、地方政府间缔结区域合作协议的权力

地方政府间缔结区域合作协议权力，是具有独立地位的地方政府行政权力，它是在行政权力系统内，与其他行政权力分支——行政立法权、行政执

① 章剑生. 行政法与行政诉讼法 [M]. 北京：北京大学出版社，2014：138.
② 周大然，曾爱娟. 府际治理视阈下地方政府合作协议的规范化：以成渝双城经济圈为例 [J]. 西南石油大学学报（社会科学版），2022，24（04）：30-37.
③ 黄学贤，廖振权. 行政协议探究 [J]. 云南大学学报（法学版），2009，22（01）：22-26.
④ 何渊. 区域协调发展背景下行政协议的法律效力 [J]. 上海行政学院学报，2010（4）：34-41.
⑤ 朱颖俐. 区域经济合作协议性质的法理分析 [J]. 暨南学报（哲学社会科学版），2007（02）：86-90.

法权、行政司法权、行政监督权——并列的第五种行政权力分支形态，是地方政府在特定领域范围对外活动的权力，是平等地方政府间进行区域合作并缔结合作协议的权力，是一种指向行政区域外部的权力。它是宪法学、行政法学内部独立的理论分支，具有一定独立的理论地位。这种权力的独立、重要地位是随着区域一体化协同发展，才逐渐显现出来。2022 年，我国修改的《地方组织法》已经对这种地方政府间缔结区域合作协议权力的萌芽形态进行了规定。

区域地方政府间合作协议，蕴含有区域协同立法、区域规划、区域指导的优势价值成分，又具有独立功能，是连接区域治理组织的桥梁纽带，是一种地方政府间基于平等自愿的协议，它能够以合作协议的方式推进区域一体化协同发展，发挥合作方地方政府的积极性和主动性。

区域地方政府间合作协议在性质上又不同于单纯的区域协同立法、区域规划、区域指导。协同立法是立法行为，有较强的制度刚性；行政规划是实现未来目标的一种计划，是上级政府的宏观的行为，具有有限的具体的规范力，"是行政主体在实施公共事业及其他活动之前，首先综合地提示有关行政目标，事前制定出规划蓝图，以作为具体的行政目标，并进一步制定为实现该综合目标所必需的各项政策性大纲的活动"①；区域行政指导是上级政府为实现所期待的区域状态或区域目标，以建议、劝告等非强制措施引导相对方下级政府自愿作为或不作为一定行为的权力行为；区域合作协议则是没有隶属关系的地方政府间为推进区域一体化协同发展的协议行为，它遵循平等、自愿、公平、诚信等原则。

区域地方政府间合作协议的特殊优势在于以下几方面：一是区域间地方政府顺利开展合作的基本依据，是一种协议性质的合作方权益的保障书；二是一种合作的统一意见、共同计划、共识，是对未来的合作方地方政府行为的预期指向、计划路线图，提供了合作方的目标、远景、定位、步骤，现实中合作区发展会遇到各种主客观不确定因素，需要随时进行柔性调整，这是不适于用法律来强行控制的，柔性的区域合作协议是较好的选择；三是区域规划过于宏观，合作协议能够对其空白进行充分的填补；四是其又表现为一种协商一致的合约性纲要和规范，是要共同遵守的文件，具有较强的公信力，能够对当下合作方产生实际的约束力，要求合作方履行眼前的协议要求，承担努力实现协议目标

---

① 姜明安. 行政法与行政诉讼法 [M]. 北京：北京大学出版社，2019：87.

的责任和压力，当目标没有实现，合作方也会面临道德、信誉的不利评价，如果出现各种阻碍协议履行的因素，也可以按照协议的规则协商解决；五是它实质上是赋予了同层级横向地方政府在特定领域范围内进行区域一体化协同发展的自主权力。

## 第二节　地方政府间合作区共建合作协议

### 一、地方政府间合作区共建合作协议的概念

地方政府间合作区共建合作协议是行政区划层级相同的两个或者两个以上的地方政府或区域行政主体之间为了共同设立、组织、治理、发展合作区，共享利益、共担风险而订立的具有组织法意义的行政合作协议。地方政府签订共建合作区合作协议的目的是共同创建合作区，最终推进区域一体化、协同、共同发展。共建合作区合作协议是区域合作协议的特殊类型，是为了以共建合作区的方式重点推进区域一体化协同发展目标而缔结的合作协议。它不同于以往的促进整体性的区域浅度协同的合作协议，而是以设立局部重点的、深度协同区域组织的合作协议。由于共建合作区合作协议是特殊的区域地方政府间合作协议，它除了是合作协议，还具有组织规范、发展规划纲要的性质。

地方政府间"飞地经济"协议属于地方政府间合作区共建合作协议。地方政府通过缔结地方政府间"飞地经济"协议要达到两个目的：一是通过共同创建合作区，最终推进区域一体化、协同、共同均衡发展。如广东省深汕特别合作区，广东省清远英德合作区。他们签订共建合作区合作协议的目的是推进政府合作，实现区域一体化协同均衡发展目标。二是通过设立合作区进行产业转移，发展经济。

这种协议不是地方政府间的权力简单协同，而是地方政府间权力的深度协同，是合作方地方政府间共同创设了一个全新的共商、共建、共管、共享、共担的类实体的合作区组织。它已经不再是普通的一个或几个领域的浅度协同合作了，而是以创设局部重点合作区实体并在合作区内实行近乎全面的深度的协同合作。地方政府间合作区共建合作协议是调节地方政府间关于这种合作区行为的基础和依据，是地方政府间关于合作区活动的互信的基础，也是合作方之

间合作的重要基础规范。

合作方地方政府关于合作区的合作及合作区的设立、治理、运营均按照地方政府间合作区共建合作协议开展。地方政府间合作区共建合作协议也可以按照治理的现实情况由合作方政府协商进行调整。地方政府间合作区共建合作协议规定合作方的权利和义务，保障合作区的基本权益，规定合作区权力协同行使的原则，规定合作区治理的目标。

地方政府间关于共建合作区的合作协议具有一定的法律的意义。地方政府间合作区共建合作协议要遵守宪法和相关组织法的基本原则，符合共同的基本理念和价值。地方政府间合作区共建合作协议，不仅是具有行政法、经济法意义的合作协议，更是具有宪法意义的合作协议。[①]

目前，行政法学的分析系统，已经日渐无法全面解释该种协议，更加需要广阔的宪法的分析系统来解释这种协议。[②] 该种协议涉及合作区行政组织的问题，涉及区域创立后及区域内的立法、行政、监察和司法的组织问题，对于地方治理结构产生了一定的影响。在我国现行法治体制下，区域地方政府间合作协议及地方政府间合作区共建合作协议还没有一个合适的定位，还需要法律进一步确认和规范，以理顺这种协议的法律属性、效力及适用的内在逻辑。[③]

### 二、地方政府间合作区共建合作协议的性质

地方政府间合作区共建合作协议是合作方合作及合作区设立、组织、管理、发展的规范基础，在合作区管理开发建设过程中发挥着多重的软法规范作用，具有合作协议、组织规则、规划纲要的属性，合作区管理开发建设工作参照共建合作区合作协议开展。

（一）合作方的合作协议

地方政府间合作区共建合作协议是地方政府间协商一致达成的关于共建合作区的合作协议，约定合作方地方政府相互之间的权利义务，是调整合作方地方政府之间关系的重要依据。由全体合作方地方政府协商一致达成合作区共建合作协议，经上级政府批准后，发生相应的协议约束力。合作政府方应遵守合

---

① 崔红．我国区域一体化行政协议法治化的思考［J］．辽宁经济，2015（11）：80-81.

② 《组织法》第八十条：县级以上的地方各级人民政府根据国家区域发展战略，结合地方实际需要，可以共同建立跨行政区划的区域协同发展工作机制，加强区域合作。上级人民政府应当对下级人民政府的区域合作工作进行指导、协调和监督。

③ 崔红．我国区域一体化行政协议法治化的思考［J］．辽宁经济，2015（11）：80-81.

作协议，合作政府方如果违反地方政府间合作区共建合作协议，要承担相应的法律责任。合作方依据合作区共建合作协议开展合作区的合作活动。合作区共建合作协议是合作方权益的基本保障。

（二）合作区的组织规则

合作区的组织规则是指规定合作区的权力组织结构和职能的规则，合作区共建合作协议发挥了合作区的组织规范作用，是组织和控制合作区管理机构行使的权力，保障合作区及相关方权益的基本依据。它约定合作区的基本组织结构，规范合作区的组织和治理关系，是合作区的基本权力结构和权力组织方式。合作区共建合作协议在法律的授权范围内缔结并规定合作区的组织，具有重要的组织规则的作用。

（三）合作区的规划纲要

合作区共建合作协议，规定有合作区未来的发展目标蓝图，是一种框架性的规划纲要，引导合作方及合作区的整体性发展，明确合作方及合作区所要达到的目标，规划合作区的宏观发展路径，引导、联系和协调合作方及合作区的措施和方法，通过达成共识和协调政策，提高合作方及合作区的目标实现程度。

# 第三节　地方政府间"飞地经济"合作协议

"飞地经济"是地方政府间合作区的初级形态。因为地方政府间"飞地经济"合作协议属于一种初级、原始的合作区共建合作协议，合作区共建合作协议是在其基础上发展而来的，研究"飞地经济"合作协议对于理解合作区共建合作协议有帮助，所以本书研究了地方政府间飞地经济合作协议的法律属性问题。

## 一、关于"飞地经济"合作协议的概念

地方政府间飞地经济合作协议一般是政府之间以园区合作协议、项目合作协议等方式签订，其本质上是一种行政协议。飞地经济合作协议的缔结双方主要是一级政府或开发区管委会。飞地经济合作协议是行政主体基于公共管理或服务的目的而缔结的协议。它是被行政法所调整的协议，是行政主体之间内部

的行政行为。

学者王倩认为,"飞地经济"是没有行政隶属关系的两个地方政府之间为了资源优势互补、促进经济的发展而建立的地方政府主动合作模式。① 学者苏海雨认为,"飞地经济合作协议是指不具有隶属关系的地方人民政府之间达成对经济飞地特定区域公共事务管理事项处分和绩效共享的政府间合作协议。"② 在行政法学中,地方人民政府属于职权行政主体。③ 在这个飞地经济合作协议的概念中,缔结协议的两个地方政府都属于职权行政主体。在政府间合作过程中还出现了两个开发区管委会签订飞地经济合作协议的情况。例如,2013 年 7 月 29日,长沙经济开发区管委会与张家界经济开发区管委会签订了战略合作框架协议,双方欲在张家界设立张集工业园。④ 值得关注的是,签订飞地经济合作协议的两个经济技术开发区管委会在行政法学上都属于授权行政主体。这个飞地经济合作协议不是像一级政府那样的两个职权行政主体之间签订的,而是两个授权行政主体签订的。

实践中还有这样一种情况,就是某一级人民政府和某个开发区管委会签订了飞地经济合作协议。例如,2014 年 8 月,西周经济开发区与五台县政府签订了飞地经济合作协议。在这种情况中,缔结合作协议的一方是一级人民政府——五台县政府,在行政法学上属于职权行政主体,另一方是西周经济开发区管委会,属于授权行政主体。⑤ 从上述几个例子中就会得出这样的结论,在实践中,只要签订协议的双方是行政主体,也就是说不管是职权行政主体或者是授权行政主体都可以签订飞地经济合作协议。根据飞地经济发展的实践,飞地

---

① 王倩."飞地经济"治理中的地方政府合作研究:以深汕特别合作区为例 [J]. 厦门特区党校学报,2017(05):40-47.

② 苏海雨.飞地经济合作协议的法律属性及其规范 [J]. 理论月刊,2022(03):118-125.

③ 关于职权行政主体的含义,从法律意义上讲,根据《宪法》的规定,实施国家行政管理是人民政府所固有的法定职权。无须经其他国家机关作个别授权行政机关,经依法成立,则组织法所规定的行政职权也随之形成。即凡行政职权随着组织的成立而自然形成。无须经其他组织授予的管理主体,便是职权行政主体,从中央到地方的各级行政机关均属这一类。相反,行政职权并不因组织的成立而形成,而来自有权行政机关授予的管理主体,便是授权行政主体。参看:胡建淼.行政法学 [M]. 北京:法律出版社,2003:70.

④ 佚名.长沙经开区"飞地"落户张家界 [J]. 华商,2013(08):1.

⑤ 樊文珍,吴杰强.报道忻州经济开发区管委会与五台县政府签订"飞地经济"协议 [EB/OL]. 黄河频道网,2014-08-14.

经济合作协议概念应该是：两个没有隶属关系的行政主体，（可以是授权行政主体，也可以是职权行政主体）签订的有关特定政府间飞地经济区域的经济发展、公共事务管理等行政合作行为（包括组织机构、职权处分、绩效共享的合作）的协议。

### 二、飞地经济合作协议的特征

#### （一）合意性

行政协议（行政契约）的实质是在行政法领域形成的发生行政法律效力的双方合意，这种合意自然可以在行政主体间存在。[①] 飞地经济合作协议是行政主体之间运用行政管理职权，为了发展飞地经济，实现行政管理的需要，为了实现特定的经济建设目的而签署的协议，既然称之为协议，那么意味着双方是通过充分协商，在意思表示一致的基础上达成了合意。飞地经济合作协议缔结主体缔约各方是以自愿参与、平等协商的方式来签订协议，各方处于对等地位，彼此间没有隶属关系，各方合意是协议形成的基础。[②] 合作协议中有关达成合意的条款是合作协议成立所必须具备的条款，被称为"必备条款"[③]。从行政过程的视角分析，地方政府间行政协议的合意订立过程采取了要约承诺的方式。[④] 协商"过程的合意性表现为缔约双方的自由和对双方的尊重，这也是契约精神的重要体现"[⑤]。

#### （二）软法性

软法的理论主要是由罗豪才教授提出来的。他认为，"以法规范能否运用国家强制力保证实施为分水岭，我们可以将整个法规范体系一分为二：能够运用国家强制力保证实施的法律规范，它们共同构成硬法，其余的都是不能运用国家强制力保证实施的法规范，它们共同构成软法。"[⑥] 从软法理论视角分析，软

① 余凌云. 论行政契约的含义：一种比较法上的认识 [J]. 比较法研究, 1997 (03)：102-107.

② 季晨溦. 论区域行政协议的法律效力及强化对策 [J]. 江苏大学学报（社会科学版），2022, 24 (02)：114-124.

③ 周大然，曾爱娟. 府际治理视阈下地方政府合作协议的规范化：以成渝双城经济圈为例 [J]. 西南石油大学学报（社会科学版），2022, 24 (04)：30-37.

④ 韩宁. 论行政协议的订立 [J]. 浙江学刊, 2022 (01) 96-105.

⑤ 王菁. 区域政府合作协议研究 [M]. 北京：首都经济贸易大学出版社, 2017：34.

⑥ 罗豪才，宋功德. 软法亦法：公共治理呼唤软法之治 [M]. 北京：法律出版社, 2009：29.

法范畴比较广,很多属于行政立法以外的规范性文件都属于软法范畴,这对法治政府建设具有很大作用,因为软法在制定和实施过程中体现了对社会多元主体的尊重,还体现了自律互律和平等协商的精神。① 利用软法这个特性,可以制定不具有法源性的规范文件,有权行政机关制定或规定除行政法规和规章以外的具有约束力的其他规范性文件。②

行政协议虽然属于非正式的法律渊源,但是它具有软法的效力。③ 行政主体间签订的飞地经济合作协议显然不是立法行为,其不具有国家制定法的效力,但作为行政协议其仍具有较为明确的规范拘束力,实际上我们可以将其看作一种具有规范效力的法律文件。④

飞地经济合作协议实际上是一种具有法律效力的契约,其具有制度性和规范性的特点。飞地经济合作协议具有能够实现飞地经济的稳定和可持续发展的制度化合作机制。飞地经济合作协议缔结意味着签约的两个行政主体合作的开始和长期的制度化安排,它能够保证有关飞地经济发展的任务顺利实施。固然飞地经济合作协议未经过立法程序,但是由于在缔结时各参与主体都是通过平等磋商,自愿缔结的,所以在某种程度上政府间签订的合作协议和平等民事主体缔结的契约类似,在缔结生效之后便开始具有强制性和约束力,由于它是通过自由缔约,所以对缔结各方都具有较强的约束力。⑤ 作为缔结飞地经济合作协议的双方地方政府,它们的权利与义务具有平等性,如果一方地方政府不履行飞地经济合作协议,作为合作方的另一方地方政府有权要求其履行协议,否则它要承担相应的法律责任和不利后果。

行政法学理论认为,当法律没有明确规定时,行政主体可以根据行政事务的性质,在其行政职权范围之内,采用行政协议的方式行使职权。⑥ 法律意义上

---

① 罗豪才. 发挥软法效用 [N]. 深圳特区报,2015-11-24(C02).
② 李晓年. 略论非法源性行政规范文件 [J]. 广东行政学院学报,2001(06):18-22.
③ 刘平. 从长三角政府间行政协议看科创产业融合的法治保障 [C] //上海市法学会,江苏省法学会,浙江省法学会,等.《上海法学研究》集刊:长三角法学论坛文集. 上海:上海人民出版社,2021:130-138.
④ 陈光. 区域合作协议:一种新的公法治理规范 [J]. 哈尔滨工业大学学报(社会科学版),2017,19(02):45-51.
⑤ 汪建昌. 区域行政协议:概念、类型及其性质定位 [J]. 华东经济管理,2012,26(06):127-130.
⑥ 马怀德. 行政法学 [M]. 北京:中国政法大学出版社,2007:294.

的合同是根据法律规定可以产生法律效果的协议。①

由于目前飞地经济合作协议缺乏明确的、直接的国家上位法方面的依据，所以在国家法律没有明文规定的有关飞地经济规范的情况下，缔结飞地经济合作协议的行政主体，利用飞地经济合作协议作为行政协议在行政管理上的便利，能比较好地发挥其对经济飞地的社会管理的作用。有关行政主体运用飞地经济合作协议的方式，能把缔结协议的各方的权利义务规定下来，这样做有利于飞地经济有关行政事务的顺利完成。②

（三）行政性

行政法上的行政是指公共行政，即国家行政机关或者法律规范授权的社会组织，实现公共利益，依法对一定范围内的社会事务进行管理活动。③ 与民事合同不同的是，行政主体签订行政协议是其执行公务的方式，其目的是实现公共利益。飞地经济合作协议的行政性表现在：首先缔结飞地经济合作协议的两个行政主体是具有法定行政职权的行政机关或者法律、法规授权的行政主体；其次飞地经济合作协议的内容主要是经济飞地行政管理的公共事务，具有公益性。④

飞地经济合作协议是缔结协议的两个行政主体基于政府间合作区行政管理的需要，为了实现特定的行政目的而签署的，是为了满足"飞入地"的行政管理需要，通过对部分经济管辖权的处分与让渡，解决经济飞地发展中出现的行政权与管辖权分离的问题以及有关行政管理权与人事任免权等问题。飞地经济合作协议一般涉及行政组织与职权的设置，其不仅以让渡部分行政管辖权为主要内容，而且还涉及科技、教育、交通、生态环境保护、就业与社会保障等公共事务职权的划分。⑤ 由此可见飞地经济合作协议具有强烈的行政性。

（四）平等性

飞地经济合作协议和行政命令具有本质上的区别，缔结飞地经济合作协议的两个行政主体，无论是职权行政主体，抑或是授权行政主体都处于平等地位。缔结主体之间没有隶属关系。缔结飞地经济合作协议的各方围绕着行政管辖权

---

① 杨解君.法国行政协议 [M].上海：复旦大学出版社，2009：9.
② 叶必丰.我国区域经济一体化背景下的行政协议 [J].法学研究，2006（02）：57-69.
③ 马怀德.行政法学 [M].北京：中国政法大学出版社，2007：1.
④ 姜明安.行政法与行政诉讼法 [M].北京：北京大学出版社，1999：252.
⑤ 苏海雨.飞地经济合作协议的法律属性及其规范 [J].理论月刊，2022（03）：118-125.

的如何让渡进行协商，能否成功依赖于双方自主意志的合意，这种合意是通过双方平等的协商和对话而形成的。缔结协议的各方，不管是法律地位平等的同级人民政府，还是行政级别不同的人民政府，它们之间没有隶属关系，它们的法律地位平等，都享有平等的表达权、表决权和分配权，它们享有的合作权力和承担的合作义务不是以其行政级别为考量，不管其行政层级怎样，在缔结协议时都以权利对应义务，在承担的义务范围内享有相应的权利。①

由于飞地经济合作协议得以缔结的基础是双方在权利和义务分配方面达成的共识和合意，所以即使行政级别不同的行政主体之间签订飞地经济合作协议，因为它们的地位是平等的，所以不影响它们签订飞地经济合作协议。② 例如，广州市政府与清远市政府签署共建广州（清远）产业园框架协议，广州市政府与清远市政府显然行政级别是不同的，广州市的行政级别是副省级，而清远市的行政级别是地级市。③ 广州市政府和清远市政府虽然在行政级别方面存在比较大的差距，但仍不影响它们签订合作协议。

### 三、飞地经济合作协议缔结的规范

通过行政法学理论的研究，有助于进一步完善飞地经济合作协议，解决飞地经济合作协议的规范方面存在的一些问题。

（一）飞地经济合作协议的签订应遵循依法订立原则

依法行政是行政法的基本原则、依法行政原则具体运用到行政协议的缔结阶段，就是要遵循依法订立原则。在宪法和法律上没有对缔结飞地经济合作协议的明确规范的情况下，怎么能贯彻依法订立的原则呢？关于依法行政的原则，行政法学上的理论上有狭义和广义之分。狭义理论认为，行政主体必须遵守法律，行政管理只有在法律明确授权的情况下才能进行，即"没有法律，就没有行政"。广义论者认为，行政主体的行为，无论是否有法律的明确规定，只要在其职权范围之内，就属于依法行政。两者并无对错之分，只是两者适用的范围不同。狭义的依法行政针对的是行政主体的权利性行政行为，而广义的依法行政是在行政主体由社会管理者单重身份转变为社会管理者和服务者双重身份后，

① 陈咏梅. 论法治视野下府际合作的制度创新 [J]. 广西大学学报（哲学社会科学版），2016，38（06）：84-88.
② 苏海雨. 飞地经济合作协议的法律属性及其规范 [J]. 理论月刊，2022（03）：118-125.
③ 徐海星. 广州与清远签署框架协议共建产业园 [N]. 广州日报，2013-11-15（03）.

对狭义依法行政原则的进一步扩充。

随着政府职能的逐渐转变，行政指导、行政协议等非权力性的行政行为开始增多。如果必须基于法律的明文规定将大大缩小行政协议的适用范围，这极不利于充分发挥行政协议在政府管理中的作用，而且，我国正处于政府管理体制的转轨变型时期，完全由法律来确定行政机关签订行政协议的权力是困难的，甚至是不可能的。[①] 如果依然采用严格意义的依法行政原则，就可能会限制非权力性质行政行为的作用发挥。因此，行政协议领域应当适用广义的依法行政原则。[②] 纵观世界各国法律，无论大陆法系国家还是英美法系国家，都倾向于广义的依法行政原则。

（二）飞地经济合作协议的签订应坚持公开原则

行政主体之间签订的行政协议应当坚持公开的原则。[③] 知情权是现代社会公民的不可剥夺的一项基本人权。[④] 公开行政文件和政府会议信息，能促进公众对政府活动的关注，这是民主政治赖以建立并得以强化的基础，也是政府对人民群众负责，主动接受公众监督的具体体现。政府信息公开是用法律手段规范、监督和控制行政权的最有效途径。[⑤] 行政主体之间签订飞地经济合作协议也应当坚持公开原则。现代政府的管理工作需要民众的参与，这是政府行政工作改革的一个重要方面。[⑥] 我国宪法规定："人民依照法律的规定，通过各种途径和形式，管理国家事务，管理经济和文化事业，管理社会事务。"人民群众要行使自己的权利，管理国家事务、经济文化事业、社会事务，就必须了解国家、社会、经济、文化等各方面的信息，不然让人民管理国家事务就是一句空话。[⑦]

飞地经济合作协议应当公开其制定动机，制定过程，应当充分协商，广泛征求民众的意见，给予公众参与机会，并且在遵守国家保密原则的前提下，向社会公开飞地经济合作协议经过上级批准生效的最后的文本。地方政府间飞地经济合作协议最后文本的公开有助于建立广泛的公众参与机制，有利于及时了

① 张树义. 行政协议北京 [M]. 北京：中国政法大学出版社，1994：107.
② 马怀德. 行政法学 [M]. 北京：中国政法大学出版社，2007：293-294.
③ 马怀德. 行政法学 [M]. 北京：中国政法大学出版社，2007：1.
④ 许亚绒. 公民知情权人权性质探究 [J]. 陕西教育学院学报，2007（02）：21-23.
⑤ 王少辉. 迈向阳光政府　我国政府信息公开制度研究 [M]. 武汉：武汉大学出版社，2010：11.
⑥ 彼得斯. 政府未来治理的治理模式 [M]. 北京：中国人民大学出版社，2013：42.
⑦ 王少辉. 迈向阳光政府　我国政府信息公开制度研究 [M]. 武汉：武汉大学出版社，2010：11.

解公众的意见和建议。能让欲建立飞地园区所在地的公民积极地参与到飞地经济合作协议的实施中来，能使合作区的设立"师出有名"。

### 四、履行飞地经济合作协议过程中违约的救济问题

飞地经济合作协议是新型的行政协议形式，它是我国改革开放发展过程中出现和发展起来的。行政法学领域对它的理论研究甚少。由于我国对飞地经济合作协议类型的新型行政协议没有专门的法律规定，导致实践中出现了许多问题，飞地经济合作协议诸如缔结程序、协议效力、争议纠纷解决、法律保障等问题还需要进一步完善。如果飞地经济合作协议出现争议、违约、解约的情况，一方违约如何保障另一方的合法权益呢？这就需要建立飞地经济合作协议违约责任与争端解决机制。无救济即无权利，飞地经济合作协议对缔约的政府具有履行义务的强制性要求，这也是行使权利的依据。一方地方政府履行自己的义务，则需保障他方地方政府享有的权利。通过强制性手段约束缔约地方政府的行为，有助于确保权利义务的统一，避免合作协议成为空中楼阁。如果缔约的双方地方政府在履行合作协议的过程中发生了纠纷，非违约方必须得到必要的权利救济，以保证非违约方的合法利益不受到损害。因此必须通过正确的纠纷解决机制来解决合作协议履行过程中出现的矛盾，为非违约方提供权利救济手段。①

"域外国家和地区对于区域政府合作协议是通过约定纠纷解决机制、司法、仲裁等方式解决纠纷。"② 我国在这方面可以试采取以下途径去解决：1. 通过双方直接谈判解决。2. 签订协议的双方可以成立协调会议协商解决。例如，苏州工业园区与苏州宿迁工业园区等设立了联合协调理事会、双边工作会议等组织。③ 3. 由第三方行政机关或者上级政府进行调解。"上级行政机关促成的调解可视为内部行政决定，调解协议应具有强制性，双方应按照调解协议执行。"④

由于我国行政机关之间的纠纷不能进入司法审查程序，今后需要进一步

---

① 胡艳. 区域政府间合作协议研究 [D]. 苏州：苏州大学，2013.
② 苏海雨. 飞地经济合作协议的法律属性及其规范 [J]. 理论月刊，2022（03）：118-125.
③ 苏海雨. 飞地经济合作协议的法律属性及其规范 [J]. 理论月刊，2022（03）：118-125.
④ 苏海雨. 飞地经济合作协议的法律属性及其规范 [J]. 理论月刊，2022（03）：118-125.

探讨其可能性，如果能实行，可以比较好地维护没有违约的地方政府的合法权益。

## 第四节　地方政府间合作区合作方的权利和义务

合作区由合作方共同投入资源、委托权力组建。合作方既是合作区的资源的投入者，也是合作区权力的委托者。合作方共同创建合作区，共同管理合作区，共同分享合作区及发展成果。合作方之间的关系通过科学设定权利、义务来调节。合理配置合作方的权利、义务是控制合作方及合作区行为、保证合作方的权益、保证合作区能够正常运行的核心要义，合作方的权利、义务得不到合理配置，合作区的治理就会出现问题。合作方的权利、义务，受到法律和合作协议的确定和规范，科学配置合作方的权利、义务，对于保障合作方的正当权益、高效治理合作区具有重要意义。

### 一、合作方地方政府的权利

（一）合作区的共同主体性权利

在法理上，合作区是由合作方共同委托权力、投入资源组成的区域组织，合作方对合作区享有共同的主体性权利。合作区由合作方共同创建、共同协商、共同开发、共同管理、共同分享、共担风险，合作区的权力由合作方共同委托、共同享有。任何合作方均不应丧失合作区的主体性权利，其对于合作区的主体性权利不受侵犯。在合作存续期间，合作区在合法形式上由全体合作方共同主宰、支配和控制，不为某方独占。全体合作方地方政府，应共同视为合作区的行政上级，共同负担管理合作区的责任。每个合作方都有共商共建共管共享合作区的权利，均有权向合作区投入各种资源，都有机会取得被共同委托主导管理合作区的地位，合作区的建设和主导权向合作方公平开放，谁有能力，谁主导建设。例如，作为中外合作区的苏州工业园区，早期是新加坡主导建设，新方占苏州工业园区65%的股权、我方占35%的股权，2000年后则由我方主导建设，我方占65%的股权、新方占35%的股权。①

---

① 张九桓. 难忘苏州工业园 [N]. 人民日报，2019-01-13（07）.

（二）合作区的享有权利

合作方地方政府依据合作协议约定或者全体合作方地方政府的决定对投入合作区的各项资源享有共同利用、共同享有的权利。合作方共同投入资源（区域、土地、自然资源、财力、人力、物力）创建合作区，投入合作区内的各种资源，按照合作协议约定，由合作方共同享有、共同利用。合作方都可以利用合作区内的公共资源和设施，合作区内的各种公共资源设施对全体合作方开放。例如，横琴粤澳深度合作区既是广东的，也是澳门的，大家共同开发利用合作区、共同享有合作区资源，共同利用合作区这个高地实现共同发展。合作方地方政府没有投入合作区的资源，合作协议中明确排除在外的资源，不作为共享的对象。

（三）合作区事务的决策权、执行权、监督权

合作方地方政府享有合作区的决策权、执行权、监督权。合作区的重大事务，应由合作方共同决定，日常事务，可共同委托执行人决定。合作区应实行层级式、结构式治理，保证合作方管理机构民主、集中和高效处理有关事项。合作方享有同等的执行合作区事务权利，执行合作区事务可以采取多种实现形式，可以委托一个合作方执行合作区事务，也可以组建统一的联合执行机构来执行合作区事务。执行合作区事务的合作方对外代表合作区，有向非执行合作事务的合作方通报的义务。例如，深汕特别合作区由深圳全面对外代表合作区。关于监督权，合作方对于合作区的运行状况享有知情权，有权进行监督。

（四）合作区管理中获得协同配合的权利

承担主责的合作方有要求其他合作方协同配合的权利。合作区是需要合作方地方政府高效协同配合管理的区域。设置协同配合权利，对于提高合作方的协同性、增强执行力具有重要意义。协同配合的权利是合作区管理中的重要权利。有了协同配合的权利，承担合作区管理主责的合作方就可以高效管理合作区，保证合作区管理正常高效运转。没有协同配合的权利，承担主责的合作方或承担主要工作任务的合作方，就难以开展工作，完成任务。提供协同配合的合作方，有请求协同成本支付的权利。如果是合作方共同承担主责，则双方均有互相要求协同配合的权利。这种协同配合的权利不仅需要合作协议的保障，更需要法律的确认和保障。

（五）合作区收益的公平分配权利

合作区的发展利益应由全体合作方共同享有。在合作区建设中，"收益共

享"是保障合作方合作的长效机制。只有合作方均获得好处，合作方才有合作的动力，才能避免合作方消极合作，避免零和博弈的局面。合作区的发展利益要在合作方之间公平合理分配。合作方有权获得与投入贡献相一致的收益份额。合作区的发展收益分配应按照合作协议进行，合作区合作协议没有约定或者约定不明确的，应由合作方协商确定。合作区的利益的分配还包括各种政绩考核指标等。利益分享权利是合作地方的重要权利。要充分考虑合作方地方政府和合作区的实际情况，构建合理化的利益分配与激励机制和补偿机制。① 合作方不按照约定分配利益或分配利益不公平的，合作方有权向上级有权机关请求协调、裁决、救济，重新协商。2021 年 9 月，中共中央、国务院印发的《横琴粤澳深度合作区建设总体方案》规定，"建立合作区收益共享机制。支持粤澳双方探索建立合作区收益共享机制，2024 年前投资收益全部留给合作区管理委员会支配，用于合作区开发建设。中央财政对合作区给予补助，补助与合作区吸引澳门企业入驻和扩大就业、增加实体经济产值、支持本方案确定的重点产业等挂钩，补助数额不超过中央财政在合作区的分享税收。"

## 二、合作方地方政府的义务

### （一）委托权力和投入资源的义务

委托权力、投入资源共同建设合作区是合作方地方政府的首要义务。合作方地方政府不委托权力、不投入资源，合作区是无法建成的。"成本共担"是各合作方跨行政区合作的内在要求。② 合作方地方政府应按照合作协议的约定，投入自身的特定的权力和资源。"飞入地"合作方应委托自身的部分经济区域管辖权和投入自己的相应资源于合作区。"飞出地"合作方地方政府应承接管理合作区的义务和行政管辖权，向合作区引入产业、技术、资金等相应资源。并且依照合作协议约定或全体合作方地方政府决定，可以增加资源投入，扩大权力委托，扩大合作区的发展规模。如果某一方合作方地方政府未按合作协议约定委

---

① 2019 年 1 月，《辽宁省人民政府关于支持"飞地经济"发展的实施意见》规定了合作与分享机制。（一）跨省"飞地经济"合作原则上双方按 5：5 比例进行利益分享，重大项目双方可协商确定分享比例。（二）建立飞入地与飞出地财税分成、利益共享机制，利益分享期为 10 年。（三）省财政让利于市。利益分享期内，省财政从各市"飞地经济"项目形成的税收收入、非税收入的 50% 返还飞出地所在市（省财政返还部分不与其他省级返还政策兼得）。

② 秦静. 要素流动视角下都市圈内合作区治理框架和模式研究 [J]. 规划师，2022，38（06）：12-19，26.

托权力、投入资源的，另一方合作方地方政府可以请求其投入资源、委托权力。

（二）维护合作区、合理利用合作区资源的义务

合作方地方政府负有维护合作区及其合理利用合作区资源的义务。合作区是全体合作方的合作区，合作方地方政府的资源投入和合作区发展取得的收益，属于全体合作方及合作区的共同的资源、财产和收益。合作方应维护合作区的发展，保障合作区的权益，不得损害合作区的权益。合作区的各种资源是合作区赖以存在的基础，应得到切实的保护。合作方地方政府投入合作区的各种资源，不受非法侵犯，不得私分处置。合作方地方政府不得随意抽调合作区的各种资源。合作方地方政府负有合理利用合作区资源的义务，保护合作区的各种资源，提升资源利用效率，集约高效利用土地，保护生态环境。

（三）协同配合相关合作方工作的义务

承担非主责的合作方地方政府负有配合承担主责的合作方地方政府工作的义务。合作区由合作方地方政府协同进行管理和运营，一般一方要承担主要管理责任，其他合作方地方政府则负有配合协同承担主责合作方的义务。承担主责的合作方也负有发布合法、适当、合理的协同配合指令的义务。如果发出协同配合指令不合法、明显不适当、不合理，合作方有权拒绝协同配合。强制发出要求协同配合指令，造成相应损失的，由发出指令方负责。发出要求协同配合指令的合作方有承担或共同承担相应协同配合成本的义务。如果全体合作方地方政府共同承担管理主责，双方都有协同配合对方地方政府工作的义务，共同承担协同配合责任。收到有关协同配合的合法指令，相应的合作方应当积极履行协同配合的义务。

（四）禁止私"挖"合作区企业等资源的义务

合作方地方政府负有非经许可禁止到合作区挖"人"的义务。在合作区发展的过程中，"飞出地"比较担心的是，投入"合作区"的产业、企业、事业、人才等资源，被"飞入地"挖走，造成资源利益的损失。"飞入地"也同样担心，自己的产业、企业、事业、人才在合作区发展壮大之后，跑到"飞出地"的本土区域发展。为了避免此种挖人现象的发生，应当规定合作方地方政府负有禁止"挖"合作区内有关资源的义务。合作方地方政府投入合作区内的有关资源，如果想转移到合作区以外地方，应当由合作方地方政府协商处理。

（五）承担风险的义务

权利和义务是辩证统一的，收益和风险也是辩证统一的。合作方有按照合作协议的约定享有合作区收益的权利，就有按照合作协议的约定承担合作区风险的义务。一般情况下，如果"飞出地"主责型合作区，"飞出地"享有权益相对较多，"飞出地"地方政府有承担合作区治理的相对主要风险的义务；如果"飞入地"主责型合作区，"飞入地"享有的权益相对较多，"飞入地"地方政府有承担合作区治理的相对主要风险的义务；"共同"主责型合作区，合作方地方政府负有共同承担合作区治理的风险的义务。

# 第五节　地方政府间合作区共建合作协议的
## 内容和订立程序

## 一、地方政府间合作区共建合作协议的内容

（一）合作区的名称

合作区的名称。应明确规定合作区的命名规则。

1. 可采取突显合作方主体管理责任的命名方式。采取"双方行政区域标识名称+类型+合作区"的形式。这种方式简约、直观，一目了然。例如，深圳汕尾+特别+合作区，简称深汕特别合作区。

合作区命名应体现合作方的地方政府主体责任。承担主体责任的合作方，应将其行政区域标识名称列在第一位，承担次要责任的合作地方的行政区域的标识名称列到第二位。或将主责的区域标识名称冠于总名头，或将非主责方加入括号，例如，"苏州工业园区苏相合作区"、深圳（哈尔滨）产业园区。若合作区为"飞出地"政府主责的合作区，可以添加"特别"或"深度"二字，以有别于普通"飞入地"主责的合作区。"飞入地"主责型合作区则无需添加"特别"或"深度"二字。这种方式的优点是比较直观，明确了合作区的管理责任主体，及合作区的行政管理关系，合作方+合作区的行政层级从大到小进行排列。

2. 也可采取突显合作区地位的命名方式。采取"合作区地域名称+合作地方的名称+类型+合作区"的方式。例如，横琴+粤港+深度+合作区。这种方式

突显、强化了合作区的重要地位，行政层级从小到大，便利形成合作方居民到合作区生活、就业的态势。

3. 在合作区名称中，合作主体的层级地位体现了合作区的地位等级。合作方地方政府的层级等级标识了合作区的层级等级。省级政府主体间的合作区地位最高，地级市主体间的合作区地位次之，县级主体的合作区地位再次之。例如，横琴粤澳深度合作区的等级在理论上要高于深汕特别合作区，深汕特别合作区的等级要高于江阴—靖江合作区。

（二）合作区设立的目的

合作协议应约定合作区的设立的目的。设立合作区的目的主要包括：1. 推进区域一体化，构建地区核心城市圈，城市空间面积扩容；2. 实现产业发展，产业转移，推进经济发展，为地区发展注入新动能；3. 构建开放新格局，更好地融入国家发展大局；4. 实现区域间均衡发展，优势资源互补，共同发展，加强地方深度合作，构建高水平地区发展极点。

（三）合作区的合作期限

合作方地方政府应当约定合作区的合作期限，可以是10年、20年、30年、40年、50年。如深汕特别合区的合作期限为30年，从2011年起至2040年止。规模较小的"飞地经济"园区合作期限可以较短，可以是10年，规模中等的合作区应不少于20年。

（四）合作区的地域范围和管理机构的所在地

地方政府间合作协议应约定合作区的地域范围，清晰明确规定合作区的四至，合作区应包括整建制的行政区域单位，包含整建制的一个镇的区域或几个镇的区域。合作区面积或所辖政区数量原则上不应超过一个县级行政区的1/4。

合作协议应约定合作区管理机构的所在地。

（五）合作方的权利和义务

地方政府合作方应对合作方的权利和义务进行约定。

（六）合作方地方政府的出资方式、数额和缴付期限

合作方地方政府应对出资方式、数额和缴付期限进行约定。

（七）利润分配、亏损分担方式

合作方地方政府应对利益的分配和亏损的分担进行约定。

（八）合作区管理事务的执行

合作方地方政府可以约定由某一方合作方执行合作区的管理事务，也可以

约定共同执行合作区的管理事务。应明确约定承担管理合作区事务的主要责任方。

（九）争议解决办法

地方政府合作方应约定合作区争议的解决办法，当发生争议时，原则上应先协商，协商不成时，报请上级政府解决，上级政府解决不了的，应由有关人大或法院来进行解决。

（十）违约责任

地方政府合作方应约定违约责任，违约责任的承担可以采取继续履行的方式，或者采取补救措施的方式，也可以采取支付违约金、赔偿金的方式。

## 二、地方政府间合作区共建合作协议订立的程序

（一）初步接洽

签订共建合作区合作协议首先要经过接洽环节。希望成立合作区的一方合作方地方政府要向相关的另一方合作地方政府提出成立合作区的意向邀请。如果相关地方政府也有成立合作区的意愿，应及时给以回复，之后双方应进行初步接触、洽谈，就设立合作区的初步构想、目的、主张、条件交换意见，如果双方有进行合作的真诚意向，签订合作备忘录，进入协商环节。

（二）协商

在共建合作区合作协议签订之前的磋商、谈判阶段，一些地方根据谈判程度的需要设立了以下几种机构：1. 临时谈判小组；2. 专门性常设会议；3. 联席会议。至于采取哪种磋商组织形式，主要取决于谈判的次数，例如，通过几次谈判就可以签订协议的可采取设立临时谈判小组这样的形式。①

协商环节是打算合作的地方政府负责人进行正式谈判的实质性环节。各合作方地方政府要由相关部门组成的谈判小组，进行谈判，就开发建设合作区的合作条件、权利义务、治理责任、管理组织、职权配置、开发建设、收益分配等实质性问题进行充分沟通、交换意见、深入研讨，增进理解，充分了解对方是否合适，对方开出的条件是否合适，充分讨价还价，磋商博弈，最后双方在利益均衡基础上达成一致意见。

---

① 苏海雨. 飞地经济合作协议的法律属性及其规范［J］. 理论月刊，2022（03）：118-125.

（三）起草合作协议

起草合作协议环节是将协商环节取得的成果转化为协议草案的环节。合作协议要由双方委派代表组成联合起草小组，按照协商环节所达成的共识，具体起草合作框架协议。合作框架协议要规定合作区的指导思想、合作范围、发展目标、合作方的权利、义务、主体责任、合作区的体制机制等内容。在起草过程中，要充分进行民主参与，邀请相关人大代表、政协委员、政府成员、专家学者、居民参加协议相关内容的讨论。

（四）审核

1. 合作方地方政府审核。起草结束后，协议草案要交由合作方的政府相关负责人员、行政、司法等职能部门进行审核，发现合作协议草案条款中的漏洞、错误和不足，提出部门修改意见，完善框架协议，提高合作协议的质量。

2. 上级政府审核、修改。文本形成后，报请上级政府修改完善，上级政府征求相关部委办意见，进行审核、修改完善。

（五）签署

签署是合作协议的生效环节。合作协议应由合作方的地方政府的负责人签署，合作区涉及行政区域的共同管理，必要时需经过双方人大常委会批准，横向合作协议无法创设权力，应报合作方上级政府批准授权，才能生效。

（六）批准

在上级政府的指导下，下级地方政府间达成合作协议后，上级政府要依法对合作区的合作协议进行正式审批，依法设立合作区。

（七）备案

合作协议应当报上级人民政府和人大常委会备案。跨省的合作协议应当报国务院和全国人大常委会备案。相关备案机关负责合作协议的合法性审查工作。

# 第六节　地方政府间合作区共建合作协议的完善建议

## 一、明确地方政府间合作区共建合作协议的性质

地方政府间合作区共建合作协议是一种极其特殊的协议，是一种具有宪法

和行政法意义的合作协议，是一种目标性、协商性、规范性、计划性、框架性的协议，是一种宣示和促进政府间合作的长期性协议，需要合作方在平等互利、共同发展的条件下不断努力来实现。

要明确合作协议的目标性、协商性、规范性、计划性、框架性的定位。合作协议还展现了合作区的发展蓝图，是对未来目标实现的引导，所以不能过细地规定，要为未来发展留有一定的空间。合作协议的履行应允许正向上的一定偏离度，应能够根据实际发展情况逐步调整完善。

地方政府间合作区共建合作协议是一种法规范，是一种软法规范，更确切地说，是混入了硬法要素的特殊软法规范。地方政府间合作区共建合作协议在合作方地方政府法制体系中的特殊地位需要加以明确。

### 二、明确地方政府间合作区共建合作协议的独立地位

地方政府间合作区共建合作协议是针对特定区域的设立、组织和权力的协同行使的合作协议，就该区域来说已经不再是一个或几个领域的合作，而是针对该区域全领域整体性、一体性的合作，相当于重新设立了一个共同区域。这种合作协议是合作方地方政府开展合作的依据和计划，对合作方地方政府和合作活动都产生约束力。合作区的治理要以该协议为基础。这种合作协议也会对区域法律适用产生一定的影响。该区域是适用"飞出地"的政策法律，还是适用"飞入地"的政策法律，还是共同适用"飞出地"、"飞入地"的政策法律，或者具体协商决定适用什么样的政策法律，这需要国家层面的立法供给。目前，地方政府间合作区共建合作协议还与一般性的政府间合作协议相混同，地方政府间合作区共建合作协议应具有自身的独立地位。

### 三、制定地方政府间合作区共建合作协议的相关立法

这种区域合作协议的独立权力分支地位需要国家立法加以确认。区域合作协议作为软法能够规范横向协同行使的权力。地方政府通过一个合作区共建合作协议，越过行政区划界限，设定一块共同治理区域，有必要通过法律加以规范。地方政府间合作区共建合作协议不同于一般性的政府间合作协议，具有软法性质、组织法性质，合作区依据它而建，所以对这种合作协议的法治化要求程度较高。

### 四、建立地方政府间合作区共建合作协议的争端解决机制

有关共建合作区合作协议的争端，由合作方地方政府协商解决。经协商未达成协议的，双方应当将各自的解决争议的方案，报上一级政府处理。上一级政府受理的有关合作方地方政府间的合作协议争端，由发改委会同本级政府有关部门调解。经调解未达成协议的，由发改委会同本级政府有关部门提出解决方案，报本级政府决定。① 还可以选择上级政府的司法行政部门会同本级政府有关部门提出司法行政裁决方案，报本级政府决定。

有人提出，共建合作区合作协议有关的争议由法院解决。我们不赞成这种观点。地方政府间合作区共建合作协议不同于传统的行政协议，具有宪法、组织法属性。我国实行民主集中制的人民代表大会制度，下级政府的权力来自上级政府依据法律法规的授予，对于地方政府间的争议应由上级政府统一裁决，不适宜由人民法院裁决。2022 年修改的《地方组织法》第八十条第二款也赋予了上级人民政府协调合作争议的权限。"上级人民政府应当对下级人民政府的区域合作工作进行指导、协调和监督。""协调"的含义暗示了合作协议的软法属性，但是未来是否有委托法院前置仲裁解决的可能，也是非常值得探讨的问题。

### 五、完善地方政府间合作区共建合作协议的审批程序

地方政府间缔结合作区共建合作协议应符合我国法律的规定。至于究竟何种的合作区共建合作协议需要中央批准，何种合作区共建合作协议不需要经过中央批准，需要进行界定。凡是涉及中央政府跨区域职权授权的，应上报中央政府并获得批准才能缔结生效。在实践中已经出现了合作区管理全部由"飞出地"主责的情况。在此种情况下，合作区共建合作协议对合作区区域内的公民、

---

① 我们可以参照《行政区域边界争议处理条例》构建地方政府间合作区合作协议争议解决制度。《行政区域边界争议处理条例》第十一条：省、自治区、直辖市之间的边界争议，由有关省、自治区、直辖市人民政府协商解决；经协商未达成协议的，双方应当将各自的解决方案并附边界线地形图，报国务院处理。
国务院受理的省、自治区、直辖市之间的边界争议，由民政部会同国务院有关部门调解；经调解未达成协议的，由民政部会同国务院有关部门提出解决方案，报国务院决定。
第十二条：省、自治区、直辖市境内的边界争议，由争议双方人民政府协商解决；经协商未达成协议的，双方应当将各自的解决方案并附边界线地形图，报双方的上一级人民政府处理。

法人和其他组织影响较大。缔结这样的合作区共建合作协议应需要中央批准。

**六、建立地方政府间签订共建合作区合作协议向人大汇报的制度**

重大事项决定权是我国宪法和法律赋予各级人大及其常委会的一项重要职权。① 由于签订共建合作区合作协议属于重大事项，所以有关签订共建合作区合作协议的事项需要向同级人大汇报。

2017 年 1 月，中共中央出台了《关于健全人大讨论决定重大事项制度、各级政府重大决策出台前向本级人大报告的实施意见》（中办发〔2017〕10 号），浙江省也发布了相应的规定，在《浙江省各级人民代表大会常务会议讨论决定重大事项的规定》文件中明确规定，凡是重大事项在决策之前都要向人大报告。② 北京市也于 2018 年 10 月 19 日做出了政府出台重大决策前要向本级人大报告的决定。③ 此外，缔结完的共建合作区合作协议还应在上级人大常委会备案。

---

① 《宪法》第九十九条规定："地方各级人民代表大会在本行政区域内，保证宪法、法律、行政法规的遵守和执行；依照法律规定的权限，通过和发布决议，审查和决定地方的经济建设、文化建设和公共事业建设的计划。"《宪法》第一百零四条规定："县级以上的地方各级人民代表大会常务会议讨论、决定本行政区域内各方面工作的重大事项；监督本级人民政府、监察会议、人民法院和人民检察院的工作；撤销本级人民政府的不适当的决定和命令；撤销下一级人民代表大会的不适当的决议；依照法律规定的权限决定国家机关工作人员的任免；在本级人民代表大会闭会期间，罢免和补选上一级人民代表大会的个别代表。"

② 浙江省人大及常委会 . 浙江省各级人民代表大会常务会议讨论决定重大事项的规定 [EB/OL]. 浙江在线，2017-11-30.

③ 李泽伟 . 市政府作重大决策应向人大报告 [N]. 北京青年报，2018-10-19（A03）.

# 第六章

# 地方政府间合作区的组织机构

## 第一节　地方政府间合作区的组织治理

### 一、地方政府间合作区的组织治理

（一）概念

合作区的组织治理分为狭义和广义，狭义的组织治理是指为了控制合作区的权力，防止合作区权力滥用或不当行使，违反法律，损害上级整体的权益和合作方的权益，所采取的权力的组织和制约制度。合作区的权力机构、决策机构、监督机构、执行机关相互的有效制衡结构、责权利关系的制度安排是其核心内容。责权利相结合的管理原则是行政法、经济法的一项基本原则，也是保障合作区运行的基本原则。广义的组织治理是指除了对合作区权力治理外，还包括对合作区的经济社会领域的管理和控制。前者是对权力组织、管理和控制，后者是对社会的组织、管理和控制，前者是后者的核心。只有将合作区的权力组织好、控制好，合作区的经济社会才能管理好、发展好。本研究所指的合作区组织治理是对合作区权力的组织、协同、制约、监督和控制。

行政区域与经济区域的适度分离势必需要对权力组织和治理，以解决有效管理合作区与有效保护合作区所有者权益平衡的问题。只要存在权力所有与权力行使（管辖权与管理权）的分离，控制权力的治理结构就有存在的价值和意义。[①] 合作区治理的核心是科学组织规范合作区的权力所有者（合作方地方政

---

① 陈英华. 我国地方政府治理结构的探讨 [J]. 河北理工大学学报（社会科学版），2009，9（05）：25-28.

府）与权力行使者（合作区管理机构）之间关系的制度安排，是合作区的组织架构和动态运行的基本制度，也是领导体制的问题。合作区权力的共同所有与单一行使方之间存在紧张关系，合作区的治理制度正是要调节、平衡这种紧张关系，通过科学分工、分立、组织权力，控制权力合法、正当、合理行使，维护上级的权益和大小合作方及合作区的权益，以实现合作区的治理目标。

（二）特征

1. 治理主体的协同性。合作区是推动行政区管理向区域协同治理转变的创新型模式。[①] 协同治理是合作区治理的基本特征，合作区必然涉及合作方主体的深度协同。合作区处于"飞入地"行政区域之内，涉及"飞入地"合作方的协同、配合，没有"飞入地"的协同、配合，根本无法实现对合作区的有效治理，合作区就会像孤岛一样，孤立无援，断绝策应。在现实中，合作方之间不仅需要在合作区管理机构之内实现协同，还需要在合作区管理机构之外实现协同。合作方一般委托权力于合作区管理机构，但有些权力还需要在管理机构之外行使。在纵向上，合作区作为合作方下一级的分支治理区域，合作方外在肯定会保有一些合作区的治理权力，这是纵向层级式治理体制决定的，这就更需要发挥合作方主体之间的内外系统性协同作用。

2. 治理资源的开放性。行政区域具有政治统治、经济发展和社会治理等多重职能，传统的行政区域是单一地方政府主体治理和发展的封闭区域，地方政府只能依靠垂直并有限的权力、能力和资源进行治理和发展。合作区制度根本性地改变了传统区域的治理和发展的状态，引入了两个以上的横向区域主体权力、能力和资源，同时注入一个合作区之内，实现了多主体协作治理、发展、分享、负担一个区域的情景。合作区是全体合作地方的组成部分，合作区的管理者，既是合作区的管理者，同时也在合作方地方政府中担任重要领导职务。

3. 治理权力的共有性。合作区是在行政区划基础上拟制的两个以上多主体合作治理区域。合作区的权力属于全体合作地方政府共同所有的权力。治理权力的共有性，在治理过程中，主要体现在对重大事项的决策和监督上的共有性。除此之外，全体合作方地方政府要授权或委托一个权力执行机构，按照共同的利益和意志，共同执行权力，实现共同目标。由于权力的共有性，因而要防止潜在的有的合作地方主体有违共同原则和利益，不当行使合作区的权力，实施

---

① 秦静. 要素流动视角下都市圈内合作区治理框架和模式研究 [J]. 规划师, 2022, 38
（06）：12-19, 26.

自利或违法的行为，防止损害上级政府、合作地方主体的权益及其他相关主体利益的情况发生。

4. 治理执行的统一性。虽然合作区的权力是共有的，但应明确由统一的执行主体执行。按照权力组织原理，同一性质的执行权力在同层级只能有一个中心，不能有两个中心，也不可分开行使。如果是统一行使的权力，应由统一主体行使，以形成统一意志和力量，确保执行力的发挥。而不宜由两个主体分别行使，形成两个或多个管理中心。权力的共有性主要体现在合作区的权力机构行使权力的方式方面，共同讨论、协商、决策，最终要形成统一意志，执行权力则应由一个中心进行。在现实中，要以一方或者合作方共同统一领导为主。如果以一方为主，其他方要有参与、分享的权利，要按照合作协议进行配置、配合。

5. 治理体系的复合性。传统行政区域刚性治理，是地方政府对本行政区域的治理，是纵向政府对纵向的行政区域的治理，是纵向单维、单向的治理，强调上级政府对下级政府的命令或同级权力机关对执行机关的控制。合作区的协商柔性治理，是新型横向合作方地方政府对横向跨行政区域的合作区的治理，是横向多维、多向度的互动协商协同治理，是合作方对合作区权力的共同行使的过程，也是治理控制的过程，合作方之间彼此进行权力制约与共享，兼顾平衡多主体的权益。新的治理形势，要求进行他组织与自组织的纵横结合，在传统治理基础上，构建适应合作区治理发展需要的新型治理架构和关系。

### 二、地方政府间合作区组织治理的原理

（一）委托代理原理

合作区的权力归属与行使的分离，导致对合作区的权力行使应当进行制约和监督。合作区的管理机构因为被委托行使权力，会存在潜在的侵占合作方权益的可能性。全体合作或部分合作方就应当对其进行控制和监督，就要构建反映合作方意志和利益的监督制约体制机制，保证合作区的权力既要协同高效行使，又要受到监督制约。无论是"飞入地"主责型合作区，还是"飞出地"主责型合作区，抑或"共同"主责型合作区，管理机构应当代表共同的利益，重大事项应由合作方共同协商决定，行使的权力应受到共同监督。

合作区治理的核心是调整好合作方之间的责权利关系。由于合作区的权力所有者与行使者的分离，合作区的权力归属于多个合作方共有，行使者为单一方，可能会出现合作区的权力行使方做出有违合作方共同利益或某一方意志和

权益的行为，或有违反上级政府权益，甚至有违国家法律的行为。如何控制合作区权力按照全体合作方的共同意志和权益行使，是合作区治理命题所要完成的任务。合作区治理的第一层维度是合作区治理组织的合法性、正当性，第二层维度是合作区治理组织的合理性、有效性，第三层维度是合作区治理组织的高效性。

1. 合作区应当设立合作方的代表机构，以代表合作方的意志和利益，对合作区的重大事项和重大问题进行决策。全体合作方是合作区的权力的共有者，全体合作方共同将权力委托给合作区的代表机构（权力机关）行使，使合作区的代表机构（权力机关）对合作区进行治理，形成合作区的意志。合作区的权力委托行使是单一的，权力的单一行使与合作区属于合作方共同所有之间的矛盾是合作区的基本矛盾。因此要成立合作方的代表机构，代表合作方行使权力，保障合作方能充分协商，协调、统合合作方权益的关系。

合作方的代表机构体现着合作区由合作方共同所有的正当性、合法性，表达了合作方对合作区享有共同的主体性权利，也能够起到保障合作区的正当性、合法性的作用，没有合作方的代表机构，合作区的正当性、合法性就无法保障，合作方的意见就难以沟通协商，权益就难以表达实现。所以应明确合作方的代表机构的实体地位，赋予相应的权力。例如，在现实中，有些地方成立协调理事会，作为合作方的代表机构来行使合作区的一定权力或重大权力，例如行使决策权、组织人事权、监督权、协商协调等权力。

2. 合作区的行政管理权力应当能够进行纵向层级委托或授权。根据合作区任务的差异和治理形势的需要，合作方代表机构可以直接行使全部管理权，也可以委托或授权并控制执行机构行使管理权。管理权可以分为基础性权力（重大权力）和一般性权力（日常管理权力），基础性权力应由合作方代表机构行使，一般性权力应由合作区的执行机构行使。合作区执行机构根据委托或授权行使权力。

3. 合作方应实现对权力行使的统一领导。组建统一的机构行使权力，合作区的实际领导权力，只能有一个，合作区的每个层级的同属性的权力不应出现两个中心，无论是合作区的基础性权力，还是一般性权力，都应当在统一的基础上进行分工。通过权力的分工、配合和制衡的制度设计，保障各合作方主体的应有权益，同时也保障上级政府的应有权益。合作区治理的实质是要控制合作区的治理权力依据法律和委托授权原则行使，防止合作区的权力行使主体滥用权力，这也是委托授权原理在合作区治理领域的运用。

合作区的组织制度是整个合作区制度的核心，它设定合作区的权力结构、权限及运行规则，通过合作区的治理结构控制合作区的权力，保障合作方的权益，实现合作区的发展。合作区治理的制度分为内部治理和外部治理。内部治理维度由合作区组织制度、权力运行制度和监督制度组成。外部治理制度由上级政府的监管、考核、调控等制度组成。

（二）协同学原理

协同学的基本原理包括协同效用原理、支配原理和自组织原理。协同效用原理，表现为子系统或合作方目标越一致，思想意志越统一，信息越共享，互相越信赖，组织化程度越高，整体的协同效能就越高，因此合作中应尽量降低合作成本和阻力，加强合作方的整合力度。支配原理，表现为合作方通常情况下会有一方占据主导地位或在某阶段、某事项中占据主导地位，这是自然规律。自组织原理，表现为合作方在不受外力（或指令）作用下，能够按照某种规则或偏好自发形成一定的结构和功能，外界无需干预。上级政府制定合作规则，应为合作方留有一定的自组织空间。

"协同治理的内涵包括治理主体的多元性、治理权威的多样性、子系统的协作性、系统的动态性、自组织的协调性和社会秩序的稳定性。"[1] 强调跨界合作是协同治理所具备的主要特征。[2] 从协同理论的视角看，地方政府之间既存在竞争关系，又存在合作关系。[3] 合作区的治理涉及合作方的协同、配合。只要合作区存在，就需要合作方的协同、配合。合作方共同治理合作区必须有两个或两个以上合作方的有效协同。合作区协同的核心是科学分工、分权、分责、分利于合作方之间以实现高效协同的制度安排，这是合作区的协同组织架构和动态运行的基本制度，是组织体制，也是领导体制的问题。合作区的协同制度通过科学分工、分权、分责、分利实现协调统一，可以保证合作方的权力有效协同运行，保证合作区治理的正当性和有效性，进而实现合作方的协同目标。

合作区系统是一个复杂系统，既包括自组织的因素，也包括他组织的因素，不应仅用自组织的单一角度进行简单分析评价，应结合运用他组织和自组织的

---

① 郑巧，肖文涛. 协同治理：服务型政府的治道逻辑［J］. 中国行政管理，2008（07）：48-53.

② 汪伟全. 地方政府合作［M］. 北京：中央编译出版社，2013：51.

③ 张守文. 区域协同发展的经济法解析与促进［J］. 当代法学，2021，35（05）：99-109.

综合视角进行分析评价。合作区系统的序参量是衡量合作区的治理能力和发展水平的一个指标。合作区治理得越好，我们评判合作方协同越有效。合作区系统内各个合作方子系统之间，由于存在领导方式、管理方式、作风传统环境等因素的差异，不可避免地存在各种协同组织的问题。协同问题的大小与各合作方之间的组织程度、治理结构的科学程度、软硬环境互补度等因素有关。故应尽可能及早发现，以减少协同过程中出现的问题。

合作区系统治理能力与合作方之间的协同力成正向关系，合作方协同程度越高，矢量方向越一致，能力、资源越互补，合作区的治理、发展效能越高。合作方协同程度越低，矢量方向不一致，能力、资源互补度越低，合作区治理、发展效能越低。[①] 例如，深汕特别合作区创立早期，出现深圳汕尾管理权力机械平分的治理格局，一山出现两虎，导致治理矢量一致性较差，治理效能较低，违反了支配原理。合作区由两个以上合作方组成，存在两个以上合作方治理能力，各合作方的治理能力和矢量目标序参量，要符合合作区的整体治理能力和矢量目标序参量。在组织矢量一致情况下，各合作方治理能力越互补、越强，合作区的系统整体目标实现能力越强。合作区系统为达到最大治理效能、达到特定的治理目标，会出现一个合作方序参量主宰的格局，另一些序参量则成为辅助、配合力量。合作方之间的高效协同，其目的是提高合作区系统的治理效能。因此，在组织矢量一致、合作能力资源互补的前提下，一个合作方治理能力提高，将以另一个合作方治理能力强弱为条件，一个强，一个弱，可能导致整体能力提升较慢于两个都强的情况，甚至拖累较强一方。故各合作方的治理能力都应提升。[②] 如果一方实在过弱，可以直接托管，以降低负向影响。如同滑雪过程中如果你要是前后刃都很熟练，能换刃，那你最厉害。如果后刃技术过于不熟练，就只能多用前刃来滑，否则就会重摔。合作方序参量之间会存在竞争和共存的关系。合作方都想在合作区治理中占据主导地位，要根据客观的目标、任务、能力来进行分配。需要调节合作方之间的竞争关系，保障竞争的有序性。差异性的互补力量越强大，矢量越一致，合作区越强大。合作方之间的治理力量相互依存，一合作方强大，另一合作方由于整体的强大，则受到一定

① 王三喜，夏新民，黄伟. 联合作战力量协同机理研究 [J]. 复杂系统与复杂性科学，2011（01）：9-14.

② 王三喜，夏新民，黄伟. 联合作战力量协同机理研究 [J]. 复杂系统与复杂性科学，2011（01）：9-14.

的带动作用，同理深圳会带动深汕特别合作区发展，深汕特别合作区会带动汕尾的发展。反之，如果汕尾的力量过弱或矢量不一致甚至相反，也会影响合作区的发展，进而影响深圳的发展。深圳强大，会带动合作区发展，汕尾过弱或碍手碍脚，会拖累合作区的发展，不如深圳直管合作区。

东南西北共建合作区，要想发展好，合作方管理协同矢量是一个方面，合作方的资源互补性是另一个方面，如果管理协同矢量方向一致，同时两方资源互补性都很强、互补的资源力量都很强，他的发展就会快于管理协同矢量不太一致、资源互补度低、互补资源力量一强一弱或两弱的情况。换句话说，两方都有对方所需的差异性资源，并且差异性资源都很丰富，能够实现以强势一方为主的通力合作，合作区就会发展很快。例如，深圳有汕尾所需的资金和项目，汕尾有深圳所需要的发展空间和区位，只要合作区以深圳为主导、汕尾积极配合，就会发展很快。如果汕尾没有深圳所需的发展空间和区位，深圳没有汕尾所需的资金和项目，合作区将会丧失动力和实际意义。

合作区系统的各合作方的互补能力越强，联合治理能力提升潜能就越大，会呈倍数级增长。这也是"联合协同"将产生"1+1>2"效果的根本原因。[1]例如，横琴粤澳深度合作区由于广东省和澳门特别行政区实力都非常强，资源互补，所以通过有效组织，合作区会有较大发展潜能。但同时，双方都强，如果没有形成资源互补，也会出现任何一方都不愿意成为从属方的情况，难以形成役使效应，无法稳定进行合作。

如果存在上级政府的他组织作用，上级政府应负责宏观的指导、调控，保障自组织行为边界，保障协同的正当性、合法性，保障协同按照预期目标发展，要为合作方留有充足的自组织空间，实现合作的利益和价值，提升合作区的自生治理效能。

合作区管理机构的组织类型的确定和具体组织除了上级政府要划定基本的边界外，主要根据合作方的协商确定。通过充分协商，合作方可以自主选择最适合的组织方式，能够充分结合自身实际情况，进行组织和管理。例如，深汕特别合作区在发展初期，因为完全采用他组织的方式，上级均等平分其管理机构的领导权重，没有为自组织留有足够的空间，导致组织治理效能低下。按照协同理论中的役使原理，在合作中肯定要有一方处于次要地位。深汕特别合作

---

[1]　王三喜，夏新民，黄伟 . 联合作战力量协同机理研究 [J]. 复杂系统与复杂性科学，2011（01）：9-14.

区后来或明或暗符合了协同原理，深圳主导管理深汕特别合作区，合作区才走上高速发展道路。昆明托管西双版纳的磨憨镇实际上也是他组织与自组织的结合结果，2022 年 9 月，云南省委、省政府决定昆明市托管西双版纳傣族自治州磨憨镇、共同建设国际口岸城市。他组织与自组织的界限需科学加以把握，有时候需要形成某种平衡的关系，这实际上就需要二者良好有机的结合。

协同强调通力合作的价值，强调合作方的主体的地位，强调合作方都要负起责任、发挥作用，合作方要实现协同发展、互利共赢、资源互补、共建共享的合作。在区域一体化的时代，合作、协作是一项基本的技能。我国"各区域的自然禀赋不同，发展条件不同，各有各的比较优势。开展多层次、多形式、多领域的区域合作，有利于推进区域间的横向联合，实现区域间的优势互补、互利共赢、共同发展。"① 现代社会的某些区域治理目标，单靠一个地方政府的力量是难以完成的，越来越需要地方政府间的协同治理。合作治理要注重合作主体的平等参与、科学协作、有效沟通，注重合作主体的协同能力建设，加强参与、集体决策的作用。但是合作治理也要避免陷入"互相制约"的困局，合作治理不代表"无核心、无主导"，合作治理要有明确的核心和主导。②

## 第二节　地方政府间合作区的组织经验

地方政府间合作区的相关治理模式和经验包括：一、联合协调理事会+双边工作会议+管委会体制——1994 年中新苏州工业园区；二、联动开发协调会议+混合管委会——2003 年江阴—靖江工业园区；三、联合协调理事会+双边工作会议+管委会——2006 年苏州宿迁工业园区；四、直接由"飞出地"接管——2017 年深汕特别合作区；五、合作联席会议+开发公司——2019 年深圳（哈尔滨）产业园；六、协调理事会+管委会——2020 年苏相合作区；七、西咸一体化的组织经验；八、深度联合管委会+执委会——2021 年横琴粤澳深度合作区。

### 一、中新苏州工业园区组织架构

新加坡裕廊工业园区，是亚洲最早成立的开发区之一，是新加坡工业化的

---

① 肖卓霖. 区域经济协同发展的理论与实践研究 [M]. 北京：中国纺织出版社，2021：79.

② 林杭峰. 合作治理：优势、失败风险及规避之道 [J]. 理论导刊，2022（04）：79-85.

摇篮。1992年2月，邓小平同志在南方谈话中提到"我们应该学习借鉴新加坡的经验"。就在这一年，时任新加坡总理的吴作栋、内阁资政的李光耀访问中国，就此做出呼应，表示愿意跟中国合作，通过共建工业园区把新加坡的经验介绍到中国来。苏州工业园区隶属江苏省苏州市，位于苏州市城东，1994年2月，经国务院批准设立，同年5月，实施启动，规划总面积278平方公里（其中，中新合作区80平方公里），这是中国和新加坡两国政府间的重要合作项目。苏州工业园区被誉为"中国改革开放的重要窗口"和"国际合作的成功范例"，连续6年在国家级经济技术开发区考评中综合排名第一。苏州工业园区党工委、管委会是苏州市委、市政府的派出机构。①

苏州工业园区开发建立以来，贯彻改革开放的基本国策，积极借鉴新加坡等先进国家和地区的成功经验。苏州工业园区初建时新加坡方持股65%，中方持股35%。在苏州工业园区建设早期，苏州市已经在西边建了一个新区，承接从市区疏散出来的人口，以便实现对旧城区改造，实行了一些招商优惠的措施，一时间成了投资洼地，这使新方非常担心，其态度发生变化。后来我方决定采取"倒股比"的方案，从2001年1月1日开始，园区的控股权开始由新方（新加坡财团）转移到中方（中国财团），中方的股权比例由35%调整为65%，担负起主要管理职责。②

中新苏州工业园区的体制是中新苏州工业园区联合协调理事会+双边工作会议+开发区管委会的模式。联合协调理事会主席由两国政府主要官员组成，中方主席为国务院副总理，新方主席为新加坡副总理。理事单位，中方为：外交部、国家发改委、科技部、财政部、自然资源部、住建部、商务部、人民银行、海关总署、国税局、银保监会、国家药监局、江苏省人民政府、苏州市人民政府；新方为：财政部、外交部、贸易及工业部、通讯及新闻部、国家发展部、永续发展与环境部、教育部、人力部、内政部、卫生部、律政部、社会及家庭发展部、文化社区及青年部、企业发展部、裕廊集团。双边工作会议成员，中方为苏州市人民政府，新方为贸易及工业部。联络机构中方为，苏州工业园区借鉴新加坡经验办公室，新方为贸易及工业部软件项目办公室。③ 苏州工业园区设立

---

① 苏州工业园区管委会. 中新苏州工业园区组织架构［EB/OL］. 苏州工业园区管委会官网，2023-04-13.

② 张九桓. 难忘苏州工业园［N］. 人民日报，2019-01-13（07）.

③ 苏州工业园区管委会. 中新工业园区组织架构［EB/OL］. 苏州工业园区管委会官网，2023-04-13.

党工委和管委会，党工委书记一人，管委会主任一人。苏州工业园区管委会内设以下机构：党工委管委会办公室、组织部、纪工委、宣传部、统战部、政法委、经济发展委员会、投资促进局、科技和信息化局、行政审批局、规划建设委员会、国土环保局、财政局、国有资产监督管理办公室、金融管理服务局、社会事业局、教育局、劳动和社会保障局、综合行政执法局、市场监督管理局、国际商务区党工委管委会、独墅湖科教创新区党工委管委会、阳澄湖半岛旅游度假区党工委管委会。①

### 二、江阴—靖江工业园区组织架构

1999 年 9 月，江阴长江大桥通车，天堑变通途。2001 年 12 月，江阴和靖江成立沿江开发促进会，主旨是以项目为载体、以资金为纽带、按照市场化机制共同建设沿江经济带，达成按照"优势互补、共同发展，市场运作、各得其所"原则联动开发的意向。"2002 年 3 月、6 月、7 月，时任江苏省委书记的回良玉先后三次作出批示，认为靖江、江阴打破行政区域界限、联合开发长江口岸的做法'是开明人士的高明和精明之举，这本身就是一个创新'。他还在一些场合引申说，从某种意义上讲，对基层改革最大的支持就是不横加干预，不乱加评论，就是放心、放手、放权，即便有失误和曲折，也要多帮助，少挑剔，慎批评，该宽容的要宽容。"② 2002 年 8 月，江阴、靖江两市签订《江阴经济开发区靖江园区联合开发备忘录》，此举对打破地区分割，行政分割，形成以利益为纽带的共同发展是一种很好的尝试。江苏省委、省政府决策拍板，江阴与靖江经过多轮谈判，于 2003 年 2 月 15 日，签订了《关于建立江阴经济开发区靖江园区的协议》（以下简称《协议》）。8 月 29 日，江阴经济开发区靖江园区正式挂牌成立，园区位于靖江市南侧，毗邻长江，总规划面积 45 平方公里，首期启动区面积 8.6 平方公里，是全国首个跨江、跨行政区划的园区——江阴—靖江工业园区，园区内设立了江阴靖江联动开发协调委员会，主要协调解决审批制度改革、产业政策落地、重大项目报批、财政平台融资等系列问题。

双方《协议》约定："靖江市提供 60 平方公里的土地，由江阴经济开发区在靖江注册成立投资公司作为平台招商引资。江阴、靖江两市按 9∶1 的比例共同出

---

① 苏州工业园区管委会．机构职能介绍［EB/OL］．苏州工业园区管委会官网，2023-04-13．

② 仲伟志．江阴北上：地方政府的大胆实践［N］．经济观察报，2003-09-04（01）．

资1亿元用于园区建设。10年内两市均不从园区提取收益，收益全部留在园区内滚动发展，10年后收益对半分成。江阴—靖江工业园区管委会是江阴市政府派出的正科级管理机构，负责工业园区投资、建设、管理和招商，园区党委书记、管委会主任由江阴市副市长（江阴经济开发区管委会副主任）兼任。靖江市政府则在园区设立了正科级办事处，负责园区范围内征地拆迁、民政和计生等社会事务及开发建设协调工作。办事处主任同时兼任园区管委会副主任。"①

江阴经济开发区靖江园区的具体管理体系如下：

1. 江阴市政府在园区设立管理委员会。园区党工委和管委会，负责园区的投资开发和各项管理事务和园区的日常管理和经济事务管理。园区管委会主任由一名江阴市副市长兼任，三名管委会副主任中两名由江阴派出，一名由靖江派出。管委会下设相关职能部门：党政办公室、经济发展局、国土规划建设局、财政审计局、招商局。

靖江除设立办事处外，还有国土、规划、建设、财政审计、公安、消防、港口管理等分支机构派驻。②

2. 江苏省政府及其职能部门的直属直管机构。省政府及其职能部门直属直管机构主要有：江阴市国家税务局第七税务分局、江苏省地方税务局江阴经济开发区靖江园区税务分局、无锡市江阴质量技术监督局靖江园区办事处、江苏省工商局江阴经济开发区靖江园区分局。园区的国税、地税、工商、质检等几个职能部门由江苏省直属直管，国土规划建设局有关国土资源的事项也由江苏省国土部门直管。

3. 涉外、涉口岸事务的管理机构。靖江市港口管理局成立江阴—靖江工业园区分局。

4. 靖江园区社会事务的管理机构。靖江市公安局在靖江园区设立江阴经济开发区靖江园区派出所，负责园区的治安管理。③泰州市环境保护局设立江阴—靖江工业园区分局。

江阴—靖江工业园区管理机构经历过两次大的调整。"一是在2003年至2004年前后，初步确定省直管部分权限的机制。2003年底江苏省政府专门出台

---

① 南焱. 一个省级开发区的联办困境［J］. 中国经济周刊，2014（04）：54-55.

② 南焱. 江苏省级开发区联办困境：园区在靖江管理权在江阴［J］. 中国经济周刊，2014（02）：46-47.

③ 叶必丰，何渊，李煜兴. 行政协议区域政府间合作机制研究［M］. 北京：法律出版社，2010：265-268.

由 12 个厅级部门共同拟定的《关于促进江阴经济开发区靖江园区加快发展的意见》，在项目审批、工商登记、财政扶持、用地政策、收费减免、公路建设、金融扶持、外事审批等 8 个方面给予必要的扶持措施。"① "二是在 2006 年至 2007 年前后，采取委托授权的方式，将涉及两市的一些管理权力交由园区管理。尤其是靖江的属地管理权限，以委托授权等形式，直接交由园区管理。其原因在于靖江市一些管理部门自认为拥有对园区企业的合法管辖权，有时不通过园区管委会就自行到进驻企业进行管理、收费、执法，引起进驻企业的不满，而园区在职工社保、行政等环节上，又存在管理缺位的现象。"②

江阴和靖江也成立了一个联动开发协调委员会，由两地最高领导担纲主任，将园区建设中遇到的难点、问题上交给委员会。委员会解决的最大的难题主要在于属地管理职能，涉及党务、人事、行政、经济和社会等多项管理的权限问题。

2006 年，江苏省发改委在调研之后曾经提出的一个建议是"整体委托给江阴管理"，即由江阴全面实施园区内的属地管理事务。最终省里的意见是："完善现有架构，探讨'整体委托管理'，等待时机。"③ 同时，合作园区管委会主任虽是江阴的干部，但同时兼任靖江市委常委，一身兼任三种身份。④

---

① 梁钟荣，金城. 七年谋变"两江联动模式"待考 [J]. 中国民营科技与经济，2010（08）：50-55.

② 梁钟荣，金城. 七年谋变"两江联动模式"待考 [J]. 中国民营科技与经济，2010（08）：50-55.

③ 合作区最令人棘手的是多头管理和管理缺位的现象时有发生。某些部门不通过园区管委会就自行到企业进行管理、收费、执法，而在安全管理等环节，又长时间地出现了管理缺位的现象。园区的港口、社保等管理体制长期没有明确。江阴市原副市长兼江阴—靖江工业园区管委会主任刘亚民认为，园区管理体制没有完全理顺的根本原因，在于投资主体和行政管理主体的不一致。尽管联动双方对"投资、管理以江阴为主"的管理原则没有任何异议，但在实践过程中一直没有找到很好的实现方法。在园区建设上，江阴—靖江的联动管理体制采取的是一事一议的方法，这就不可避免地会出现管理缺位、管理交叉，当然也不可能实现园区的统一高效管理。为进一步理顺关系，提高效率，刘亚民建议，有必要以"一头管理"为目标，对园区实行"整体委托管理"。其建议，引起了江苏省主要领导的重视，领导责成有关部门到园区实地调研，帮助理顺联动开发体制。省发改委认为，江阴提出的"整体委托管理"是解决目前管理体制弊端、提高行政效能最为有效的方式，但目前在操作层面存在一定的法律障碍，要突破障碍，必须由省人大制定颁布专项地方法规。为此，省发改委向省政府上报了《关于江阴—靖江工业园区开发建设管理情况的报告》，报告建议省人大就实施整体委托管理问题进行调研，制定相应的地方法规，待条件成熟以后，再实施整体委托管理方案。包永辉. 隔江相望的江阴、靖江两市联动开发模式调查 [N]. 经济参考报，2007-09-28 (01).

④ 梁钟荣，金城. 七年谋变"两江联动模式"待考 [J]. 中国民营科技与经济，2010（08）：50-55.

2010年时任江阴靖江管委会主任的赵叶认为："两江政府联动显著，这是经历7年不断创新、探索，不断磨合、让渡，不断充实、完善的结果。得益于江苏省、两地政府充分放权，7年摸爬滚打、试错、纠正与磨合，终于形成现今国家、省市各级部门多头进入，统归园区一头管理的较为理想的体制。"①

办事处是靖江市政府的派出机构，人员的人事关系全部在靖江经济技术开发区，工资也是由靖江经济技术开发区发放。对办事处的工作考核分两部分，市政府负责全面工作考核，开发区负责精神文明建设等工作的考核。

总之，在体制上，第一，无锡、泰州两市之间成立了联动开发协调小组，江阴、靖江两市政府成立了联动开发协调会议，作为联动开发的最高决策机构。为了便于江阴、靖江之间的合作与协调配合，江苏省委还特意委派原江阴市委副书记、专门负责开发区建设的官员担任泰州市委常委、靖江市委书记。与此同时，省里还规定，园区产生的税收和GDP可分别计入江阴、靖江两市，以调动两市政府的积极性。

第二，江阴、靖江两市政府以9∶1的出资比例成立了投资公司，用市场运作手段进行园区的开发建设。为迅速把园区做大做强，两市承诺，10年内不向园区收取投资收益，将其全部用于滚动开发，10年后，五五分成。

第三，成立以江阴为主、靖江参加的园区管委会负责园区的投资、建设、管理和招商。靖江市政府在园区成立办事处，负责园区范围内的社会事务和开发建设的协调工作。

第四，垂直部门的管理形式多样。园区工商、地税由省局在园区建立直属分局，国税、技术监督、口岸查验由江阴派驻，国土、消防等管理工作由靖江相关部门负责。

### 三、苏州宿迁工业园区的组织架构

1994年12月，江苏省第九次党代会正式提出"区域共同发展"战略，2001年，江苏省委又提出"提升苏南发展水平，促进苏中快速崛起，发挥苏北后发优势"的新方针，采取了挂钩合作、干部交流、对口帮扶等一系列重大举措，取得了积极进展。2006年11月，江苏省第十一次党代会明确提出"全省达小康，关键在苏北，重点在宿迁"。苏州宿迁两市决定紧密合作，共建苏州宿迁工

---

① 梁钟荣，金城．七年谋变"两江联动模式"待考［J］．中国民营科技与经济，2010（08）：50-55．

业园区。

2006 年 11 月 1 日，苏州、宿迁两市正式签订了合作开发协议，2006 年 11 月 21 日，签订商务总协议，12 月 11 日，苏州宿迁工业园区开发建设正式启动。苏州宿迁工业园区原规划面积 13.6 平方公里，2019 年启动拓园发展，拓园首期规划面积 7.75 平方公里，园区规划总面积达到 21.35 平方公里，规划总人口 20 万人。合作区的目标是：充分发挥苏州、宿迁两地优势，推进产业梯度转移，通过实施先进制造业、服务业等城市功能的综合开发，把苏州宿迁工业园区建设成为产城融合发展示范区、高质量创新发展引领区、体制机制改革试验区、南北共同富裕样板区和国内一流的区域跨界合作园区。根据两市协议，苏州宿迁工业园区的运作以苏州方为主，主要依托苏州工业园区组织实施开发、建设、管理。组建相对独立、具有开发区功能和权益的管理机构和具备市场运作主体功能、能进行独立投融资的开发主体，实施滚动开发。①

苏州宿迁工业园区采取了"联合协调理事会+双边工作会议+党工委管委会"的方式。一是成立了苏州宿迁工业园区联合协调理事会，作为高层协调机构，前期由两市市长共同担任联合主席，2019 年 10 月起升格为由两市市委书记共同担任联合主席，两市市长担任联合常务副主席。联合协调理事会在每年两市党政代表团互访期间召开，负责对园区发展的重大问题和重要工作的决策。二是召开苏州宿迁工业园区双边工作会议。由两市分管副市长牵头，苏州工业园区党工委、管委会主要领导和两市开发建设有关部门主要负责人参加，协调处理开发建设中的重要问题，对联合协调理事会负责。三是苏州宿迁工业园区党工委、管委会，作为宿迁市委、市政府的派出机构，代表宿迁市委、市政府行使工业园区内经济管理及其他相应的行政管理权，实行充分授权、封闭运作的管理模式。四是成立"江苏省苏宿工业园区开发有限公司"（注册资本 6 亿元人民币）作为开发机构，由江苏省、苏州市、宿迁市、苏州工业园区按 1：0.5：0.5：4 的比例共同出资组建。开发公司受苏州宿迁工业园区管委会委托进行土地综合开发。宿迁市委、市政府授权苏州宿迁工业园区党工委、管委会在规划建设、土地管理、经济管理、环境保护、招商、财政、外事、组织人事等方面，代表宿迁市委、市政府行使省辖市管理职能和管理权限。党工委、管委

---

① 苏州工业园区管委会.苏州宿迁工业园区概况［EB/OL］.苏州宿迁工业园区管委会网站，2023-04-14.

会内设机构享有与宿迁市对应职能部门同等管理权限。[1] 苏州宿迁工业园管委会内设机构有：党工委、管委会办公室、招商与经济发展局、规划建设局（国土房产局、环境保护局、城市管理局）、财政局、劳动保障和社会事业局（安全生产监督管理局）。同时工业园调任苏州公务员到宿迁任职，管委会书记和主任合一，2021 年，苏州吴中经济开发区管委会主任被调任到宿迁市任副市长兼任管委会书记和主任，副主任一部分由苏州工业园区干部调任，一部分来自宿迁本地。苏南方做到人员、资金、项目"三为主"，苏北方确保规划建设、社会管理、政府服务"三到位"。[2]

**四、深汕特别合作区的组织架构**

深汕特别合作区的前身是 2008 年成立在汕尾市海丰县鹅埠镇境内的面积为 13.08 平方公里的一个工业园，叫深圳（汕尾）产业转移工业园。2011 年，在广东省委、省政府的支持下，深汕产业转移园升级成为深汕特别合作区。深汕特别合作区正式成立，其面积扩容至海丰县的鹅埠、赤石、小漠、鲘门四镇共 468.3 平方公里。深汕特别合作区党工委、管委会为省委、省政府派出机构，行使地级市一级管理权限，其委托深圳、汕尾两市共同管理，深圳市主导经济管理和建设，汕尾市负责征地拆迁和社会事务。

2014 年，深圳、汕尾两市制定出台《关于进一步优化深汕特别合作区体制机制加快合作区建设发展的意见》，明确深圳主导经济管理和产业发展，汕尾负责合作区的征地拆迁、社会事务管理，并对广东省、深圳、汕尾三方的收入分成比例做出明确，深圳市、汕尾市和深汕合作区按照 25%、25% 和 50% 比例分成。

2017 年，广东省委、省政府印发《深汕特别合作区体制机制调整方案的批复》，将合作区党工委、管委会调整为深圳市委、市政府派出机构，进一步理顺经济社会事务、用地、财税、机构编制、干部人事等管理体制和工作机制，推动形成深圳全面主导、汕尾积极配合的合作格局。自此，合作区正式纳入深圳市"10+1"（10 个行政区+深汕特别合作区）管理体系，按照深圳一个经济功能区的标准和要求，进行顶层设计、资源配置、规划建设、管理运营，GDP 纳入深圳统计。①

深汕特别合作区党工委（管委会）党政机构包括：纪工委（监察专员办公室、审计局）、党政办公室、组织人事局（编办）、统战和社会建设局、发展改革和财政局（统计局）、科技创新和经济服务局、公共事业局、住房建设和水务局、城市管理和综合执法局、土地整备局、应急管理局、农业农村和海洋渔业局。②

"飞地经济"中，"飞出地"往往是经济比较发达的地区，一般具有资金、技术和管理方面的优势，在地方政府合作中占有主动地位，其通过向"飞入地"输送资金、技术和先进的管理人员、管理经验，参与"飞入地"的开发建设，带动"飞入地"发展。广东省要求深圳市全面主导合作区经济社会事务，以深圳市一个经济功能区的标准和要求，对合作区进行顶层设计、资源配置、规划建设、管理运营。这一举措极大地调动了"飞出地"合作方地方政府深圳市的积极性。但是，同时还要通过省级人大立法进一步明确"飞入地"的正当合法地位问题，体现公平的体制形式。

### 五、深哈合作产业园的体制

2019 年 5 月，深哈两市政府正式签署协议合作共建深圳（哈尔滨）产业园区，成为东北地区与华南地区对口合作的第一个产业园区。园区规划面积 26 平方公里，核心启动区 1.53 平方公里，首个启动项目科创总部 22 万平方米。由深圳和哈尔滨两市政府共同投资 39.2 亿元，共同组建合资公司，按照市场化方式，创新产业园区服务体制和运作模式。深圳（哈尔滨）产业园区建设的目标就是吸收借鉴深圳改革开放 40 年来的成功经验，通过"带土移植"深圳团队、深圳体制机制、深圳政策体系、深圳理念、深圳作风和深圳精神，打造深圳的"飞地"、哈尔滨的"特区"。③ 深哈合作产业园通过联席会议决定园区的重大事项。深哈产业园由深哈合作创建的深圳（哈尔滨）产业园投资开发有限公司进

---

① 成都编办课题组 . 以深圳汕尾特别合作区为样本　探索创新经济区和行政区适度分离体制机制的思考与建议［EB/OL］. 成德眉资同城化暨成都都市圈建设网站，2021-04-07.

② 深汕特别合作区管委会 . 深汕特别合作区组织架构［EB/OL］. 深汕网，2023-03-10.

③ 史轶夫，田博群 . 深哈产业园入驻企业高质量发展向未来［EB/OL］. 中国新闻网，2021-08-31.

行开发建设，公司董事长奉均衡是哈尔滨新区管委会成员。下面是深哈合作产业园召开七次联席会议的情况。从中可以了解深哈产业园的建设情况。

第一次联席会议。按照中央的决策部署、黑龙江广东对口合作座谈会精神和《哈尔滨市与深圳市对口合作框架协议》，进一步推进两市对口合作深入发展。2017年11月2日，深哈两市在哈尔滨召开对口合作联席会议，黑龙江省委常委、哈尔滨市委书记、市长，深圳市长出席联席会议。哈尔滨市委书记表示，深化深哈合作首先要深化两地人才交流，尤其是加强干部交流，要在哈建立深哈合作园区，把深圳先进的管理方式和优秀的企业引进来，在哈尔滨打造一个特区发展样板，带动哈市经济发展提质增效，同时为深哈对俄合作提供有效载体。深圳市长在讲话时表示，深哈对口合作是广东、黑龙江两省对口合作的重要组成部分，深圳将坚决贯彻落实党的十九大精神，全面落实中央、省和市的各项决策部署，全力推进两市对口合作工作。

第二次联席会议。2018年5月9日，深哈两市在深圳召开了第二次深哈对口合作联席会议，共同审议并通过了《深哈对口合作2018年工作计划》，哈市借鉴《深圳市关于加大优化营商环境改革力度的若干措施》经验，加快出台优化营商环境举措。并确定了10方面29项重点工作任务，就发挥深哈两市比较优势、推动产业园区建设和科技创新、文化旅游等领域合作达成广泛共识，并明确了进一步促进对口合作的工作机制。①

第三次联席会议。此次会议举行标志着哈尔滨深圳产业园区项目开始进入全面实施阶段。2019年5月9日，哈尔滨深圳产业园区合作协议签约仪式在哈尔滨友谊宫友谊会堂举行。深圳市委书记、哈尔滨市委书记、哈尔滨市市长等深哈两市领导共同参加签约仪式。之后，召开了深哈第三次联席会议，会议共同审议通过了《哈尔滨市与深圳市对口合作2019年工作计划》，通报了2018年主要工作进展情况，听取了深圳哈尔滨产业园区推进情况汇报。与会深哈两市领导及相关部门、企业负责同志就进一步做好对口合作交流了意见建议。确定重点推进的8方面27项重点任务，为全年工作指明了方向。②

第四次联席会议。在此次会议上，提前谋划了2020年的工作思路。2019年11月27日，哈尔滨深圳在深圳市召开第四次联席会议，会议通报深哈对口合作

---

①　韩波. 深哈合作务实推进聚力互利共赢［N］. 黑龙江日报，2018-05-14（05）.

②　李爱民，韩丽平. 复制深圳体制机制和政策经验　哈尔滨深圳产业园区合作协议签约［N］. 黑龙江日报，2019-05-10（01）.

2019 年工作情况、深圳（哈尔滨）产业园区进展情况，审议通过了《哈尔滨市与深圳市对口合作 2020 年工作计划》。深圳市委副书记、市对口支援工作领导小组副组长、市政府秘书长，哈尔滨市市长、副市长、市政府秘书长参加会议。①

第五次联席会议。2020 年 11 月 16 日，深圳哈尔滨两市有关领导和人员听取了 2020 年深哈对口合作工作情况，举行《推动哈尔滨优质农产品进入深圳"圳品"体系战略合作框架协议》签约仪式，此次会议还讨论了"科技赋能深哈对口合作"有关事项。②

第六次联席会议。2021 年 11 月 30 日，深圳和哈尔滨两市在深圳召开深哈对口合作第六次联席会议。在此次会议上，将园区战略定位为：坚持"创新、协调、绿色、开放、共享"的发展理念，构建一园多区哈尔滨和深圳产业的合作体系。"一园"为主导园区，选址在哈尔滨新区江北一体发展区，规划面积约 26 平方公里。在此基础上，在 26 平方公里主导园区的南部板块，先期规划约 1.53 平方公里区域作为核心启动区，重点发展科技创新及服务业、新一代信息技术、智能制造等新兴产业。以深哈产业园为载体，以制度创新为核心，创新服务体制和运作模式，打造从创新创业、科创总部到智能制造的全生命周期产业链，促进产业协同发展、集群发展，成为哈尔滨对标国际一流营商环境的战略性新兴产业发展高地。③

第七次联席会议。2022 年 8 月 11 日，深哈两市在哈尔滨召开对口合作第七次联席会议，两市有关领导听取深哈对口合作情况汇报，就进一步推动两市对口合作深入发展进行沟通交流。深圳市委副书记指出，深圳高度重视深哈对口合作，将其作为落实国家区域协调发展战略、实现两地共赢发展的重要工作来抓，与哈尔滨携手推动深哈合作取得新成效。希望双方积极抢抓东北振兴和粤港澳大湾区、深圳先行示范区建设等重大战略机遇，坚持政府引导、企业主体、市场运作、合作共赢，进一步提升深哈产业园的发展水平，持续深化先进制造业、科技、教育、海洋、金融、农业、文体旅游等领域的合作，不断巩固合

---

① 王媛. 深哈对口合作第四次联席会议在深圳举行 [N]. 哈尔滨日报, 2019-11-28 (01).

② 王媛. 抢抓机遇 共享资源携手绘就深哈合作新蓝图 [N]. 哈尔滨日报, 2020-11-17 (01).

③ 徐恬. 深哈对口合作第六次联席会议在深圳召开 进一步提升深哈对口合作水平 [N]. 深圳商报, 2021-11-30 (A02).

作成果，促进两地高质量发展，共同为全国区域协调发展做出更大贡献。哈尔滨市委书记表示，通过更多领域不断深化务实合作，使哈尔滨产品与深圳市场、哈尔滨资源与深圳资本、哈尔滨制造与深圳创造得到更全面、更深入的对接，进一步实现互惠共享、互利共赢，推动深哈合作再上新台阶。按照中共中央、国务院关于组织东北地区和东部部分省市对口合作的战略部署，深哈两市共同谋划、精准对接、务实推进，在体制机制、产业合作、科技创新、搭建平台等方面均取得突出成效。两市累计实施合作项目 143 个，完成投资 362.2亿元。①

### 六、苏相合作区的组织架构

2011 年 11 月 1 日，十一届苏州市委第五次常委会会议通过了《关于苏州工业园区和相城区合作共建经济开发区建议方案》。2012 年 1 月 11 日，苏州工业园区—相城区合作经济开发区正式揭牌。2020 年 4 月 8 日，"苏州工业园区苏相合作区"正式揭牌，进入了实体化运作的全新阶段。苏相合作区是苏州工业园区和苏州市相城区共同建立的合作区，位于苏州主城区北部，紧邻苏州高铁北站国家级枢纽，距苏南硕放国际机场仅半小时车程，拥有漕湖 17 公里黄金湖岸线、9.07 平方公里完整水域，总面积 50.58 平方公里，下辖漕湖街道。②

苏州市委、市政府从进一步优化资源要素配置、发挥两区比较优势、推进市域统筹发展出发，在体制机制层面进一步深化苏相合作。"苏州市要将苏相合作区打造成为跨区域合作的新样板、创新发展的新引擎、城市建设的新地标、生态提升的新典范、社会治理的新标杆，使其成为苏州工业园区的有机组成部分，成为相城跨越式发展的重要增长极，为苏州全域合作、协同发展勇探新路、树立典范。"③

苏相合作区以"苏州工业园区全面主导、相城区全面推进"为实施路径，经济社会发展总体纳入了苏州工业园区管理体系，民生事务保障总体纳入相城区管理体系。

---

① 阴祖峰. 深哈对口合作第七次联席会议在哈召开 [N]. 哈尔滨日报，2022-08-11 (01).

② 苏州工业园区管委会. 苏相园区介绍 [EB/OL]. 苏州工业园区管理委员会网站，2021-03-17.

③ 陈珂. 苏州"最强王者"与"潜力股"牵手设立的合作区，有何新亮点 [EB/OL]. 彭湃新闻，2020-04-10.

（一）运行模式

1. 市委、市政府成立的合作区工作协调理事会，负责统筹推进合作区体制机制调整工作，研究协调合作区推进过程中的重要事项和重大问题。

2. 合作区党工委、管委会作为苏州工业园区党工委、管委会派出机构，全面负责合作区党的建设和经济社会事业发展各项任务。

3. 漕湖街道由合作区党工委、管委会管理。

（二）内设机构

党政办公室、建设管理局、经济发展局、财政审计局、社会事业局、综合执法局（安全生产监督管理办公室、市场监督管理局）、组织人事局、纪工委、一站式服务中心。

（三）漕湖街道职能

主要承担上级人大、政协相关工作、民族宗教、社会治理、城市管理、水利水务、集体资产、农业农村、民政、社会保障、劳动管理、政法、司法、信访、维稳、消防等职能。①

苏相合作区打破传统行政边界，探索行政区与经济区适度分离的经济开放运营模式，既借鉴园区先进经验、承接园区优势资源，又背靠相城区赢得的多重战略机遇叠加优势，加快建设长三角"飞地经济"示范区。

苏州市委、市政府成立的合作区工作协调理事会，充分发挥高位协商作用。苏相合作区党工委、管委会作为园区派出机构，全面负责党的建设和经济社会事业发展各项任务，相城区漕湖街道委托合作区管理。苏相合作区的党工委书记、管委会主任，既是苏州工业园区党工委委员、管委会副主任，也是相城区委常委。

成立了注册资本达50亿元的苏相合作区开发有限公司，由苏州工业园区综合国企——新建元控股集团主导，并联合苏州城投集团、相城城投集团共同出资设立，作为开发建设主体，全面承担苏相合作区基础设施建设、公建配套开发及资产运营。②

---

① 苏州工业园区管委会. 苏相园区介绍［EB/OL］. 苏州工业园区管理委员会网站，2021-03-17.

② 苏州工业园区管委会. 园区概况［EB/OL］. 苏州工业园区管理委员会网站，2020-10-01.

### 七、西咸一体化的组织经验

西咸新区虽然不是合作区，但是其在推进区域一体化过程中的经验对合作区的组织有一定借鉴意义。2009年，国务院批复《关中—天水经济区发展规划》，提出"实现西（安）咸（阳）经济一体化，形成国际现代化大都市，城镇群集聚发展"。此后，陕西省认为，应当通过设立两市共建西咸新区，来实现经济一体化和建设"国际现代化大都市"的目标。① 西咸新区位于西安、咸阳两市接合部，范围以渭河为中轴线，东西横贯50公里，南北扩展5~10公里，规划控制范围560平方公里。2010年2月，陕西省推进西咸新区建设工作委员会办公室暨西安沣渭新区、咸阳泾渭新区管委会挂牌成立，标志着西咸新区建设正式启动。陕西省推进西咸新区建设工作委员会办公室同时承担陕西省关中—天水经济区发展规划实施工作领导小组办公室职责。沣渭新区管委会、泾渭新区管委会分别为西安、咸阳两市政府派出机构，受西咸新区建设工作委员会和市政府双重领导。②

西咸新区管委会作为陕西省政府派出机构，具有经济管理和规划、土地、建设、环保等行政管理权限。"西咸新区拥有了跟咸阳市一样的正厅级建制，由陕西省直管，其级别类似一个地级市，但并不能完全履行一级政府的行政和社会事务管理职能。"事实上，"陕西省直管的西咸新区的存在，将西安、咸阳两市的一体化融合变为了西安、咸阳、西咸新区三方的融合"。加大了融合的难度。③

2017年1月，陕西省委、省政府做出的《关于促进西咸新区进一步加快发展的意见》，改革体制机制，宣布西咸新区党工委、管委会作为陕西省委、省政府的派出机构，由西安市委、市政府整体代管，全面托管辖区内西安市和咸阳市的行政和社会管理职能。西安市理顺了体制机制，和西安在规划上形成一个大的整体，"一张蓝图、一体建设"，大西安建设被认为进入了快车道。2017年3月开始，西咸新区范围内57.6万咸阳居民与西安市民享受同等户籍政策待遇，

① 张延龙. 西安沣渭新区托管方案明确：两种体制建西咸新区［EB/OL］. 经济观察网，2010-10-15.
② 储国强. 陕西省成立三大机构推进"西安咸阳一体化"建设［EB/OL］. 中华人民共和国中央人民政府官网，2010-02-21.
③ 官雪晖. 西咸新区7年体制之变：两地共建到西安代管，助力大西安建设［EB/OL］. 澎湃新闻，2017-06-01.

西咸新区辖区机动车和驾驶员管理由西安市公安局交警支队车辆管理所代管。2017 年 4 月 8 日起，西咸新区正式托管咸阳市 15 个乡镇街道。"由西安市托管代管后，西咸新区的考核变成'省市同考、以市为主'，原来西咸新区主要对接的是省里的单位，现在也要经常到市里开会，参与到大西安的统一规划中。西咸新区实现托管并由西安代管，就是西咸新区最大的制度创新，疏通了行政体制上的道路。"① 西安托管代管西咸新区，西安的 GDP 得到了大幅提高，但是咸阳的 GDP 却大幅腰斩，严重损害了咸阳的积极性，因为属于西咸新区的地方都是咸阳较好的地方。也有观点认为，西安应当学习合肥合并巢湖、庐江，济南合并莱芜，长春合并公主岭的做法，合并咸阳，可毕竟咸阳太大了，不可能一次合并，合并也总不能只要富饶的地方，而不要贫瘠的地方，即使合并也难以消化，没有足够的资源、能力和精力建设管理如此广大的地方。

2021 年 6 月，西咸新区调整管辖，陕西省推进西安—咸阳一体化发展领导小组办公室印发《关于西安市全面代管西咸新区的指导意见》的通知，通知规定，"一、西咸新区党工委、管委会作为省委、省政府派出机构保持不变，按照'全面授权、不留空白'的要求，由西安市全面管理。由西安市制定西咸新区管委会及所属新城职能配置、机构设置、人员编制等方案，并做好改革中的机构划转、人员安置、债务化解等工作。二、西咸新区 882 平方公里规划范围，划分为西咸新区直管区和西安（西咸新区）—咸阳共管区。西咸新区直管区由西安市全面管理，负责辖区内的行政、经济和社会管理事务。西安（西咸新区）—咸阳共管区，由咸阳市在《西咸新区总体规划》框架下，负责辖区内的行政、经济和社会管理事务。三、西咸新区管委会及所属新城副厅级以下（含副厅级）各级行政事业干部，按照干部管理权限由西安市管理。西安（西咸新区）—咸阳共管区各级行政事业干部，按照干部管理权限由咸阳市管理。四、省级部门派驻西咸新区的纪检监察、自然资源、公安等垂直（双重）管理机构，按照属地管理的原则划转至西安市，人员划转商西安市办理，省委编办要会同西安市于本文件发布之日起 15 日内完成机构划转工作。五、中央垂直管理部门派驻西咸新区的税务、消防救援、气象、统计调查等机构，按照应划尽划的原则，由西安市商相关部门研究提出划转意见。六、西安市、咸阳市加强了对接力度，实现国土空间一体化规划。西咸新区直管区国土空间规划纳入西安市国

---

① 官雪晖. 西咸新区 7 年体制之变：两地共建到西安代管，助力大西安建设［EB/OL］. 澎湃新闻，2017-06-01.

土空间规划统一编制。七、陕西省委、省政府印发的文件、召开的会议，继续将西咸新区列为发文单位或列席单位。省级部门印发的文件、召开的会议，自本文件发布之日起，不再将西咸新区列为发文单位或列席单位。八、省级部门自本文件发布之日起，原则上不再直接管理和审批西咸新区有关事项，不再将西咸新区作为单独绩效考核主体，全面授权西安市管理。同时，要加强对西安市的业务指导，理顺并优化西咸新区各类事项的管理模式。"① 设置共管区的目的是保证规划统一，保障行政区划产生的地方政府的权益，将西咸新区属于咸阳和西安市的行政区域及权益，交还给原行政区划，以便更好地调动这些行政区域地方政府积极性。

### 八、横琴粤澳深度合作区组织架构

横琴位于广东省珠海市南面的香洲区横琴岛，东部与澳门相邻。横琴面积为 106.46 平方公里，是澳门面积的 3 倍。横琴由大横琴岛和小横琴岛组成，中心滩涂湿地的地带为中心沟。1968 年，珠海决定对大小横琴岛之间的中心沟进行围垦，但因工程艰巨，珠海一县之力无力围垦，1970 年，佛山地委决定顺德县与珠海县合作围垦中心沟，用了 5 年时间把这条"沟"彻底填平，横琴就此形成。此后，由顺德派出的办事机构保留对土地的经营权，治安、计划生育等行政权力，则由横琴镇政府行使。横琴成了顺德的"经济飞地"。1987 年，顺德县将顺德县中心沟管理区改为顺德县中心沟经济开发区。1987 年，广东省国土厅专门下发文件确认顺德县对中心沟的永久使用权。1994 年，珠海市和顺德市签署协议，中心沟的土地行政管理权，归珠海行使。2010 年，珠海市政府收回横琴岛中心沟顺德围垦区内的全部国有土地使用权。②

2009 年 8 月 14 日，国务院正式批准《横琴总体发展规划》，将横琴纳入珠海经济特区范围。提出要把横琴建设成为带动珠三角、服务港澳、率先发展的粤港澳紧密合作的示范区。2009 年 12 月 16 日，横琴新区管委会正式挂牌成立，成为广东省人民政府派出机构，并委托珠海市人民政府管理，规格为副厅级。2015 年，横琴被批准为广东自由贸易试验区。

---

① 陕西省推进西安—咸阳一体化发展领导小组．《关于西安市全面代管西咸新区的指导意见》的通知［EB/OL］．陕西省发展和改革委员会网站，2021-06-08.
② 谭元亨，朱文彬，卢荫和．横琴中心沟围垦史［M］．广州：中山大学出版社，2018：18.

2021 年 9 月 5 日，中共中央、国务院印发了《横琴粤澳深度合作区建设总体方案》。习近平总书记强调，建设横琴新区的初心就是为了澳门产业多元发展创造条件。国务院批准设立横琴粤澳深度合作区，是深入实施《粤港澳大湾区发展规划纲要》的重大举措，这项举措有利于推动澳门长期繁荣稳定，有利于澳门的发展融入国家发展大局，为澳门的长远发展注入了强大动力，是丰富"一国两制"的伟大实践。

2021 年 9 月 16 日，广东省十三届人大常委会第三十四次会议通过《广东省人民代表大会常务委员会关于横琴粤澳深度合作区有关管理体制的决定》（简称《决定》），从省级立法决议的高度明确了横琴粤澳深度合作区的管理体制。①

横琴粤澳深度合作区管理委员会由粤澳双方联合组建，统筹决定合作区重大规划、重大政策、重大项目和重要人事任免。合作区管理委员会实行双主任制，主任分别由广东省委副书记、省政府省长王伟中和澳门特别行政区行政长官贺一诚共同担任；常务副主任为澳门特别行政区政府行政法务司司长张永春；副主任为广东省委常委、省政府常务副省长张虎，广东省政府副省长张新，广东省政府副省长、珠海市委书记吕玉印，澳门特别行政区政府保安司司长黄少泽，澳门特别行政区政府社会文化司司长欧阳瑜；秘书长为广东省政府横琴办主任聂新平，澳门特别行政区政府经济财政司司长李伟农。

横琴粤澳深度合作区管委会下设执行委员会和秘书处（与执行委员会合署办公），执行委员会下设的 9 个工作机构，可依法对外行使职权，承担法律责任，执行委员会下设：行政事务局、法律事务局、经济发展局、金融发展局、商事服务局、财政局、统计局、城市规划和建设局、民生事务局。合作区执行委员会是承担合作区经济和民生管理职能的法定机构，依法履行国际推介、招

① 《决定》主要为五方面内容：一、横琴粤澳深度合作区范围为横琴岛"一线"和"二线"之间的海关监管区域，总面积约 106 平方公里。横琴与澳门特别行政区之间为"一线"，横琴与中华人民共和国关境内其他地区之间为"二线"。二、设立合作区管理委员会。合作区管理委员会在职权范围内统筹决定合作区的重大规划、重大政策、重大项目和重要人事任免。三、合作区管理委员会下设执行委员会。合作区执行委员会是承担合作区经济和民生管理职能的法定机构，依法履行国际推介、招商引资、产业导入、土地开发、项目建设、民生管理等相关行政管理和公共服务职能，负责合作区具体开发建设工作。四、广东省在合作区设立派出机构。派出机构在职权范围内履行属地管理职能，配合合作区管理委员会和执行委员会推进合作区开发建设。五、广东省人民政府及其有关部门、珠海市人民政府及其有关部门将有关省级、市级管理权限依法授权或者委托给合作区执行委员会及其工作机构行使。蓝芳. 省人大常委会就横琴粤澳深度合作区有关管理体制作出决定［J］. 人民之声，2021（10）：11.

商引资、产业导入、土地开发、项目建设、民生管理等相关行政管理和公共服务职能，负责合作区具体开发建设工作。合作区执行委员会主任由澳门特别行政区政府经济财政司司长李伟农担任，副主任为聂新平、符永革、牛敬、许丽芳、苏崑、吴子健。① 广东省政府在合作区设立派出机构，派出机构在职权范围内履行属地管理职能，配合合作区管理委员会和执行委员会推进合作区开发建设。

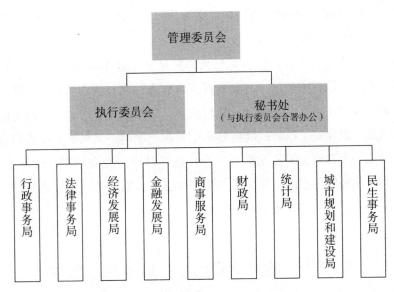

**图 1 横琴粤澳深度合作区组织架构**
（资料来源：横琴粤澳深度合作区官方网站）②

横琴粤澳深度合作区是广东省与澳门特别行政区合作建立的合作区，是"一国两制"的新推进、新发展，实行了双主任、双层级架构的完整体制。横琴粤澳深度合作区十名管委会成员中五名来自澳门，五名来自广东，七名执委会成员中四名来自澳门，三名来自广东，充分体现了粤澳"共商共建共管共享"的体制理念，也将为前海方案探索提供一定借鉴。这种既有资本主义，又有社会主义，并且广东省方面守住属地管理底线的混合体制，集两地之利、众家所长，是"一国两制"的新创举，也是推进区域一体化协同发展的重大举措。

---

① 横琴粤澳深度合作区管委会. 横琴粤澳深度合作区组织架构［EB/OL］. 横琴粤澳深度合作区官方网站，2022-01-01.

② 横琴粤澳深度合作区管委会. 横琴粤澳深度合作区组织架构［EB/OL］. 横琴粤澳深度合作区官方网站，2022-01-01.

横琴粤澳深度合作区管委会实行双主任架构，广东省省长和澳门特首共同担任管委会的双主任，负责重大事项的决策和领导，同时设立一个常务副主任，由澳门方面委派的澳门人担任，在实际的日常工作当中负责管理一般具体事项，他同时担任澳门特区政府方面的重要职务——澳门行政法务司司长，同时设立五个一般性的副主任，由广东澳门双方委派本级政府重要工作人员担任。在合作区管委会之下设立合作区执行委员会，主任由澳门方面担任（澳门经济财政司司长），副主任由广东方面担任（广东省政府横琴办主任），他们同时又是合作区管委会的双秘书长，形成了科学的权力分工合作与权力的监督制约体系结构，既保证了合作区的合法性、正当性，又保证了合作区的科学性、合理性，既保证了合作区的权力的统一，又发挥了合作方的主动性、积极性，既保证了重大问题的共同决定、共同领导、共同监督，又保证了合作区一般问题的执行效率和灵活，既保证了权力的纵横分立监督制约平衡，又保证了权力的科学联结组织协同。粤澳两地共同组织开发合作区并且澳门拥有较大的开发主导权，广东省履行属地管理职能。为横琴粤澳深度合作区服务澳门，促进澳门经济适度多元发展开辟了新的发展空间。

## 第三节　地方政府间合作区的组织机构

### 一、地方政府间合作区的组织机构

合作区组织机构是为达到合作方共同开发建设合作区的目的，而使全体合作方通力合作管理和发展合作区的组织形式，它规定各合作方的职责职权及相互关系，是上级政府和合作方地方政府共同建立起来的一整套治理组织结构。合作区组织机构是为了控制合作区权力、保障合作方和上级政府的权益，实现合作区的有效运行和治理目标而组建起来的治理架构的总称，是合作区治理的权力结构形式，是合作区权责分工、分立和组织、整合的结构，是合作方实现特定目标、保障相关方的权益和治理合作区的机构。它是一种全新的共同、协同型的组织机构，通过对合作方权力的有效协同组织，从而实现合作区的高效治理。合作区组织机构要反映合作区的性质和要求，体现合作方的基本价值和共同权益，完成上级政府的计划和任务。

合作区的组织的核心因素在于对合作方的有效组织协同。合作区的性质决定合作区的机构的性质。合作区的性质和因素取决于合作方的性质和因素。合作区要体现共同、协同、联合、合作的性质，合作区在处理事务时要充分体现合作方的意志，维护合作方的利益。合作区机构的设置主要由合作区的目的、职能所决定。合作区的目的、职能是合作区机构设置的依据。恩格斯在《自然辩证法》中深刻阐释了组织制度、规则的重要性，他引用了拿破仑讲述的一个例子，即"两个马木留克兵绝对能打赢三个法国兵，一百个法国兵与一百个马木留克兵势均力敌，三百个法国兵大都能战胜三百个马木留克兵，而一千个法国兵则总能打败一千五百个马木留克兵"[1]。

合作区依靠基本的治理组织机构实现治理组织。合作区治理组织机构形式要体现不同的价值和平衡不同主体的权益。[2] 按照不同的价值、权益和目标需求，形成差异化的合法、合理、正当的治理组织机构形式，它对于科学控制合作区权力，保障相关方权益，提升合作区的整体治理效能具有重要意义。合作区的治理机构形式标准会受到不同的背景、环境、目标、主观、客观因素的一定影响，可呈现多种类型。但从整体的角度，法律应设定基本的治理组织机构形式标准，以保障合作区的正当、合理、稳定、和谐，保障合作区的基本治理水平和治理能力的发挥。其主要包括：

（一）合作方代表机构。合作区应设立合作方的代表机构，它可以作为合作区的权力机构，可以作为协商机构，也可以作为领导机构。它由各合作方地方政府委派代表组成，享有合作区的重大事项的决定权，共同商议决定合作区的重大事务，享有组织控制合作区执行机构的权力。

合作区建立以后，因为缺乏常设性的代表协调联络机构，有时甚至连临时性的协调联络机构都没有，导致合作区合作方地方政府间合作交流和沟通渠道不畅。由于缺少经常性联络、沟通，信息资源得不到有效共享，以致在管理方面上出现矛盾和冲突，而且合作方之间的纠纷也得不到及时化解。如果有必要的话，可以建立常设性的合作方代表协调机构来进行相应的协调工作。

（二）合作区的管理机构。合作区应设立合作区管委会，作为合作方地方政府代表机构的执行机构和合作区的日常行政机关，其可经由合作方代表机构协

---

① 恩格斯. 自然辩证法 [M]. 北京：人民出版社，2018：82.

② 张润珍，高新芝. 中国地方政府治理结构研究现状分析：基于 CNKI 期刊论文分析 [J]. 现代商贸工业，2016，37（20）：126-127.

商产生，对合作方代表机构负责，受合作方代表机构领导和监督，其享有执行合作区事务的权力，对外代表合作区，领导合作区行政机构的工作。

合作区应按照管理需要和精简效率的原则设立合作区行政部门，行政部门由合作方代表机构批准产生，受合作区管理机构领导，管理合作区的各领域行政工作。

（三）合作区的监察机构。合作区应设立监察机构，合作区的监察机构应委托承担主责的合作方进行组织，可由合作方代表机构进行协调，也可以联合组建监察机构，合作区监察机构负责监察合作区的公权力依法依纪行使的状况，对合作区的公职人员依法履职、秉公用权、廉洁从政从业以及道德操守情况进行监督。

（四）合作区的审判机构和检察机构。合作区应设立审判机构和检察机构，合作区的审判机构和检察机构应由承担主责的合作方进行组织，也可以由合作方联合组织，合作区的审判机构和检察机构负责合作区的司法审判和检察工作。

### 二、地方政府间合作区组织机构的特征

合作区的组织机构有如下的特征。1. 合作区组织机构是一种联合协同管理系统。因为合作区处在"飞入地"行政区域内，需要合作方地方政府之间的高度协同配合，这是基本的现实，单凭一方或者协同度低下，是无法完成有效管理的。2. 合作区机构具有调配两方或多方资源的权力，需要对这种权力加以控制，防止这种权力的滥用。3. 合作区的组织机构要反映合作区的基本性质和基本规律，即合作区共同的性质。合作区是合作方为实现共同的区域目标，共商共建共管共享的区域，共同属性是合作区管理机构的基本属性。4. 合作区的组织机构是一个权力组织系统，采取了复合架构，系统融合了协商共治的成分，既有统一，又有协同，既有监督，又有制约，不同于以往的单一权力模式。随着合作区的发展壮大，合作区治理结构将越来越趋于严密。5. 合作区的组织机构向着有利于区域一体化协同发展的方向不断调整。它的机构随着合作区治理形势的变化和合作方的合作形势变化而向前不断发展。它的管理主体不是静态的、固定的，不同阶段可由不同合作方来管理，可能头十年，由"飞出地"管理，后十年由"飞入地"管理，可能"飞出地"管理不太好，换成更好的"飞入地"接着管理，也可能"飞出地"和"飞入地"共同管理，实现"飞出地"和"飞入地"不同的管理比例搭配。6. 合作区的组织机构要符合特定的治理目

标的需要。不同合作区的行政目标是不同的，有的是为了推进区域一体化，有的是为推进区域经济发展，有的是为了弥补行政区划调整的缺憾，要根据不同的治理目标，组建不同形式的合作区的管理机构。合作区组织机构是一种新型的合作和权力组织形式，体现"共商、共建、共管、共享"的理念，是合作方地方政府的派出机构和执行机构，是合作方管理体系的一部分，具有依附性、附属性，主要执行合作方的意志，需要构建符合民主集中制的精神，又要符合区域协作精神的组织架构。合作方在设立合作区的时候应选择合适的合作区的治理机构，预先处理好合作区的管理结构的责权利关系。

### 三、地方政府间合作区组织机构的职能和地位

地方政府间合作区组织机构对于控制合作区权力起到了非常重要的作用。它代表合作方的意志，管理合作区的行政和社会事务，实现合作区的发展目标，保障合作方的权益和在合作区居住的居民的权益。

（一）地方政府间合作区组织机构的职能

合作区组织机构的职能是合作方治理合作区职能的具体化，是履行合作方共同治理合作区的职能。合作区治理职能包括，行政职能、经济职能、社会职能、生态环境保护等职能，治理合作区的综合事务，维护合作区秩序，提供公共服务，依法调节经济社会关系或施加经济社会影响，以及发展合作区与其他地方的经济、社会、文化等关系职能。

（二）地方政府间合作区组织机构的地位

广义的合作区组织机构包括监察、审判、检察机构，狭义的合作区组织机构主要指合作区的行政决策和执行机构，也就是合作区的管理机构。合作区组织机构具有相对的地方主体地位，它是合作方的执行机构，是合作建立的组织机构，是委托或授权组织。明确合作区治理机构的地位，对于明确合作区的法律关系，依法行使权力，保障合作方的合法权益，提高行政管理效能具有重要作用。狭义合作区治理机构的地位主要包括：

1. 地方政府间合作区管理机构是合作方地方政府的派出机构

合作区管理机构是合作方地方政府的派出机构，是合作方地方政府的执行部门，由合作方地方政府产生，由合作方地方政府领导，执行合作方地方政府的命令，向合作方地方政府负责。

所谓派出机构，就是要完全执行派出主体的意志，自身主体性有限，责任

由派出主体承担，是派出主体亲自直接管理指挥的机构，直接承受派出主体的命令，派出机构要比一般的下一个层级的地方政府与本体的关系更密切，可以理解为嫡系区域与普通区域的关系。

换言之，合作区与合作方的关系要比其管辖的下一级的行政区域之间的关系更密切一些，职级要比合作方地方政府管辖的下一级行政区域更高一些，合作区管理机构实质是由合作方直辖、直接亲自管理的区域，在管理上一般由合作方地方政府的主要官员直接负责管理。例如，苏相合作区的党工委书记、管委会主任，也是苏州工业园区党工委委员、管委会副主任，同时也是苏州市相城区委常委。

合作区的管理机构是合作方地方政府的派出机构，但不是《地方组织法》意义上的派出机关。管委会体制是无法在《地方组织法》上找到依据的。依据《地方组织法》的规定，省、市、县、区，只能在本行政区域内设置派出机关，是无法在其他行政区域内设置派出机关的。

目前，合作区管委会有三种产生方式：一是由"飞出地"政府派出，例如，深汕特别合作区管委会是深圳市政府的派出机构；二是由合作双方联合组建，例如，横琴粤澳深度合作区管委会是由粤澳双方联合组建；三是由"飞入地"政府派出，例如，简易型合作区的管委会。

2. 地方政府间合作区管理机构是合作方地方政府的委托或授权组织

合作区管理机构不属于由《宪法》和《地方组织法》设定的职权行政主体，它属于合作方政府通过法律、法规、规章、协议委托或授权产生的委托或授权行政主体。它由合作方地方政府委托或授权产生，权力主体地位来自法律、法规、规章、协议的委托或授权。合作区管理机构只拥有合作方的权力的使用权。

合作区管理机构是上级政府委托或授权下产生的区域主体。没有上级政府的法律、法规、规章的委托或授权，就没有下级的合作区管理机构和管理机构的权能。合作区管理机构在委托或授权的范围内，以合作方的名义行使权力，进行管理，并由合作方承担法律责任。它的权力均来自合作方地方政府的委托或授权。

3. 地方政府间合作区管理机构是合作方地方政府机构的组成部分

合作区管理机构是国家机构体系的一部分，是合作方地方政府机构的组成部分，是上级政府和合作方地方政府一级区域性管理机构，合作区与合作方的其他治理区域在形式上是一视同仁的，上级政府和合作方地方政府要从整体上对合作方管理机构进行领导，以实现合作方的本土区域与合作区一体化管理和整合。例如，深汕特别合作区就纳入了深圳第"10+1"区管理体系。

上级政府有权对合作区的管理机构进行领导，合作区管理机构是国家机构体系的一部分，也是合作方地方政府机构的组成部分，因此合作方地方政府的上级政府也有权对合作区的管理机构进行领导，设定合作区的发展方向和计划，监督合作区管理机构的人事、授权或委托，制定合作区的基本规则。

### 四、地方政府间合作区组织机构的活动原则

合作区管理机构的组织是具有协同治理性质的组织，其主要活动是协同的活动，适用的原则主要是协同的原则。合作区管理机构行使的权力是合作方共同委托或授权并需要协同统一行使的权力。合作区管理机构是建立在地方政府之间深度区域合作协同基础上的合作机构，属于地方政府之间的深度合作管理机构。

随着对合作区组织和活动经验认识不断深入，人们逐渐摸清了一些合作区的组织和活动规律。发现合作区的组织和活动除了要遵守国家机构的一般性原则外，如中国共产党领导、社会主义法治、民主集中制、为人民服务、权责统一、精简廉洁效能等，还形成了反映合作区的协同性质和规律的特有原则。

（一）共商、共建、共管、共享的原则

合作区管理机构组织和活动的正当性、合法性的基础就是共商、共建、共管、共享，没有共商、共建、共管、共享包括共担的宏观正当性、合法性形式，合作区活动就不会公平、正当、高效地开展。该原则不是机械的、教条的，而是具有灵活性的、动态性的，具有多重的组织内涵和多样化的实现形式，其实质是实现合作方高效协同和共同发展，实现合作方的公平合作、保障合作方的正当权益。合作区管理机构是合作方共同协同管理的管理机构，合作方在上级政府的统筹协调下，可以根据实际情况、按照协商达成的共识，自由安排和确定合作区的管理组织形式，具有一定的自组织性和协商协议空间。合作区管理机构的权力来自合作方的委托或授权，合作区管理机构应为合作方行使好权力。

（二）构建统一、完整、专业化的管理机构的原则

应构建统一、完整、专业化的合作区管理机构，合作区不应建立松散式的管理组织，应加强合作区管理机构的整合程度，加强专业化、正规化。合作区

的管理组织应尽量纳入统一的管理机构，进行集中统一的管理，统一收支。减少游离于合作区管理机构之外的管理机关，减少以其他非专门化的方式——如松散的联席会议——代替合作区的管理。合作区管理机构专业化、整合程度越高、合作区管理效能越高。合作区行政部门能整合的，尽量要整合。例如，江阴—靖江合作产业园区早期，江阴负责管委会，负责投资、建设、管理和招商，靖江市政府又在园区设立了正科级办事处，负责园区范围内征地拆迁、民政和计生等社会事务及开发建设协调工作。虽然办事处主任兼任管委会副主任，但办事处是靖江设立的，这种松散化、整合度偏低的组织形式，导致靖江办事处处理拆迁工作的压力巨大，不仅没有决定拆迁补偿的权力，而且拆迁工作难以推进。[①] 由于办事处还是靖江的，不是管委会的，管委会当然不会积极支持、负担其他机构进行的拆迁，靖江当然也不会拿自己的钱去补贴合作区的拆迁。这种分散化的问题，在深汕特别合作区也曾出现过。故应将各领域权力统一整体移交合作区管理机构统一行使，削减、降低不必要的环节和成本。2021 年，横琴粤澳深度合作区比较好地构建了统一、完整、专业化的管理体制。2023 年 4月 1 日起，广东省委省政府委托下放 159 项省级行政职权，支持横琴粤澳深度合作区的建设。深汕特别合作区、昆明西双版纳共建磨憨口岸城市，干脆直接委托一方管理了。

（三）合作方主体权力（权利）原则

合作方主体权力原则，是指合作区组织机构的设置应当确认合作方作为合作区的主体者、领导者的地位，确保合作方有效领导、管理合作区，有效行使领导、管理合作区的权力。同时，在合作区管理过程中，应公平维护各合作方的权益。合作方共同委托合作区以权力、组织合作区。合作区管理机构由合作方协商产生，执行合作方的意志，受合作方领导和监督，维护合作方的权益，对合作方负责。

1. 在合作区的组织中，要确立合作方代表机构为合作区的权力机构地位，合作区的一切重大事项，都须由其做出决定。2. 合作区的管理机构要按照合作方的意志管理合作区，合作方可以依照法律规定和合作协议的约定，通过各种途径和形式管理合作区的特定领域和事务。3. 在维护合作方地位平等的前提下，应适当照顾处于弱势地位的合作方。如果完全任由合作方自由合作，处于弱势地位的合作方往往处于不利地位，因此应适当照顾处于弱势地位的合作方，促

---

① 南焱. 一个省级开发区的联办困境［J］. 中国经济周刊，2014（04）：54-55.

使合作能够顺利进行下去。4. 当一方合作方利益受到侵犯时，利益受到侵犯的合作方应有获得法律救济的途径。如果合作方的权益受到侵犯，得不到及时救济，就可能导致合作方的合作无法再进行下去。

（四）合作方及合作区高效协同的原则

合作区既要保证合作方之间的协同，又要保证合作区管理机构内部的协同。合作区管理依靠合作方的高效协同作用的发挥。合作区通过各合作方的高效协同链接，达到合作区系统效能倍增的目的。协同原则在合作区管理中具有核心的地位和作用。科学构建高效协同的制度，对于增强合作区整体系统的协同程度、协同能力至关重要。应科学配置合作方协同的职责、权利、义务和责任。特别是设定、配置管理主责和协同义务，负有协同义务的合作方，应当积极协同配合承担管理主责合作方的要求和行动。当一方合作方听到另一方合作方的协同召唤时，应当予以积极支援与配合。

如果合作方协同不畅，协同出现迟缓，合作区的运行就会停滞，管理就会出现问题，发展的机会就可能会失去。在合作区管理中，要用制度保证"飞出地"合作方和"飞入地"合作方的高效协同，实现管理效能的最大化。合作区的管理，不仅需要合作之间的横向大协同，还需要合作区管理机构各部门的小协同，更需要合作方与合作区管理机构的纵向协同，这些都需要相关协同理论和制度的建设予以保证，都需要组织协同制度的支持。合作区应选择适合的协同模式，尽量在管理机构内实现协同。协同、协调一致的最好方法就是授予某一方以必要的权力或组建统一联合协同领导机构，由它去指挥和协调全体合作方实现共同的目的。

1. 合作方与合作方的协同。合作区由合作方共同组建，需要合作方的协同管理，没有合作方的紧密协同，合作区管理目标将难以实现。合作区一般设立在某一合作方的行政区域之内，当它由"飞出地"为主管理时，需要"飞入地"合作方的紧密协同，"飞入地"负有协同的义务，当它由"飞入地"为主管理时，需要"飞出地"的协同，"飞出地"负有协同的义务。合作方协同程度，决定合作区管理成效。而协同程度，需要建立协同的制度来加以保障。构建合作区管理机构时，需要组建确实能实现合作方有效深度协同的管理机构。

2. 合作区管理机构内部的协同。合作区管理机构由合作方共同组建，在合作区管理机构内部，合作区各部门要协同行使管理合作区的权力，这种协同是组织化程度较高的协同，这也需要合作权力的有效行使。

（五）明确管理主责和统一领导的原则

在共商、共建、共管、共享、共担的合法性和正当性框架之下，要明确合作方的管理主责，根据管理主责，配置管理权力。合作区是依靠合作方协作运行的特殊管理区域，合作区的组织管理，如同其他合作管理的组织一样，具有管理责任易混淆、权责易失衡、低效的倾向，很容易发生诿责争权的问题。因此要在机构组织上形成主责管理的态势，按照协商约定明确合作方的主从责关系和管理权利义务分担，形成责权统一的管理体制。防止权责脱节，有责无权，有权无责，权责不统一，进而影响合作区管理效能的情况发生。例如，深汕特别合作区就经历了从深汕共管到深圳主导的转变。

明确管理主责、责权一致是合作区组织运行的重要法则。承担从责的合作方，负有积极配合、协同的义务。主责要明确，责权要清晰，这是原则性的，在组织设计时就要明确管理主责，职能职责权利义务配置应要科学合理协调一致。只要共同立合作区就必须有明确的承担主责的主体和主从的合作方管理关系。但是这种管理上的主从责关系，并不代表合作方丧失对合作区的共有地位，只是合作方协商约定下的一种非永久、非固化的状态。这种主从关系，随着管理态势的变化，要进行适时的调整，一方如果不适合承担主责，经过合作方协商，适合的主体应马上接续承担主责。[①] 合作区的管理主责要按照谁有诚意、资源和能力，能高效管理好合作区，谁承担主责的原则进行配置。没有一定要由哪一个主体管理的固定的框框限制。标准就在于能够管理好、发展好合作区，能够全心全意为合作区服务，守法公正，有管理能力，履职尽责，廉洁高效。合作区管理的关键，就是谁能更好依法高效办事，谁能带来合作区面貌的改观，谁就管理合作区，大家主要关心的是合作区管理和发展的好坏、收益多寡，谁能把合作区管理得更好谁就管理合作区。合作区本身是次级区域，合作区的管理是一种将行政区域政府的经济社会职能和区域资源进行再配置的方式。合作区制度本质上是国家将部分经济社会发展权力配置给有能力管理好、能发展好合作区的主体进行管理的方式，以市场化+行政化的方式，实现经济社会行政管理职能和资源的最优配置。

（六）对权力运行的制约和监督的原则

在权力运行过程中，权力不受到监督和制约就会被滥用，进而侵犯到其他

①　朱永新，刘伯高，杨树兵，薛晴. 中国开发区组织管理体制与地方政府机构改革［M］. 天津：天津人民出版社，2001：139.

主体的合法权益。科学分工、分权、对权力制约平衡，是一种组织控制权力的方式，要求权力的分工与集中达成和谐平衡的动态关系，该分的时候分，该合的时候合，以控制权力既能够高效合理运行，又不会违法和不正当、低效地行使。分工、分权与集中、统一是辩证统一的，相互交织的，既要分工、分权，又要集中、统一。

合作区的管理权力要进行科学的分工。国家权力分为立法权、行政权、监察权、司法权，立法权要能够控制行政权、监察权、司法权，权力要分工由不同的主体执掌，立法权以合作方民主协商的方式行使，行政权以集中高效的方式行使，监察权以政治的方式行使，司法权以专业判断的方式行使。为了使合作区权力高效行使，防止权力滥用，合作区的权力也要进行分工，在合作区初创阶段要分为决策权、执行权、监督权，并由不同的专门机构来行使，后期还可以根据管理需要再精细划分和组织联结。合作区决策、执行、监督之间形成分工、制衡的关系，以保障合作区的正常管理和相关方的合法权益。

（七）稳定性、持续性原则

合作区的存续取决于合作的存续，合作方合作不稳定，合作区就会不稳定，区域发展目标就难以达成。保证合作方合作的稳定性、持久性是合作区机构组织和活动的基本原则。应尽量减少合作方因微小利益的波动而对合作区稳定性造成的冲击。应当构建合作区利益波动的吸纳机制。只有合作稳定，合作方及合作区才不会受到利益波动的影响，而输出持续的动力。制度化的方式是保证合作区稳定、持久的基本方式。应系统构建维持合作区稳定性、持续性的体制机制，以制度化的方式精准消除影响合作稳定性、持久性的问题，防止短期投机行为，建立长期科学分担责任成本、长期公平分配收益的制度。

（八）合法性原则

合法性是合作区机构组织和活动的基本原则。丧失合法性，合作区机构将丧失存在的意义和资格。合作区管理机构合法性包括：合作区应实现正当的区域发展目标；设立合作区必须获得上级政府的授权；合作方之间应平等、自愿、公正订立合作协议并且合作协议应得到切实执行，有关合作协议方面的争端能够获得公正有效的救济；合作方的正当权益和住在合作区居民的权益应获得尊重和保护；上级政府不得非法干预合作方的正常合作行为；合作方及合作区也不应侵犯上级政府的管理与法益；合作区的机构组织和活动不应违反法治的精神和价值，应维护法治的统一和尊严。

## 第四节 地方政府间合作区的组织机构构想

合作方根据不同的区域情况和经济发展目标，可以设置"飞入地"政府主责型合作区（简称"飞入地"主责型合作区）、"飞出地"政府主责型合作区（简称"飞出地"主责型合作区）、"飞入地"政府和"飞出地"政府共同主责型合作区（简称"共同"主责型合作区）。这里的主责主要指担负合作区的领导管理职责。[①]

### 一、"飞入地"主责型合作区组织机构

"飞入地"主责型合作区组织机构由以下几个机构组成。1. 协调、协商机构——协调工作委员会。它是由合作方代表共同组成的有关合作区协商协调工作机构。2. 合作区管理机构。它由"飞入地"政府领导。3. 监察机构。它是由"飞入地"派出的。4. 审判机构和检察机构。它们是由"飞入地"派出的。"飞入地"主责型合作区组织机构的责权利要与"飞入地"的主责地位相匹配，同时应兼顾"飞出地"的权益。

（一）"飞入地"主责型合作区协调工作委员会

1. 概念

"飞入地"主责型合作区"协调工作委员会"是合作方协商、决策、监督合作区工作的机构，其以举行合作方协商工作联席会议的形式行使权力。它是为了加强合作方之间的沟通和协商而设立的。它周期性地组织召开"协商联席会议"，由合作方共同协商、决定合作区的重大事务，监督合作区管理机关的权力运行情况。"飞出地"政府通过参加"合作方协商工作联席会议"的形式，参与合作区的管理，提出自己的意见和要求，并和"飞入地"政府共同决定合作区的重大事项，监督合作区的工作。"协调工作委员会"由合作方按照协议约定选派代表组成。[②]

"飞入地"主责型合作区"协调工作委员会"是合作区的必设机构，但是

---

① 卢伟. 打造区域经济合作新模式［N］. 经济日报，2021-07-05（12）.

② 陈强，岳萍. 四国六方齐聚 共续区域合作 中俄哈蒙阿尔泰区域合作国际协调委员会召开第九次工作会议［J］. 中亚信息，2010（08）：32-37.

属于非常设机构。该机构根据法律、合作区共建合作协议的规定、合作方的授权，享有特定的权力和性质。

它依据相关法律的规定和合作协议的约定，合作方的授权，通过组织召开由全体合作方代表参加的"协商联席会议"，研讨、商议、决策有关合作区的重大事项，通过协商讨论、达成共识、共同决定合作区的重大事项。

2. 特征

"飞入地"主责型合作区"协商协调工作委员会"是一种强化合作方之间协商和沟通的协商工作机构，具有决策、监督等多种职能，依据合作方的共同授权行使权力。

（1）"飞入地"主责型合作区"协商协调工作委员会"是合作方地方政府的代表机构，代表合作方的意志和利益。由合作方对等委派代表组成，合作区的共同属性在该机构得以集中体现。合作方通过召开"协商联席会议"，提出合作区的协商意见和要求。

（2）"飞入地"主责型合作区"协商协调工作委员会"是合作方地方政府间进行协调和协商的机构。合作方协同治理合作区，合作方的协同关系在该机关得以协调。合作方之间出现的利益冲突在该机构协商、协调，合作方的相关诉求通过该机构得以反映。

（3）"飞入地"主责型合作区"协商协调工作委员会"也可以是合作区的权力机构。应根据合作方的协商授权确定其性质和地位，依据授权享有一定的合作区的决策权、领导权、监督权。合作方通过其组织召开的"协商联席会议"协商、决定合作区的重大事项。

（4）"飞入地"主责型合作区"协商协调工作委员会"是合作区的必设机构。"协调工作委员会"应定期性、周期性地召开举行"协商联席会议"。"协调工作委员会"的产生、职能、职权等事项，有法律的从其规定，没有法律的，依据合作协议约定。

3. 组成

"飞入地"主责型合作区"协商协调工作委员会"由各合作方委派代表组成。委派的代表应为合作方地方政府机构的主要领导成员，以发挥其实质性的协调、决策、监督作用。"飞入地"主责型合作区"协商协调工作委员会"组成人员的结构要体现"飞入地"地方政府主责的特点。"飞入地"人员担任协调工作委员会的正职领导。"协调工作委员会"按照约定，周期性地组织召开有关会议。合作方认为必要时可以临时召开有关会议。

4. 职权

"飞入地"主责型合作区"协商协调工作委员会"的主要职责是代表合作方的意志和权益，负责统筹推进合作区的整体工作，加强合作方之间的沟通，协调合作方的合作，决定合作区的重要事项，实现合作方代表的定期会晤。"协调工作委员会"依据法律法规授权、合作协议的约定、合作方的依法委托而享有权力，协调处理合作区的重大事务。它起到了调节合作方关系，协同治理合作区的作用。

"飞入地"主责型合作区"协调工作委员会"应根据授权领导、监督合作区的工作。依据合作协议的约定和合作方的共同授权，"协调工作委员会"可以行使下列职权：

（1）在本合作区内，保证宪法、法律、行政法规、上级人民代表大会及其常务委员会决议和上级人民政府命令和决议的遵守和执行，保证国家计划和国家预算的执行；

（2）解释共建合作区合作协议、监督共建合作区合作协议的执行；

（3）审查和批准本合作区内的国民经济和社会发展规划纲要、计划和预算及其执行情况的报告，审查监督合作区管理机构的债务，监督合作区管理机构对国有资产的管理；

（4）讨论、决定合作区内的行政、经济、教育、科学、文化、卫生、生态环境保护、自然资源、城乡建设、民政、社会保障、民族等工作的重大事项和项目；

（5）参与决定任免合作区管理机构的主要工作人员；

（6）听取和审议合作区管理机构的工作报告；

（7）改变或撤销合作区管理机构的不适当的决定和命令；

（8）保护合作方的合法权利和利益；

（9）保护公有的财产，保护公民私有财产，维护社会秩序，保障公民的人身权利、民主权利和其他权利，保障各经济组织的合法权利，保障少数民族合法权益，保障宪法和法律赋予的男女平等权利；

（10）对合作区的变更，解散等事项做出决议；

（11）通过协商修改合作区共建合作协议；

（12）享有合作方共同授予的其他职权。

（二）"飞入地"主责型的合作区管理机构

1. 概念

"飞入地"主责型合作区管理机构是按照法律规定、合作协议的约定，并经上级政府有权机关批准，由"飞入地"政府派出产生的合作区的管理机构。其由"飞入地"政府直接负责管理，是"飞入地"政府的派出机构。依据合作方的共同委托授权行使合作区的管理权力。

由于"飞入地"主责型的合作区管理机构是"飞入地"政府的派出机构，所以主要成员由"飞入地"政府委派。它是管理合作区的主要机构，依据合作方的授权行使合作区的重要的领导、管理权力。

2. 特征

（1）"飞入地"主责型合作区管理机构依据合作协议由"飞入地"政府领导，执行"飞入地"政府的行政命令，同时也要执行"协商联席会议"做出的决定。其依据法律规定和合作协议的约定由"飞入地"政府产生，也可以授权通过举行"协商联席会议"协商产生有关人选。

（2）"飞入地"主责型合作区管理机构作为合作区的行政管理机构，行使合作区的一般性的日常事项的决策权和行政管理权，管理合作区的日常工作，依据法律法规的授权、合作方的委托行使职权。

（3）它也是合作区的日常对外代表机构。"飞入地"主责的合作区管理机构除了是执行合作区日常管理事务的主体，还可以在日常对外活动中代表合作区。

（4）"飞入地"主责型合作区管理机构是合作区的常设行政管理机构，负责管理合作区日常事务。

3. 组成

"飞入地"主责型合作区管理机构由主任一人、副主任、委员若干人组成。合作区管理机构的主要成员，主任由"飞入地"政府人员担任，部分副主任、委员可以由"飞出地"政府人员担任，但应通过"协商联席会议"协商决定人选。合作区管理机构组成人员的任期与产生它的合作方地方政府的任期相同。

4. 职权

在合作区内，保证宪法、法律、行政法规和上级人大决议和政府命令的遵守和执行，执行合作方协调会议通过的重大决定，依据授权全面负责合作区的经济社会管理、生态环境保护等工作。

（三）"飞入地"主责型合作区监察机构

"飞入地"主责型合作区的监察机构对合作区所有行使公权力的公职人员进行监察，开展廉政建设和反腐败工作，是监督合作区公权力是否依法依纪运行的机构。其由"飞入地"的监察机关派出，"飞出地"的监察机关有权参与协商决定相关人选。

（四）"飞入地"主责型合作区的审判机构和检察机构

"飞入地"主责型合作区的审判机构是审判管辖合作区司法案件的机构。其由"飞入地"的审判机关派出，"飞出地"的审判机关有权参与协商决定相关人选。

"飞入地"主责型合作区的检察机构是检察管辖合作区司法案件的机构。其由"飞入地"的检察机关派出，"飞出地"的检察机关有权参与协商决定相关人选。

## 二、"飞出地"主责型合作区组织机构

"飞出地"主责型合作区组织机构由"协商协调工作委员会"、合作区管理机构、合作区监察机构、合作区审判机构和检察机构组成。"飞出地"主责型合作区组织机构的责权利要与"飞出地"政府的主责地位相一致，同时应兼顾"飞入地"的权益。

（一）"飞出地"主责型协调机构

1. 概念

"飞出地"主责型"协商协调工作委员会"是合作区合作方的协调、协商机构。"飞出地"主责型"协调工作委员会"依据法律规定和合作协议的约定享有一定的领导权力和监督权力，其周期性地组织召开"协商联席会议"商议、决策合作区的重大事项，监督合作区的工作。"飞入地"地方政府通过其组织举行的"协商联席会议"，参与合作区的管理。"协调工作委员会"是合作区的必设机关，但非常设机构。"飞出地"主责型合作区，由于合作区的工作全部由"飞出地"政府主导，所以"飞出地"政府更应重视和"飞入地"政府的协商、沟通工作，把双方在合作过程中可能产生的冲突和矛盾，在萌芽状态时就予以化解。这也是"飞出地"主责型"协调工作委员会"的一项主要工作任务。"飞出地"主责型合作区的"协调工作委员会"由合作方按照协议约定选派代表组成。

"飞出地"主责型"协商协调工作委员会"定期举行有关会议,"飞入地"和"飞出地"可以协商关于合作区管理和发展的事项。特别是"飞入地"合作方可以提出相关建议和意见。合作方之间也可以共同行使合作区的决策权力。在"飞出地"主责合作区形式下,"飞出地"主责型协调工作委员会举行的协商联席会议,是"飞入地"合作方政府参与合作区管理的主要途径。

2. 特征

(1)"飞出地"主责型"协商协调工作委员会"是全体合作方的代表机构,代表合作方的意志和利益,由合作方地方政府对等委派代表组成,体现了合作区为全体合作方的共同属性。

(2)依据法律规定、合作协议的约定确定其性质和地位,合作方通过"协调工作委员会"定期组织召开的"协商联席会议"商讨、决定合作区的重大事项。

(3)它也是合作区的决策机构,决定合作区的重大问题。合作方关于合作区的合作治理、思想和行动统一、利益冲突协调主要在"协调工作委员会"组织召开的合作方协调会议框架内解决。

(4)"飞出地"主责型"协商协调工作委员会"依据合作协议约定享有一定的合作区的领导权、决策权、监督权。其是合作区的法定必设机构和非常设机构。

3. 组成

"飞出地"主责型"协商协调工作委员会"由合作方地方政府对等委派代表组成或按照共建合作区合作协议约定委派代表组成。由"飞出地"地方政府人员担任正主任,"飞入地"地方政府人员担任副主任。合作方地方政府委派的代表应为合作方地方政府的主要领导成员和部门成员,以发挥其实质性地协调、领导、决策、监督作用。

"飞出地"主责型"协商协调工作委员会"应周期性地召开会议,以便协商决定合作区的重大事项。合作方认为如果有必要时也可以临时举行会议。可以两个月举行一次会议,或一季度举行一次会议,或半年、一年举行一次会议。

4. 职责

"飞出地"主责型"协商协调工作委员会"的主要职责是代表合作方的意志和权益,负责统筹推进合作区的整体工作,协调合作方的合作,协商决定合作区的重要事项，协调处理合作方地方政府重大关切的问题，实现合作方代表的定期会晤。"协商协调工作委员会"依据合作方地方政府合作协议的约定享有一定的权力，协调处理合作区的重大事务。它起到了调节合作方关系，协同治理合作区的作用。

(二)"飞出地"主责型合作区管理机构

1. 概念

"飞出地"主责型合作区管理机构是按照法律规定、合作协议的约定，经有权机关批准，由"飞出地"政府派出产生的机构。其由"飞出地"政府直接领导。"飞出地"政府对合作区承担主要的领导职责。合作区管理机构相当于"飞出地"政府的下辖机构。

它是"飞出地"政府的派出机构。其主要成员由"飞出地"政府或合作方"协商联席会议"协商产生。依据合作方的授权行使对合作区的管理权力，合作区管理机构执行"协商联席会议"做出的决定。

2. 特征

(1)"飞出地"主责型的合作区管理机构，由"飞出地"政府领导，执行"飞出地"政府的命令，同时也要执行"协商联席会议"做出的决议。

(2)"飞出地"主责型合作区管理机构依据法律法规的授权和合作方的委托行使职权。它也是合作区的日常对外代表机构。在对外活动中代表合作区。

(3)"飞出地"主责型管理机构，是合作区的行政管理机构，是合作区的常设管理机构，负责管理合作区的日常事务。

3. 组成

"飞出地"主责型合作区管理机构由主任一人、副主任、委员若干人组成。主任由"飞出地"人员担任，副主任、委员由"飞入地"和"飞出地"人员担任。"飞出地"主责型合作区管理机构主要领导成员由"飞出地"政府委派，或通过"飞出地"主责型协调工作委员会组织召开的"协商联席会议"协商，决定相关人选。"飞入地"合作方可以选派副职领导人员或相关部门成员担任管理机构有关部门的正或副职职务。

4. 职权

在本合作区内，保证宪法、法律、行政法规和上级人大及常委会决议和政府命令的遵守和执行。全面负责管理合作区的经济社会发展等工作。执行"协商联席会议"做出的重大事项的决议。

（三）"飞出地"主责型合作区监察机构

"飞出地"主责型合作区的监察机构对合作区所有行使公权力的公职人员进行监察，开展廉政建设和反腐败工作，是监察合作区公权力依法依纪运行的机构。其应由"飞出地"的监察机关派出，"飞入地"的监察机关有权参与协商决定相关人选。

（四）"飞出地"主责型合作区的审判机构和检察机构

"飞出地"主责型合作区的审判机构是审判管辖合作区司法案件的机构。其应由"飞出地"的审判机关派出，"飞入地"的审判机关有权参与协商决定相关人选。

"飞出地"主责型合作区的检察机构是检察管辖合作区司法案件的机构。"飞出地"主责型合作区的检察机构应由"飞出地"的检察机关派出，"飞入地"的检察机关有权参与协商决定相关人选。

### 三、"共同"主责型合作区组织机构

"共同"主责型合作区也并非绝对的平均分配管理责任，只是在形式上相较"飞入地"主责型合作区或"飞出地"主责型合作区，承担的管理责任更趋均衡，但在实际管理中不可避免地还是会侧重于某一方，一方的责任还可能会更大一些，但不影响共同负责管理的主基调。有些合作区因为合作方两地客观情况有所不同，因此不适于完全明确由哪一方承担主责，要求更强的共同管理的合法性、正当性的形式。合作方之间的地位要求更加平等，合作区更需要合作方的共同决策、共同管理、共同监督，因而需要合作方之间的高度协同配合工作。

"共同"主责型合作区组织机构类型适用于合作方在区域性质方面存在着一定差异、关系比较复杂、有管辖权委托障碍，或合作方实力接近，存在需要深度协同的治理情况。例如，横琴深度粤澳合作区涉及"一国两制"的问题，就需要这种深度共同协同型的组织机构形式。民族自治地方与一般地方建立的合作区，也可以适用这种类型的组织机构形式。

（一）"共同"主责型合作区决策机构

1. 概念

"共同"主责型合作区决策机构是权力决策机构，它代表合作方的意志和利益决定合作区的重大事项。"共同"主责型合作区决策机构——合作区决策委员

会，运用协商的方式，以组织召开"联席会议"的形式，对合作区的重大事项和重要人事任免进行决策。

2. 性质和地位

"共同"主责型合作区决策委员会是合作区的重大决策机构，它也是全体合作方的代表机构、协调机构，代表全体合作地方的意志和权益，统筹协调合作方的行动，由合作方对等委派代表组成。

它也是合作区的监督机构，监督合作区管理机构的工作和权力的行使，监督合作区的工作。其是共同主责型合作区的必设机构。它保证了合作区的合法性和正当性。

3. 组成

"共同"主责型合作区决策委员会由主任、副主任、委员、秘书长若干人组成，应采用双主任或多主任制。双主任或多主任人选由"飞入地"和"飞出地"人员共同担任。

合作区委员会由合作方共同组建，由各合作方委派代表组成。组成人员，应从合作方地方政府机构中产生。合作区管理委员会的任期，与合作方政府每届任期相同。

4. 职责

"共同"主责型合作区决策委员会的主要职责是代表合作方的意志和权益，负责统筹推进合作区的整体工作，决定合作区的重要事项，协调处理合作方地方政府重大关切问题，实现合作方代表的定期会晤。"共同"主责型合作区决策委员会依据法律的规定或合作协议的约定而享有决策的权力，它可以决策、领导、监督、协调处理合作区的重大事务。

（二）"共同"主责型合作区管理机构

1. 概念

"共同"主责型合作区管理机构——合作区执行委员会，负责合作区日常行政管理工作。

2. 特征

"共同"主责型合作区管理机构——合作区执行委员会，由合作区决策机构——合作区决策委员会，决定其人选。

它是"共同"责任型合作区的行政管理机构。行使合作区的一般性的日常事务决策权、行政管理权，负责合作区的日常事务的管理，依据法律法规的授权和合作方的委托行使职权。

"共同"主责型合作区管理机构是合作区的日常对外代表机关。它不仅是管理合作区日常事务的主体，而且在对外活动中代表合作区。

3. 组成

"共同"主责型合作区管理机构由执行主任、执行副主任、执行委员组成。执行主任原则上应由一人担任。其他成员应由合作方政府行政机构人员、合作区所在地工作人员参加，以协助做好涉及合作方合作方面的工作。

4. 职责

在本合作区内，保证宪法、法律、行政法规和上级人大及常委会决议和政府命令的遵守和执行。全面负责合作区的经济社会发展各项事务。执行合作区决策委员会所通过重大事项的决定。

（三）"共同"主责型合作区监察机构

"共同"主责型合作区的监察机构对合作区所有行使公权力的公职人员进行监察，开展廉政建设和反腐败工作，是监察合作区公权力依法依纪运行的机构。其是合作方的监察机关的派出机构，应由合作方的监察机关协商共同组建。

（四）"共同"主责型合作区的审判机构和检察机构

"共同"主责型合作区的审判机构是审判管辖合作区司法案件的机构。合作区的审判机构应由合作方的审判机关协商共同组建。

"共同"主责型合作区的检察机构是检察管辖合作区司法案件的机构。合作区的检察机构应由合作方的检察机关协商共同组建。

# 第七章

# 广东省地方政府间合作区法制建设和体制机制改革经验

## 第一节　广东顺德清远（英德）经济合作区法制建设经验

广东顺德清远（英德）经济合作区的前身是"广东顺德（英德）产业园"，位于清远市英德市英红镇和横石塘镇境内，规划面积36平方公里。2010年12月，佛山市顺德区政府和英德市政府签订了《区域经济合作协议》，决定共建"广东顺德（英德）产业园"，由佛山市顺德区主导。① 2011年12月，广东省委、省政府批复同意《广东顺德清远（英德）经济合作区实施方案》，"广东顺德（英德）产业园"升级为广东顺德清远（英德）经济合作区。2019年，更名为广德（英德）产业园。广东顺德清远（英德）经济合作区管理委员会为广东省政府派出机构。管委会设有5个内设机构和2个事业单位，分别是党工委办公室（行政事务局）、规划建设国土局、招商与经济发展局、财政局、社会事务局、土地储备中心、公共资源交易中心。②

广东省人民政府赋予广东顺德清远（英德）经济合作区管理委员会地级市经济管理权限。为了规范广东顺德清远（英德）经济合作区管理委员会经济管理权限的行使，保障合作区建设和管理，促进合作区科学发展，广东省人民政

---

① 李子豪. 清远"两德"飞地产业园发展的探讨 [J]. 韩山师范学院学报, 2016, 37 (06): 99-104.

② 广东顺德清远（英德）经济合作区管委会. 广东顺德清远（英德）经济合作区组织架构 [EB/OL]. 广东顺德清远（英德）经济合作区管理委员会网站, 2022-01-11.

府制定《广东顺德清远（英德）经济合作区管理服务规定》。① 在此政府规章第九条规定，委托合作区管理机构行使法律、法规、规章规定的，由地级市人民政府及其部门行使经济管理权限。从法律层面上，赋予了广东顺德清远（英德）经济合作区行使地级市经济管理权限，从而实现了由行政授权转变为法律授权的过程，为顺德清远（英德）经济合作区的发展提供了法律保障。

由于佛山市顺德区政府和英德市政府签订的《区域经济合作协议》属于行政协议，它的法律规范效力有限，所以广东省人民政府通过制定政府规章的方法，从法律的层面对飞地经济园区的管理权力进行了授权。地方政府规章属于我国法律体系的内容。《立法法》第九十三条规定，省、自治区、直辖市和设区的市、自治州的人民政府，可以根据法律、行政法规和本省、自治区、直辖市的地方性法规，制定规章。

在两德合作区管理职能分工上，佛山市顺德区具体负责合作区开发建设运营等经济事务管理。英德市具体负责社会事务管理。两德合作区的大部分业务都涉及两地的关系，佛山市顺德区派驻两德合作区的纪检组对英德市没有监督权，只有监督合作区内部的事务的权力。由于管理和监督权限有所区分和制约，造成了监督和监管工作存在空缺的地方。针对这种情况，佛山市顺德区和英德市两地纪委联合制订了《建立"两德"园重点工作监督联动机制的工作方案》，两地纪检部门创新成立了合作联动监督工作组，工作组负责对属地英红镇和横石塘镇涉及的合作区事项进行监督，主要对"两德"园区建设的重点工作开展联合督查工作，包括徇私舞弊、截留拖欠、挪用征地补偿款等多个监督重点。此项工作的开展，对两德合作区建设开发过程中一些重点难点问题的解决，取得较好的成效。②

在广东省人民政府制定的有关广东顺德清远（英德）经济合作区规范性文件精神的指引下，广东顺德清远（英德）经济合作区建立了党风廉政建设责任制度、重大事项集体决策制度，还加强了招投标管理、财政资金管理、行政审批、建设工程管理、企业服务等项制度的建设。严格管理接待费、会议费、培

---

① 金利霞，张虹鸥，殷江滨，等. 基于新区域主义的广东省"核心—外围"区域合作治理：以广东顺德清远（英德）经济合作区为例 [J]. 经济地理，2015，35（04）：19-25.

② 彭巧云. 顺德英德两地纪委创新监管机制为两德合作区保驾护航 [N]. 珠江商报，2017-06-22（02）.

训费、差旅费等，从源头抑制了腐败的发生。①

法治政府的基本特征是公开透明。行政公开是当代行政法律制度的生命。②全面推进政务公开，能够让人民群众更好地对政府工作进行监督，保障人民群众的知情权、参与权、表达权，有利于发展社会主义民主政治，增强政府公信力和执行力，有助于让权力在阳光下运行，从而推动法治政府的建设。广东顺德清远（英德）经济合作区管委会这方面工作做得比较好。

2021 年，广东顺德清远（英德）经济合作区认真贯彻执行《中华人民共和国政府信息公开条例》，认真贯彻国家和省、市、区关于政府信息公开的有关要求，结合合作区的工作实际，依法行政，努力提高信息公开工作水平。合作区通过公布"广东顺德清远（英德）经济合作区 2021 年政府信息公开工作年度报告"，主动向社会公开政府信息情况，公开行政复议、行政诉讼情况及存在的主要问题和改进情况，主动接受人民群众的监督。合作区始终坚持依法行政的原则，规范行使职权，把建设人民满意的服务型政府作为一项重要工作任务去落实，通过合作区网站及时公开园区工作信息，不断提高工作透明度，使上级政府和相关部门、公众获取信息的途径更加便捷，与群众的沟通更为畅通。合作区根据国家和省、市、区的相关工作要求，快速公布合作区有关立项审批、环保审批等政府信息，极大地促进了广东顺德清远（英德）经济合作区"阳光化"行政。③

## 第二节　深汕特别合作区法制建设和改革经验

深汕特别合作区位于粤港澳大湾区的最东端，广东省汕尾市海丰县境内，西、北部与惠州市惠东县接壤，南临红海湾，包括鹅埠、鲘门、小漠、赤石四个街道，总面积 468.3 平方公里。现是深圳市的经济功能区，是近年来深圳经

---

① 李丹．"飞地经济"监管模式探索［J］．党风，2022（01）：12-13．

② 曹鎏．论我国法治政府建设的目标演进与发展转型［J］．行政法学研究，2020（04）：114-132．

③ 广东顺德清远（英德）经济合作区管委会．广东顺德清远（英德）经济合作区 2021 年政府信息公开工作年度报告［EB/OL］．广东顺德清远（英德）经济合作区管理委员会网站，2022-01-11．

济发展最快的地方，也是我国地方政府间合作区开发建设的成功典型。① 深汕特别合作区的发展并不是一帆风顺的。深汕特别合作区的前身是深圳为了解决劳动力成本上升、土地资源不足的问题，与汕尾在汕尾市海丰县共同建立的深圳（汕尾）产业转移工业园。汕尾市海丰县是广东省最贫困的县。2011 年，广东省委、省政府为了探索解决区域发展不平衡的新途径，解决海丰县经济发展长期落后的问题，决定在海丰县赤石、小漠、鹅埠、鲘门最贫困的四个镇的地域建立深汕特别合作区，广东省委、省政府在深汕特别合作区设立之初，就对其发展进行了仔细谋划，在开发建设中注重法制建设，不断创新体制机制，使汕尾市海丰县这个最贫困的地区彻底改变了面貌。② 为全国区域协调发展提供了可借鉴的全新经验。

2011 年，广东省委、省政府下发的文件，将深汕特别合作区管理委员会定位为广东省政府的派出机构，并授予地级市经济管理权限。虽然深汕特别合作区管理委员会当时是广东省政府的派出机构，但是实际上广东省政府是委托深圳、汕尾两市共同管理深汕特别合作区。

在我国，飞地经济发展方面搞得比较好的地方是江苏省苏州产业园，其占地面积达到 278 平方公里，是新加坡政府和中国政府共同建设的飞地经济园区。虽然苏州产业园规模较大，但是它远不如深汕特别合作区大。深汕特别合作区总面积为 468.3 平方公里。其发展思路相较于苏州产业园的发展思路，更具有前瞻性，思路更开阔。

## 一、在实践中注重法制建设

深汕特别合作区的早期是在政策指导下开发建设的。2011 年，广东省委、省政府批复通过了《深汕（尾）特别合作区基本框架方案》，这一文件的出台标志着深汕特别合作区的正式成立。因为广东省那时还没有制定有关深汕特别合作区的政府规章，所以主要是由上级政府制定的政策指导深汕特别合作区的开发建设。2011 年，广东省委、省政府批复通过的《深汕（尾）特别合作区基

---

① 王璇，邹艳丽."飞地经济"空间生产的治理逻辑探析：以深汕特别合作区为例 [J]. 中国行政管理，2021（02）：76-83.

② 朴飞，魏晓明.深汕特别合作区设立和发展的创新思路探讨 [J]. 经济研究导刊，2019 (36)：37-38，53.

本框架方案》，这个文件指导了深汕特别合作区成立之初工作的开展。① 自 2011 年 5 月深汕特别合作区授牌成立以来，由于体制未理顺等原因，其发展一度停滞，直至进入 2014 年，各项工作才得以全面展开。2014 年 11 月，《深汕（尾）特别合作区发展总体规划（2015—2030 年）》颁布后，深汕特别合作区逐步完善了市政道路、供水、供电等基本服务功能，签约项目和社会资源开始加速入驻。2014 年 10 月 31 日，汕尾市政府发布《关于深汕特别合作区管理委员会实施的经济管理权限事项目录（第一批）的公告》，通过此公告委托授权深汕特别合作区管理委员会 31 项地级市经济管理权限，实施部分市一级经济管理权限，从政策层面给予合作区对部分经济管理权限放权。②

2011 年，深汕特别合作区设立时，其党工委、管委会是广东省委、省政府的派出机构。为了进一步规范深汕特别合作区管理委员会行使的职能，保障合作区建设和管理，促进合作科学发展，2015 年 7 月 23 日，广东省政府出台了《深汕特别合作区管理服务规定》（简称《管理服务规定》），以政府规章的形式确立了合作区管理机构行使的职权的合法性，使深汕特别合作区管理进入"有法可依"的阶段。③

为了规范深汕特别合作区管理机构行使职能，在《管理服务规定》第五条中明确规定，深圳市人民政府和汕尾市人民政府建立两市联席会议决策机制，负责指导、协调和解决合作区建设和管理中的重大问题。在第六条中规定，合作区经省人民政府批准，设立合作区管理机构，行使地级市一级经济管理权限。在第十七条中规定：合作区管理机构可以根据合作区发展需要，制定规范性文件，在合作区管辖区域内实施。这些规定有效地解决了深汕特别合作区在发展过程中面临着管委会主体资格不明确的问题，使其依法执政有了法律依据。《管理服务规定》一经公布，引起社会极大反响。其作用被媒体誉为搬走了压在深汕特别合作区身上的三座"大山"。一座是深汕特别合作区的主体资格问题。这

① 周洋. 管治视角下的城市管理体制研究：以深汕特别合作区为例 [C] //中国城市规划学会，东莞市人民政府. 持续发展　理性规划：2017 中国城市规划年会论文集. 北京：中国建筑工业出版社，2017：637-652.

② 周洋. 管治视角下的城市管理体制研究：以深汕特别合作区为例 [C] //中国城市规划学会，东莞市人民政府. 持续发展　理性规划：2017 中国城市规划年会论文集. 北京：中国建筑工业出版社，2017：637-652.

③ 周洋. 管治视角下的城市管理体制研究：以深汕特别合作区为例 [C] //中国城市规划学会，东莞市人民政府. 持续发展　理性规划：2017 中国城市规划年会论文集. 北京：中国建筑工业出版社，2017：637-652.

个政府规章解决了深汕特别合作区建设和发展中的一个关键性问题，即它的主体资格问题。广东省虽然赋予了深汕特别合作区地级市经济社会管理权限，但是深汕特别合作区管理机构只是广东省政府的派出机构，它不是一级地方政府，因此它行使的权力没有得到法律授权。深汕特别合作区管委会要真正实现广东省委、省政府的意图，就要确实保证其能够行使地级市一级的经济社会管理权限，而《管理服务规定》的颁布，恰恰解决了这个难题。另外，被认为一座大山的是行政授权转化为法律授权的问题。有关深汕特别合作区管委会行使地级市管理权限的具体范围、程序及执法体制的问题、职权调整的方式等，在《管理服务规定》中对这些事项都进行了明确规定。最后一座大山是深汕特别合作区管委会行使职权的法律救济问题。①

《立法法》第九十三条中规定，应当制定地方性法规但条件尚不成熟的，因行政管理迫切需要，可以先制定地方政府规章。② 广东省政府审时度势根据深汕特别合作区发展的实际情况及时制定了《管理服务规定》。广东省政府通过制定政府规章——《管理服务规定》的方式规范了地方政府间的合作行为，规范了深汕特别合作区行使地级市的管理权限，并将深汕特别合作区实行的创新性措施进一步规范化，促进了深汕特别合作区的法治建设工作，从法律层面为深汕特别合作区的健康有序发展提供了可靠的保障，为进一步营造深汕特别合作区的法治化的发展环境奠定了坚实的基础。③

2015 年，广东省有关深汕特别合作区的政府规章及时颁布实施，标志着深汕特别合作区在法制建设方面，在全国迈出了领先的一步。按照深汕特别合作区的发展规划，深汕特别合作区的建设将长达几十年，如果单用制定政府规章的办法对深汕特别合作区的管理机构授权不是长久之策，所以广东省《关于深汕特别合作区体制机制调整方案的批复》（简称"体制机制调整方案"）中明确提出要由广东省人大制定《深汕特别合作区的发展条例》，进一步以省人大制定

---

① 陈晓薇. 全国首个省级合作区立法［N］. 深圳商报，2015-07-27（A04）.

② 《立法法》第九十三条规定："省、自治区、直辖市和设区的市、自治州的人民政府，可以根据法律、行政法规和本省、自治区、直辖市的地方性法规，制定规章。"第九十三条还规定："应当制定地方性法规但条件尚不成熟的，因行政管理迫切需要，可以先制定地方政府规章。规章实施满两年需要继续实施规章所规定的行政措施的，应当提请本级人民代表大会或者其常务会议制定地方性法规。没有法律、行政法规、地方性法规的依据，地方政府规章不得设定减损公民、法人和其他组织权利或者增加其义务的规范。"

③ 陈晓薇. 全国首个省级合作区立法［N］. 深圳商报，2015-07-27（A04）.

的地方性法规的形式规范合作区的体制机制。我国地方性法规的效力高于本级和下级地方政府规章。为了落实这一决策，2022 年，广东省人大预备审议项目中就有《深汕特别合作区发展条例》。① 深汕特别合作区未来发展中，合作区管理机构的权力将从省级地方政府规章的授权，上升到省人大制定的地方性法规的授权高度。②

**表 1 深汕特别合作区法治化建设和管理体制改革进程**

| 时间 | 文件名称 | 批复机关 | 主要内容 | 法律效力 |
|---|---|---|---|---|
| 2011 年 2 月 11 日 | 《深汕（尾）特别合作区基本框架方案》 | 广东省委、省政府 | 正式成立深汕特别合作区 | 省级政府政策文件 |
| 2013 年 8 月 8 日 | 《关于优化深汕（尾）特别合作区体制机制加快合作区建设发展的会议纪要》 | 广东省政府工作会议 | 优化调整深汕特别合作区管理体制 | 省级政府政策文件 |
| 2014 年 4 月 14 日 | 《关于优化深汕特别合作区体制机制进一步加快合作区建设发展的若干意见》 | 深圳、汕尾两市党政联席会议审议通过 | 响应省政府政策精神，细化落实深汕特别合作区管理体制工作路径 | 市级政府政策文件 |
| 2014 年 10 月 31 日 | 《关于深汕特别合作区管理委员会实施的经济管理权限事项目录（第一批）的公告》 | 汕尾市政府 | 汕尾市政府委托授权合作区管委会 31 项地级市经济管理权限，实施部分市一级经济管理权限 | 市级政府政策文件 |
| 2014 年 11 月 13 日 | 《深汕（尾）特别合作区发展总体规划（2015—2030 年）》 | 广东省政府 | 深汕特别合作区 2015—2030 年的发展规划 | 省级政府政策文件 |
| 2015 年 8 月 25 日 | 《深汕特别合作区管理服务规定》 | 广东省政府 | 合作区运作有了临时"地方法规" | 省级政府规章 |
| 2017 年 9 月 21 日 | 《关于深汕特别合作区体制机制调整方案的批复》 | 广东省政府 | 合作区体制发生了根本性的变化 | 省级政府政策文件 |

---

① 吴璇. 广东省 2022 年立法工作会议召开，今年将立这些法［EB/OL］. 腾讯网，2022-03-30.

② 江国华，俞飚. 深汕特别合作区管理机构之法律定位论析［J］. 广东行政学院学报，2020，32（06）：50-57.

| 时间 | 文件名称 | 批复机关 | 主要内容 | 法律效力 |
|---|---|---|---|---|
| 2022 年 4 月 11 日 | 《深圳市深汕特别合作区国民经济和社会发展第十四个五年规划和二〇三五年远景目标纲要》 | 深圳市政府 | 深汕特别合作区"十四五"规划引领合作区高质量发展 | 市级政府政策文件 |

（资料来源：周洋．管治视角下的城市管理体制研究：以深汕特别合作区为例［C］//中国城市规划学会，东莞市人民政府．持续发展理性规划：2017 中国城市规划年会论文集．北京：中国建设工业出版社，2017：637-652．陶清清．深汕特别合作区：书写"十四五"高质量发展新答卷［N］．南方日报，2022-06-15（A11）．)

广东省规范广东顺德清远（英德）经济合作区和深汕特别合作区的职权行使所采取法制方面建设的路径是：进行合作的双方地方政府先缔结政府间合作协议，或由上级政府出台有关合作区的具体政策，然后由省政府制定规章性文件进行规范。合作区的经济建设等工作先是由上级政府制定的政策进行指导，而后通过省级政府制定的政府规章指导。如果条件具备，再通过广东省人大及其常委会制定有关地方政府间合作区的地方性法规进一步规范。

### 二、深汕特别合作区的体制机制创新

深汕特别合作区的初创阶段，合作区权力分成两块，汕尾负责属地管理，包括土地征收等，深圳负责经济发展。由于合作区权力不统一，无法形成合力。而且汕尾在深汕特别合作区开发建设方面工作很不得力。例如，其在土地征收工作方面就存在着问题。因为汕尾市海丰县具有土地征收权，所以深圳市与海丰县签订了"征地包干协议"。由于海丰县成片征收的方法在实行过程中遇到了困难，在政策实施方面也存在比较大的难度，所以导致土地征收工作的滞后，影响了深汕特别合作区的开发建设。[①]"在深汕合作区管理当中，深圳市政府与汕尾市政府在对合作区的管理中并不是相互独立的，许多业务存在交叉，这种运作模式严重制约了大开发大建设进程。"[②]

初创阶段深汕特别合作区管理主责不清。合作区管委会是省委、省政府的

---

① 张衔春，栾晓帆，岳文泽，等．区域治理框架下的土地发展权空间重构研究［J］．城市规划，2018（10）：1-8.

② 产耀东．"飞地经济"模式视阈下的深汕特别合作区发展研究［J］．中国经济特区研究，2018（01）：138-151.

派出机构，合作区由深圳、汕尾两市共同管理，出现了存在多个"婆婆"的现象。① 行政组织架构中多方协同，"合作区"采取深圳、汕尾政府高层领导小组决策，"合作区"管委会管理，建设开发公司运营的三层管理结构。党工委与管委会主要领导按副厅级配备，党工委书记由汕尾推荐，管委会主任由深圳推荐。该领导班子在得到广东省批准后，"合作区"党工委和管委会分别作为省委、省政府派出机构设立。

此时深汕特别合作区实际上由三方管理，即广东省、深圳市和汕尾市。在逻辑上，合作区应为合作方合作创立的区域，合作方之间应承担主要职责，批准设置的主体不应承担合作区治理责任，其与合作区只存在批准和监管法律关系。

早期的深汕特别合作区，缺乏有效的体制监督约束机制。以召开"行政首长联席会议"的方式讨论区域合作中的一些重点和难点，通过"会议纪要"协调解决合作中出现的难题。这种联席会议的模式虽然可以促进合作，但是在具体的落实和有效监督考核落实情况时，就明显缺乏针对性和强制力以督促合作双方，导致合作流于形式或进展缓慢、成效不大。"另一方面'管人'与'管事'之间存在严重脱节，部分人事工资关系仍保留在原单位，提拔任用由原单位负责，合作区党工委、管委会只能'管事'，履职追责存在较大困难。""想要切实履行好经济'飞地'的职责，经济'飞地'管理机构就必须是一个'刚性'的主体。这种'刚性'的直接表现就是在人权、事权和财权上具有较大和较灵活的自主决定和运用的权力。"②

早期的深汕特别合作区的发展利益分配，无法形成有效激励。"由于税收和GDP统计是按照属地原则计算的，这极易引起双方事权与财权不对等，导致'飞出地'对'飞入地'的投入持观望态度。"③ 后来广东省政府明确了深汕两市在 GDP、财税、土地等方面的利益分成，以平衡各方利益、充分调动双方的积极性。深汕合作区的利益以前由广东省、深圳、汕尾三方共享，后来调整为深圳、汕尾共享。

---

① 产耀东. "飞地经济"模式视阈下的深汕特别合作区发展研究 [J]. 中国经济特区研究，2018（01）：138-151.
② 产耀东. "飞地经济"模式视阈下的深汕特别合作区发展研究 [J]. 中国经济特区研究，2018（01）：138-151.
③ 产耀东. "飞地经济"模式视阈下的深汕特别合作区发展研究 [J]. 中国经济特区研究，2018（01）：138-151.

从 2011 年到 2017 年，深汕特别合作区实行的是深圳和汕尾两地共管模式，这种模式使深汕特别合作区经济建设问题和社会管理问题常常混杂在一起，日积月累，使许多问题的管理职责难以理顺，严重影响了深汕特别合作区的发展。2015 年，广东省委、省政府制定了《广东深汕特别合作区管理服务规定》（简称《管理服务规定》），进一步解决了深汕特别合作区当时所面临的一些问题。2017 年，广东省委、省政府认真贯彻落实习近平总书记提出的新发展理念，根据深汕特别合作区建设和发展的实际情况，对困扰其发展的体制机制进行了大刀阔斧的全面改革。2017 年 9 月，为了解决深圳和汕尾两市共同管理深汕特别合作区所出现的一系列问题，广东省委、省政府做出了对深汕特别合作区的发展具有里程碑意义的决策，下发了《关于深汕特别合作区体制机制调整方案的批复》文件，文件中宣布将深汕特别合作区党工委、管委会调整为深圳市委、市政府的派出机构，并由深圳全面主导深汕特别合作区的工作，至此深汕特别合作区被正式调整为由深圳全面主导的模式，深汕特别合作区被定位为深圳一个经济功能区，翻开了深汕特别合作区改革、发展的崭新一页。这一举措扫除了深汕特别合作区前进道路上的障碍，使它进入了经济发展的快车道。

从此深汕特别合作区正式成为深圳的经济功能区。经济功能区管委会行使经济管理和社会管理的双重职权，被视为同一级政府。广东省要求深圳市要不折不扣落实好全面主导合作区经济社会事务的责任，按照"10+1"（深圳 10 个区+深汕特别合作区）模式给予全方位的政策和资源支持，确保合作区在新的体制机制下迅速打开工作局面，尽快做大做强。深圳市深汕特别合作区党工委、管委会、纪工委领导班子成员由深圳市委选任和管理。领导职数参照深圳经济功能区配备，明确管理主责。

2018 年 2 月，深圳市下发《深汕特别合作区体制机制调整的工作方案》，调整工作进入具体实施阶段。深汕特别合作区完全由深圳主导管理，统一了管理职权。从根本上解决了深圳和汕尾两市在深汕特别合作区管理上推诿塞责，互相扯皮的问题，深汕特别合作区的开发建设由深圳全面主导，为我国地方政府间合作区的开发建设提供了新的途径。2017 年之前，深汕特别合作区在深圳和汕尾两地共管过程中，因为"飞入地"和"飞出地"政府的责权利不清晰，阻碍了其前进的步伐。类似的问题在我国许多地方政府间合作区的建设中都普遍存在。由于地方政府间合作区的"'飞入地'政府的行政管理体制中插入了'飞出地'政府的职能部门，因此必须理顺'经济飞地'的管理体制，而如何处理好双方政府之间、'飞入地'政府与园区管委会之间、'飞入地'政府与相关职能部门之间、'飞出地'政府与园区管委会之间、投资开发公司园区管委会之间的关系等都需要进一步理顺"①。例如，在江苏省江阴—靖江园区建设中，如何搞好园区共建双方的协调工作是其主要问题之一。在共建江阴—靖园区的管理模式中，发达地区的江阴一方在园区派驻了许多管理人员，甚至占据主要领导的位置，而欠发达地区靖江的一方虽在自己的行政区划内建设园区，但是处于比较被动的状态。随着靖江市综合实力水平的逐步提升，合作双方的地位从不均衡状态的强者帮助弱者转变为并肩合作的状态，而园区的双方共建模式、利益分配机制却没有获得及时调整。园区开始建设时，各方交流频繁，但是近年来园区的合作双方、园区管委会、企业之间的交流却减少了，显然旧时的那种共建模式已经很不适应当下的发展状况了。② 广东省委、省政府在深汕特别合作区发展的关键节点及时对其进行了顶层设计，为它的健康发展描绘了新的蓝图，使深汕特别合作区与深圳共同发展、共同前进，使它进入了城市建设具有世界一流水准的深圳 10+1 功能区的阶段。彻底废除了带有援助性质的深圳和汕尾两市共建、共管的临时性体制，深汕特别合作区由深圳全面负责管理和建设，使其摆脱了发展的困境，进入了快速发展的新阶段。

深汕特别合作区发展规划已经纳入深圳市的总体规划。③ 深汕特别合作区主动承接先进产业和先进技术，参与深圳市的产业分工，积极构建一体两翼的产业格局，并建立 6+4 现代化产业体系。广汕铁路也将与深汕高铁接轨，围绕深汕特别合作区的交通枢纽正在加快建设，深汕高铁将在 2025 年通车，深汕特别合作区到深圳只要 30 多分钟就可到达，家在深圳的人到深汕特别合作区可以通勤上班。北京大学深圳医院深汕医院也在紧锣密鼓地建设中。深汕高中园项目也在积极进行。南山外国语（集团）深汕学校已经落户深汕特别合作区。深汕特别合作区已经初步实现了产业、交通、民生的一体化发展。

2018 年的深圳经济统计显示，深汕合作区的国内生产总值已经被纳入了深圳的国内生产总值。在全国第七次人口普查中，深汕特别合作区的人口数据也

---

① 麻宝斌，杜平．区域经济合作中的"飞地经济"治理研究［J］．天津行政学院学报，2014，16（02）：71-79．

② 卞熙昀．同城化视角下跨江联动共建园区的现状问题和对策研究：以江阴—靖江工业园为例［J］．建筑与文化，2021（04）：184-185．

③ 陶清清．深汕特别合作区：书写"十四五"高质量发展新答卷：以先行示范标准加快建设滨海新区、产业新城、田园都市［N］．南方日报，2022-06-15（A11）．

已经计入深圳市人口总数中。① 新近公布的《深圳市深汕特别合作区国民经济和社会发展第十四个五年规划和二〇三五年远景目标纲要》已经将深汕特别合作区定位为深圳都市副中心。在新规划中，还对深汕特别合作区的法治建设提出了更高的奋斗目标。

## 第三节　深汕特别合作区今后发展方向的探讨

虽然当前深汕特别合作区发展的形势很好，但也应看到它目前面临的需要解决的一些问题，这些问题如果得不到很好的解决，势必会影响其长远发展。

### 一、当前深汕特别合作区发展中面临的问题

（一）深汕特别合作区管委会作为派出机构法律地位不明晰

深汕特别合作区建立初期，广东省下发的属于政府规章性质的文件《管理服务规定》中规定，深汕特别合作区管委会是广东省政府派出机构；2018 年广东省委、省政府下发的有关调整深汕特别合作区体制机制的文件，将深汕特别合作区管理委员会调整为深圳市政府的派出机构，二者都将深汕特别合作管委会定位为政府派出机构。2015 年修订后的《立法法》第九十三条扩大了地方政府规章的应用权力，某些需要管理的事项尚未制定地方性法规，但属于行政管理迫切需要的，可先制定地方政府规章，而两年的时间则是政府规章的实施期限。② 由于深汕特别合作区管理机构还没有通过广东省人大立法而获得法律授权，所以《管理服务规定》的颁布实质上是空白期为指导深汕特别合作区有序开发建设的规范性文件，在地方法规还没有通过省人大立法法之前起到了临时"地方法规"的作用。③ 按照《立法法》第九十三条有关政府规章实行满两年的规定，广东省制定的《管理服务规定》已经超过了两年，因此需要提请广东省

---

① 陶清清. 深汕特别合作区：书写"十四五"高质量发展新答卷：以先行示范标准加快建设滨海新区、产业新城、田园都市 [N]. 南方日报，2022-06-15（A11）.

② 戴小明，冉艳辉. 区域立法合作的有益探索与思考：基于《酉水河保护条例》的实证研究 [J]. 中共中央党校学报，2017，21（02）：82-91.

③ 周洋. 管治视角下的城市管理体制研究：以深汕特别合作区为例 [C] //中国城市规划学会，东莞市人民政府. 持续发展　理性规划：2017 中国城市规划年会论文集. 北京：中国建筑工业出版社，2017：637-652.

人民代表大会或者其常务会议制定有关深汕特别合作区的地方性法规。至今广东省人大常委会还没有出台关于深汕特别合作区的法律文件，深汕特别合作区不是人大制定的法律上规定的派出机构，只是政府规章中规定的派出机构。目前深汕特别合作区是深圳市的经济功能区。经济功能区管理机构法律地位不明晰，是我国经济功能区管理机构普遍面临的法律问题。①

20世纪80年代我国各地出现了经济功能区，其涵盖范围有经济开发区、跨境经济合作区等。② 随着我国改革开放事业向纵深发展，各种经济功能区在我国遍地开花。经济功能区管理委员会行使着社会管理和经济管理的职权。对于经济功能区管理委员会的法律地位，学者抱有不同的看法。有的学者认为其属于政府派出机关。③ 作为政府的派出机关可以行使一级政府的职权，可以以自己的名义做出行政行为，并能承担这个行政行为的法律责任。国家法律也规定政府派出机关具有行政诉讼、行政复议的行政主体资格。可是《中华人民共和国地方各级人民代表大会和地方各级人民会议组织法》（简称《地方组织法》）中所规定的派出机关中，并没有经济功能区管委会的名称，由于经济功能区管理委员会不在政府派出机关名目之列，其不是政府派出机关，也不具有行政责任主体资格。④

此外经济功能区管理委员会也不属于行政机关委托组织。经济功能区管委会与行政机关委托组织本质上是不同的，因为其并不具备行政机关委托组织的特点。作为行政机关的委托组织可以以委托行政机关的名义行使行政权力，并由委托机关来承担相关行政行为的法律后果。⑤ 经济功能区管委会只能在有关政府的授权范围内实施行政行为，并承担相应的法律后果。⑥ 综上所述，经济功能区管理委员会既不属于一级政府的派出机关，也不属于行政机关委托组织。⑦

---

① 康晨朝．经济功能区管委会法律问题研究 ［D］．天津：天津师范大学，2012．
② 徐静琳，刘力铭．地方性法规与政府规章关系论 ［J］．政治与法律，2008（01）：123-130．
③ 林鸿潮．行政法与行政诉讼法 ［M］．北京：北京大学出版社，2015．
④ 我国《地方组织法》中规定："各级地方政府派出机关主要为区公所和街道办事处。"
⑤ 曾文革．特殊经济功能区法律制度研究 ［M］．北京：对外经济贸易大学出版社，2012：246．
⑥ 徐静琳，刘力铭．地方性法规与政府规章关系论 ［J］．政治与法律，2008（01）：123-130．
⑦ 余宗良．中国开发区模式的法治化研究 ［M］．北京：中国政法大学出版社，2016：19．

一些省和市的政府规章将经济功能区管理委员会规定为当地政府的派出机构，这些有关经济功能区管理委员会规定的政府规章法律位阶比较低。① 深汕特别合作区属于经济功能区，因此深汕特别合作区管理委员会不能以深汕特别合作区自己的名义对外活动，并承担相关的行政法律责任。② 现行《宪法》中有关行政区域划分的条文中没有有关经济功能区方面的规定。③ 所以经济功能区没有宪法地位。有学者认为经济功能区管理委员会法律地位不明晰。实际上经济功能区管委会法律地位问题至今并没有得到明确解决。④

经济功能区管委会也不是一级政府，因为我国《地方组织法》中只有有关省、市、县、镇、乡人民政府的规定，而没有有关经济功能区管委会的任何规定。

经济功能区管委会作为一级政府的派出机构只得到部分的授权，具有部分行政管理权限，它不能行使完全的政府职能。当前随着经济功能区的不断发展，以经济功能区管委会为主的管理体制逐渐不能适应经济和社会发展的需要。⑤ 在经济功能区发展为多重功能的城区的情况下，尤其如此。因为其存在着法律定位模糊的问题，其管委会作为政府派出机构面临着转型升级的问题。⑥

我国目前没有国家层面制定的专门的法律对经济功能区管委会进行规定，对经济功能区管委会的定位，只能依据地方政府的文件和政府规章，缺乏作为派出机构所应具有的上位法依据，导致出现了其法律上和实际运行中的一系列问题。深汕特别合作区管委会作为经济功能区管委会同样也面临着法律地位模糊的问题。

---

① 莉萍. 试谈地方性法规和行政规章的关系 [J]. 人大建设, 1997 (10)：40-41.

② 谢海生. "飞地"区域法制发展的挑战及前景：以广东深汕特别合作区为例 [J]. 人民论坛·学术前沿, 2020 (06)：54-57.

③ 《宪法》第三十条中华人民共和国的行政区域划分如下：

　　（一）全国分为省、自治区、直辖市；

　　（二）省、自治区分为自治州、县、自治县、市；

　　（三）县、自治县分为乡、民族乡、镇。

　　直辖市和较大的市分为区、县。自治州分为县、自治县、市。

　　自治区、自治州、自治县都是民族自治地方。

④ 高轩，张洪荣. 区域协作背景下飞地治理立法初探：以深汕特别合作区为例 [J]. 人民之声, 2020 (12)：55-58.

⑤ 杨龙，王朦. 经济功能区的体制困境与转型模式选择 [J]. 国家行政学院学报, 2014 (05)：89-93.

⑥ 张衔春，栾晓帆，马学广，等. 深汕特别合作区协同共治型区域治理模式研究 [J]. 地理科学, 2018, 38 (09)：1466-1474.

（二）经济功能区管委会作为派出机构进行正常的行政管理面临的规范困境

经济功能区管委会作为政府派出机构如果要进行行政许可、行政处罚、行政强制这三项行政管理行为，只有两个途径：一是由经济功能区管委会自己去实施，二是经济功能区管委会通过受行政机关委托的方式实施。

深汕特别合作区管委会实施行政许可、行政处罚、行政强制得到了广东省《管理服务规定》的授权。《管理服务规定》属于广东省地方政府规章。由于深汕特别合作区管委会属于政府规章授权的组织，因此在行政管理方面，诸如行使行政许可、行政处罚、行政强制都会遇到规范困境。① 《中华人民共和国行政许可法》（简称《行政许可法》）第二十三条和《中华人民共和国行政处罚法》（简称《行政处罚法》）第十九条都分别规定：实施行政许可或者行政处罚的组织必须是"法律、法规授权的具有管理公共事务职能的组织"。《行政许可法》和《行政处罚法》中没有经济功能区管委会可以进行行政许可和行政处罚的任何规定。② 即使深汕特别合作区管委会通过广东省人大立法也只能解决暂时的规范困境问题，但是解决不了长远的问题，这是因为依照《中华人民共和国行政强制法》（简称《行政强制法》）第七十条的规定，实施行政强制的组织必须是法律和行政法规授权的组织。③ 而行政法规是由国务院制定的，也就是说必须由法律和国务院制定的行政法规授权的组织才能进行行政强制，显然深汕特别合作区管委会不是行政法规授权的组织。④ 经济功能区管委会不是行政机关而是一级政府的派出机构，因为我国行政机构序列中没有经济功能区管委会这样的行政机关，经济功能区管委会作为政府派出机构，它属于行政组织而不是

---

① 江国华，俞飚．深汕特别合作区管理机构之法律定位论析［J］．广东行政学院学报，2020，32（06）：50-57.
② 《行政许可法》第二十三条规定："法律、法规授权的具有管理公共事务职能的组织，在法定授权范围内，以自己的名义实施行政许可。被授权的组织适用本法有关行政机关的规定。"
《行政处罚法》第十九条规定："法律、法规授权的具有管理公共事务职能的组织可以在法定授权范围内实施行政处罚。"
③ 江国华，俞飚．深汕特别合作区管理机构之法律定位论析［J］．广东行政学院学报，2020，32（06）：50-57.
④ 《行政强制法》第七十条规定："法律、行政法规授权的具有管理公共事务职能的组织在法定授权范围内，以自己的名义实施行政强制，适用本法有关行政机关的规定。"

行政机关。① 依照《行政许可法》第二十四条,《行政处罚法》第二十条和第二十一条的有关规定:深汕特别合作区管委会也不能通过行政委托的方式进行行政许可和行政处罚。② 正因为深汕特别合作区管委会既不是行政机关,也不是管理公共事务的事业组织,其如果以委托的方式进行行政许可和行政强制,不符合《行政许可法》和《行政处罚法》的有关规定。③

(三) 深圳市的地方性法律 (法规) 能否适用于深汕特别合作区的问题

应该看到行政区划已经成为制约深汕特别合作区区域法制的刚性制度因素。④ 深汕特别合作区由于其行政区划带来的问题,影响了深圳的地方性法律 (法规) 在深汕特别合作区的适用。在地图上深汕特别合作区与深圳有一定距离,二者边界并不接壤。在没有划归为深圳市的经济功能区之前,深汕特别合作区只是飞地经济模式中在汕尾市海丰县的深圳的"经济飞地"。深汕特别合作区主要由小漠、鹅埠、鲘门、赤石四个镇构成,目前海丰县已经将深汕特别合作区所在地的鹅埠、小漠、鲘门、赤石四个镇改为街道,这样做便于对深汕特别合作区的管理和加快深汕特别合作区城市化的步伐。

虽然在行政区划上深汕特别合作区还是属于汕尾市海丰县,但是深汕特别合作区中设立了归深圳市的领导的行政、司法等机构,使这个位于海丰县的深汕特别合作区与汕尾市海丰县的联系处于一种弱化状态,而与深圳市却走得越来越近了,最终成了深圳市的一个经济功能区。党的十一届三中全会以来,全国人大在立法方面,对深圳经济特区赋予了特别的立法权限。全国人大于1992年7月1日发布的《全国人民代表大会常务会议关于授权深圳市人民代表大会及其常务会议和深圳市人民政府分别制定法规和规章在深圳经济特区实施的决

---

① 政府派出机构是指"地方政府或政府 (包括中央政府) 职能部门为了实现对某一行政事务或特定区域内行政事务的管理而设立的行政组织"。参看,袁明圣. 派出机构的若干问题 [J]. 行政法学研究,2001 (03):14-19.

② 《行政许可法》第二十四条规定:"行政机关在其法定职权范围内,依照法律、法规、规章的规定:可以通过行政机关委托其他行政机关实施行政许可。"《行政处罚法》第二十条规定:"行政机关依照法律、法规或者规章的规定:可以在其法定权限内书面委托符合本法第二十一条规定条件的组织实施行政处罚。行政机关不得委托其他组织或者个人实施行政处罚。"行政处罚法第二十一条规定:"受委托组织必须符合以下条件:(一) 依法成立并且有管理公共事物职能;"

③ 江国华,俞飚. 深汕特别合作区管理机构之法律定位论析 [J]. 广东行政学院学报,2020,32 (06):50-57.

④ 谢海生. "飞地"区域法制发展的挑战及前景:以广东深汕特别合作区为例 [J]. 人民论坛·学术前沿,2020 (06):54-57.

定》（第七届全国人民代表大会常务会议第二十六次会议通过），授权深圳市人大及其常委会在不违反宪法以及法律和行政法规的基本原则的前提下，可以根据具体情况和实际需要制定法规。并授权深圳市政府可以制定规章，在深圳经济特区范围内实施。2000 年，《立法法》又确认了对经济特区的立法权，还赋予了经济特区所在地的市以较大的立法权。在深圳市政府网站首页"深圳概览"中的"行政区划"条目下，深汕特别合作区已经列入了深圳市，其属于深圳市的一个经济功能区。可是深汕特别合作区能否适用深圳市人大及其常委会制定的地方性法规，仍然存在着法理方面的问题。尽管《立法法》对一般法律的适用给予了明确规定，但由于经济特区立法具有优先适用性，经济特区对法律、行政法规具有变通权，且在许多领域可以"先行先试"，使得经济特区的法律适用方面比较灵活。一般情况下，当经济特区法规与法律、行政法规的规定不一致时，则在不违反法律、行政法规的基本原则的条件下，在特区内可优先适用经济特区法规。又由于经济特区立法主体具有立法变通权，即使特区立法在先，国家立法在后，在规定存在不一致时，也可在经济特区内优先适用经济特区立法。① 《立法法》中与经济特区立法有关的条款共有五条，分别是第八十一条、第八十四条、第九十三条、第一百零一条、第一百零九条。其中第八十一条明确规定：经济特区所在地的省、市的人民代表大会及其常务会议根据全国人民代表大会的授权决定，制定法规，在经济特区范围内实施。

其中在《立法法》第四章的有三条，分别是第八十一条、第八十四条、第九十三条，占《立法法》中有关经济特区立法条款总数的60%，与经济特区立法有关的条款在第五章的只有两条，分别是第一百零一条、第一百零九条，共占《立法法》中有关经济特区立法条款总数的40%。

《立法法》第一百零一条规定：经济特区法规根据授权对法律、行政法规、地方性法规做变通规定的，在本经济特区适用经济特区法规的规定。进一步表明经济特区法规属于地方性法规。第一百零九条主要涉及经济特区法规备案事项。② 由于有关经济特区立法方面的主要条款分布在《立法法》"第四章地方性法规、自治条例和单行条例、规章"之中，说明经济特区法规属于地方性法规。

---

① 孟庆瑜. 地方立法与法治政府建设［M］. 北京：知识产权出版社，2019：48.
② 《立法法》第一百零九条：（五）根据授权制定的法规应当报授权决定规定的机关备案；经济特区法规、浦东新区法规、海南自由贸易港法规报送备案时，应当说明变通的情况。

经济特区法规主要分为四大类型。第一类是先行先试性经济特区法规，这类法规起到了填补法律、行政法规空白的作用，如《深圳经济特区绿色金融条例》；第二类是名义性经济特区法规，这类法规是对法律、行政法规的执行具体化或者对地方事务的规范，即一般性的地方法规，如《深圳市住房公积金管理暂行办法》；第三类是变通性经济特区法规，这类法规是对法律、行政法规的变通，如《深圳经济特区商事登记若干规定》；第四类是复合性经济特区法规，这类法规包括了上面两种或者三种类型的经济特区法规，如《深圳经济特区食品安全监督条例》。①

"经济特区不是以全国人大或全国人大常委会的名义立法，而是以特定的经济特区自己的名义立法的，所以经济特区法规属于地方性质的立法。"② 有学者认为，经济特区立法是具有变通权限的特别地方立法。③

在立法性质上，我国经济特区立法仍属于地方性立法，深圳经济特区的有关授权性立法归属于地方性立法体系的理由是：首先，特区立法活动的主体均为特区所在地的省、市人民代表大会及其常务委员会。其活动的主体为地方国家权力机关，特区立法机关的地方性质，决定了特区立法权的地方性质。其次，特区法规所调整的对象和规范的内容均是在特区区域内所发生的社会关系并引发的权利义务关系。特区的地方实际情况和要求决定了立法的对象和内容，进而决定了特区立法权具有地方特色。再次，特区立法权限及特区法规的地域效力均明显受制于特区的区域范围，要求特区立法所规范的事项，不得超出授权范围，必须在特区范围内。④

"地方性法规，是指享有地方立法权的地方国家权力机关依照法定权限，在不同宪法、法律和行政法规相抵触的前提下，制定的在本行政区域范围内实施的规范性法律文件。"⑤ 我国《立法法》中规定，地方人大有权按照本地区的具体情况在本行政区域内制定地方性法规。也就是说地方人大有权对本行政区域

① 邹平学，冯泽华. 中国特色社会主义先行示范区深圳法治建设的内在逻辑及立法进路 [J]. 深圳大学学报（人文社会科学版），2020，37（04）：34-45.

② 庞凌. 关于经济特区授权立法变通权规定的思考 [J]. 学习与探索，2015（01）：74-78.

③ 王智斌. 大胆探索 先行先试：经济特区立法在中国特色社会主义法律体系中的地位和作用 [J]. 人民之声，2011（05）：15-17.

④ 刘云亮. 中国经济特区立法研究 [M]. 海口：南海出版公司，1996：126.

⑤ 杨临宏. 立法法：原理与制度 [M]. 昆明：云南大学出版社，2011：96.

内的"地方性事务"进行立法。①

2022年3月，新修订的《地方组织法》第十条也规定，设区的市可以依照法律规定的权限制定地方性法规。②《地方组织法》第十条第二款规定中的"地方性"是作为法学意义上"地方"和设区的市所在的特定行政区划直接有关，而不是一个笼统的地域，也就是说设区的市依照法律法规制定的地方性法规只能适用于设区的市所在的特定行政区划之内的地方。根据《立法法》的规定，"地方性"是地方性法规所具有的一个鲜明的重要特征。"地方性法规的地方性包括三层基本意思：一是指制定地方性法规的主体是地方国家权力机关；二是指地方性法规的内容是适应地方的实际情况，为解决地方的事务而制定的；三是指地方性法规的效力只限于制定主体的行政区域，超出本行政区域即没有约束力。"③

深汕特别合作区是深圳市的一个经济功能区，为了使其各方面能和深圳步调一致，更好地管理它，有必要实施深圳的经济特区法规。④ 由于地方性法规制定和实行的依据是全国人大常委会对有关地方人大及其常委会的授权。目前难以解决的问题是深汕特别合作区在行政区划上属于汕尾市海丰县，从理论上其不能产生深圳市的人大代表，深汕特别合作区如果要适用深圳市地方性法规，从法理角度分析，其并不合理。⑤ 根据宪法学与立法学的基本原理，一个地方政府规章或者地方性法规，只适用于该政府规章和地方性法规的制定机关所辖的行政区划的范围之内。⑥

深汕特别合作区目前虽然是深圳市的一个经济功能区，但它目前还不是经济特区。认为它是经济特区没有任何法律依据，因为从我国现行法律上找不到

---

① 周泽夏. 区域协同立法：定位、特色与价值 [J]. 河北法学，2021，39 (11)：85-99.
② 《地方组织法》第十条第二款中规定："设区的市、自治州的人民代表大会根据本行政区域的具体情况和实际需要，在不同宪法、法律、行政法规和本省、自治区的地方性法规相抵触的前提下，可以依照法律规定的权限制定地方性法规，报省、自治区的人民代表大会常务会议批准后施行，并由省、自治区的人民代表大会常务会议报全国人民代表大会常务会议和国务院备案。"
③ 杨临宏. 立法法：原理与制度 [M]. 昆明：云南大学出版社，2011：96-97.
④ 高轩，张洪荣. 区域协作背景下飞地治理立法初探：以深汕特别合作区为例 [J]. 人民之声，2020 (12)：55-58.
⑤ 谢海生. "飞地"区域法制发展的挑战及前景：以广东深汕特别合作区为例 [J]. 人民论坛·学术前沿，2020 (06)：54-57.
⑥ 徐静琳，刘力铭. 地方性法规与政府规章关系论 [J]. 政治与法律，2008 (01)：123-130.

其属于经济特区的有关条款。深圳市公安局在回应2020年4月14日，深圳市公安局副局长马鸿雁参加深圳市直机关工委和深圳广电集团共同主办的《民心桥》节目，听众提出的有关深汕特别合作区身份证何时更换为深圳市身份证的问题的答案时明确指出，办理深圳居住证的法律依据为《深圳经济特区居住证条例》，属经济特区法规。深汕特别合作区不在经济特区范围之内，故应当按照国务院《居住证暂行条例》和《广东省流动人口服务管理条例》，办理广东省居住证。还特别提到法律依据是《立法法》第七十四条（2023年修改后的《立法法》第八十四条）的明确规定，即经济特区法规在经济特区范围内实施。①

深汕特别合作区虽然是深圳的一个经济功能区，但是我国有关经济特区的法律并没有规定它是经济特区。由于深汕特别合作区目前的行政区划还是属于汕尾市海丰县，从法理上分析，其适用的是汕尾市人大制定的地方性法规而不是深圳市人大制定的法规，如果深汕特别合作区适用了深圳的经济特区法规，意味着深圳扩大了深圳经济特区法规的适用范围。

"飞出地"的法规能否在"飞入地"适用，这个问题不仅是深汕特别合作区所面临的问题，也将是深汕特别合作区的创新经验推广到全国，其他一些经济飞地也会面临的"飞出地"的地方性法规能不能跨行政区划在"飞入地"即经济飞地适用的问题。显然如果一个经济飞地为了经济发展而适用"飞出地"的法律（法规），这需要中央层面的立法供给。②

### 三、深汕特别合作区今后的发展方向的探讨

当前深汕特别合作区的行政区划仍属于汕尾市海丰县。其是深圳的一个经济功能区，是广东省政府跨行政区划为深圳设立的10+1区。有学者认为，深汕特别合作区开发建设突破了我国较多的行政区域管理的规定，但没有得到全国人大及其常委会的明确授权，虽然广东省政府出台了《深汕（尾）特别合作区基本框架方案》，并颁布了政府规章《广东深汕特别合作区管理服务规定》作为建设深汕特别合作区的法律依据，但是即使这样也难以很好地契合大湾区及深圳作为先行示范区建设的法治新形势。即使广东省人民代表大会常务委员会今后

① 中共深圳市直属机关工作委员会，深圳广播电影电视集团.《民心桥》节目听众提出的问题31：深汕特别合作区身份证何时更换为深圳市身份证？深圳市公安局回应［EB/OL］.汕尾吉屋网，2020-04-23.

② 谢海生."飞地"区域法制发展的挑战及前景：以广东深汕特别合作区为例［J］.人民论坛·学术前沿，2020（06）：54-57.

制定了深汕特别合作区的"基本法"——《广东省深汕特别合作区条例》，也应通过取得中央授权的方式，"才能突破现有法律法规的前提下进行法制化建设"①。由于深汕特别合作区的行政区划至今仍属于海丰县，加之其定位是经济功能区，不是经济特区，由于我国上位法有关地方性法规的规定，致使它适用经济特区法规困难重重。如果换一个思路，通过行政区划的调整，将深汕特别合作区转变为深圳的市辖区，则深汕特别合作区能比较好地在不突破现有法律法规的前提下进行法治化建设。

经济功能区通常是指经过国家批准在特定地域范围内具有特定功能目标并享受特殊优惠政策的经济区域。② 深汕特别合作区属于单一经济功能区。③ 行政区划是指国家基于不同地域特点对其行政级别、行政区域、行政中心所进行的明确设定，强调国家权力的空间或者地域的分割和配置。④ 如果将行政区划的市辖区体制和经济功能区体制进行比较分析，就会发现如若将深汕特别合作区通过行政区划调整转变为深圳市的市辖区，就会比现在的深汕特别合作区所属的经济功能区体制更有利于其长远发展。这是因为，首先，在法律地位上市辖区的建制在《宪法》中有明确规定，而经济功能区只在国务院和一些地方政府的文件和政府规章中有规定。其次，在组织结构上，一个市的市辖区设有区政府，人大和政协，而经济功能区只设有管理委员会。依照《宪法》《人民法院组织法》《人民检察院组织法》以及《监察法》的有关规定：县区级以上行政区上的人民法院、人民检察院和监察委员会的产生与同级人民代表大会具有密切关系，因此在我国区以上行政区上还设有公检法机构（法院，检察院和公安局）和监察机构，经济功能区没有人民代表大会，所以深汕特别合作区只能以深圳市法院、深圳市检察院和深圳市监察委员会的派出机构的方式设立深汕特别合作区法院、深汕特别合作区检察院、深汕特别合作区监察办公室。⑤ 再次，在职权方面，区政府权限较大，统揽全局，负责辖区全面工作，法律授权十分明确。经济功能区管理委员会一般是政府规章授权的派出机构，管理权限没有区政府

---

① 邹平学，冯泽华. 中国特色社会主义先行示范区深圳法治建设的内在逻辑及立法进路 [J]. 深圳大学学报（人文社会科学版），2020，37（04）：34-45.

② 魏澄荣. 福建经济功能区联动发展研究 [M]. 长春：吉林人民出版社，2020：2.

③ 王佳宁，胡新华. 综合配套改革试验区的功能区设置与管理体制考察：上海浦东与天津滨海 [J]. 重庆社会科学，2010（12）：57-66.

④ 叶必丰. 行政法与行政诉讼法 [M]. 武汉：武汉大学出版社，2008：128-130.

⑤ 陶清清，邹呈娣. 全国首个飞地法院：广东省深圳深汕特别合作区人民法院揭牌成立 [EB/OL]. 南方新闻网，2020-08-31.

范围广。通过对市辖区体制和经济功能区体制进行比较，就会发现深汕特别合作区作为经济功能区，如果转变为市辖区，就会更利于深汕特别合作区今后的发展。

深汕特别合作区管委会中设置的办事机构和深圳市其他区政府各机构比较类似，只是少了人大和政协。行政法学认为，根据行政主体获得行政权力的情况分为职权行政主体和授权行政主体。"凡行政职权组织的成立而从宪法和组织法自然取得，无须其他组织授予的行政主体，称职权行政主体。"① 而"授权行政主体是指行政职权并不因组织的成立而从宪法和组织法获得，而来自有权机关以法律、法规形式的授予的行政主体"②。可见作为深圳市政府的派出机构的深汕特别合作区管理委员会属于授权行政主体，为了充分发挥其领导和管理作用，解决其在发展中面临的问题，亟待向职权行政主体转变。③

将深汕特别合作区管委会由授权行政主体转变为职权行政主体，其管理体制只能朝两个方向转变，才能更有利于其健康、稳定地发展，并被我国现行的法律框架所容纳。即或者转变为深圳市政府的派出机关，或者转变为深圳的市辖区政府，这二种行政主体都属于职权行政主体。但是如果其要转变为深圳市政府的派出机关，存在的主要障碍是虽然目前深汕特别合作区属于深圳市的一个经济功能区，但是它的行政区划事实上并不属于深圳市，而是属于汕尾市的海丰县。如果深汕特别合作区管理体制转变为深圳市政府的派出机关，在行政区划方面应具备的基本条件是深汕特别合作区得在深圳的行政区划内。因为作为派出机关的区公所、街道办事处，都是在一级政府所在的特定的行政区划范围内，显然深汕特别合作区并不具备这样的条件。既然深汕特别合作区管理机构不能转变为作为职权行政主体的政府派出机关，那么它只能转变为另一种职权行政主体——深圳市辖区政府，即转变为属于深圳市所辖的行政区划，即深汕特别合作区转变为深圳市的市辖区。这样可以使深汕特别合作区管理体制由授权行政主体转变为职权行政主体——深圳市辖区政府，如果这样进行转变，可以比较好地解决深汕特别合作区管理委员会作为政府派出机构而在实践中面临的一些问题。

---

① 叶必丰. 行政法与行政诉讼法［M］. 武汉：武汉大学出版社，2008：128.
② 叶必丰. 行政法与行政诉讼法［M］. 武汉：武汉大学出版社，2008：130.
③ 朴飞. 深汕特别合作区发展面临的问题及其解决途径探讨［J］. 长春理工大学学报（社会科学版），2021，34（05）：43-48.

深圳市的坪山、光明和龙华三个新区，由经济功能区转变为行政区，为深汕特别合作区的转变为行政区提供了可借鉴的成熟经验。近年来，我国一些经济功能区转变为行政区，形成经济功能区转型发展的一个趋势。①

龙华、光明、龙坪和大鹏新区以前是深圳市的四个较大的经济功能区，被誉为我国经济功能区转型发展的创新模式。2007 年 5 月，为了探索有利于经济功能区发展新的管理模式，深圳成立了光明新区。光明新区作为经济功能区，其管委会管理体制和以往深圳的经济开发区管理体制明显不同。由于光明新区实行的是经济功能区模式，所以光明新区管委会既能行使经济功能区的管理职能，又能行使行政区的管理职能。光明新区管委会在管理上实现了三方面的转变：首先由单纯地推动产业发展向综合统筹方面转变；其次由管理单一产业项目向综合管理经济、社会方面发展转变；再次由建设一般的产业园区向建设城市的新城区转变。光明新区的改革获得成功后，深圳市委、市政府于 2009 年、2011 年，又相继设立了龙华新区、坪山新区、大鹏新区三个经济功能区。②③

龙华、光明、坪山三个经济功能区多年的发展实践表明，这三个经济功能区很像行政区。特别是在它们发展过程中，涉及的一些深层次的体制机制需要解决。深圳市委、市政府以行政区划调整作为突破口，于 2017 年、2018 年，把龙华、坪山、光明三个经济功能区陆续转变成了行政区。转变成行政区后，它们的存在得到了《宪法》和《地方组织法》等上位性法律的强有力的支持，为它们注入了新的发展动力，为它们健康有序地发展提供了坚实的法律保障。④ 深圳的龙坪、光明、龙华经济功能区转变为行政区的经验，为深汕特别合作区今后转变为行政区提供了可复制的样板。

我国的市辖区主要有四种类型。（一）市辖区在城市核心位置。（二）设置在城市近郊农村的市辖区。（三）设置在城市管辖范围内的其他地区的市辖区，即主城区被农村隔开。（四）"飞地"类型的市辖区，在城市管辖范围之外的其他城区。⑤ 在我国早已有一些飞地是市辖区，深汕特别合作区作为深圳的"经济飞地"并不影响它成为深圳的市辖区。它有条件可以转变为深圳市的市辖区，

---

① 贾瑞军. 有的开发区可转化为新行政区［N］. 大众日报，2016-5-27（03）.

② 崔孝松. 深圳行政区划历史沿革考释［J］. 特区实践与理论，2016（04）.

③ 中华人民共和国民政部. 2018 中华人民共和国行政区划手册［M］. 北京：中国地图出版社，2018：199-210.

④ 郭锐川. 国务院同意深圳设立光明区［N］. 南方都市报，2018-05-26（AA01）.

⑤ 朱光磊. 当代中国政府过程［M］. 天津：天津人民出版社，1997：446-447.

所以有学者提出通过行政区划的调整，将深汕特别合作区纳入深圳市，使它成为深圳市的市辖区。① 深汕特别合作区成为深圳市行政区划的一部分，可以极大地调动深圳的积极性，对全面建设深汕特别合作区大有好处，直接为解决深圳所面临的土地资源短缺的问题铺平了道路。只要有利于深圳的腾飞，有利于贫困地区彻底改变落后的面貌，没有必要在行政区划上使深汕特别合作区原封不动。通过行政区划的调整，可以助推深汕特别合作区转型更快发展。②

此外，深汕特别合作区转变为行政区，可以在当地建立基层政权——区人民代表大会和区人民政府。其所在地的选民可以依法选举出区人大代表，组成区人民代表大会及其常委会，这样做有利于保障深汕特别合作区所在地公民的基本权利，还有利于原鹅埠、小漠、鲘门、赤石四个街道的居民按照宪法的精神，行使民主权利，参政议政，反映民意。进一步发挥人大对政府的监督作用。

总之，深汕特别合作区要保持可持续的发展，深汕特别合作区管理委员会就需要转型升级，应由授权行政主体转变为职权行政主体。由于行政区划问题，深汕特别合作区管理机构不可能转变为属于职权行政主体深圳市政府派出机关，只能转变为深圳市辖区政府。深汕特别合作区管理机构转变为深圳市辖区政府有助于顺利解决作为经济功能区管委会类型的深汕特别合作区管委会法律地位不明确的问题。

---

① 高轩，张洪荣．区域协作背景下飞地治理立法研究：以深汕特别合作区为例［J］．江汉论坛，2020（03）：116-121.
② 朴飞．深汕特别合作区发展面临的问题及其解决途径探讨［J］．长春理工大学学报（社会科学版），2021，34（05）：43-48.

# 第八章

# 地方政府间合作和合作区的立法探讨

## 第一节　通过立法规范地方政府间合作
## 活动的必要性

### 一、规范地方政府间合作活动的立法必要性

当前地方政府间合作区如飞地经济园区开发建设的主要依据是党和国家的政策，而不是经过严格程序的立法。因为缺乏规范地方政府间合作的法律法规，所以地方政府间合作的法治化程度比较低。现有的地方政府间合作制度存在着随意性和临时性的问题。要确保地方政府间合作的规范性与可持续性，深入推进区域政府间的合作，就必须改变这一现状。① 在中国现行法律体制下，政府间合作协议所涉及的缔结效力、履行以及纠纷解决机制以及其法治基础等问题，并不是政府合作协议的缔结各方所能解决的，这需要通过立法加以规定。② 通过立法规范政府间合作活动和加强飞地经济园区的法制建设，不失为改变这一状况的好办法。我国地方政府间合作需要完备的法律机制作为保障，而实现区域地方政府间合作的法制化是实现区域协调发展法治化的首要前提。习近平总书记"鲜明提出发挥立法的引领和推动作用，把改革发展决策同立法决策更好地结合起来，确保国家发展，重大改革于法有据"③。我国当前不少地方政府间的

---

① 陈咏梅. 论法治视野下府际合作的制度创新 [J]. 广西大学学报（哲学社会科学版），2016，38（06）：84-88.

② 何渊. 中国特色的区域法制协调机制研究 [J]. 上海：格致出版社，2010：156.

③ 栗战书. 在第二十七次全国地方立法工作座谈会上的讲话 [J]. 中国人大，2021（24）：6-11.

合作，是一种行政主导式的合作。① 只有制定有关区域政府合作方面的法律，才能以保障区域经济一体化和合作区、飞地经济的有序、健康发展。稳定性、权威性、强制性是法律所特有的性质，所以不少国家推进区域协调发展的一个首要选择就是立法。② 我国区域地方政府间合作过程中出现的许多问题，不能光依靠中央与地方高层领导的决策，必须以法治的思维，建立长效的、稳定的、规范的合作机制。③ 目前有必要聚焦政府间合作区法律制度的空白点，加强立法工作，把政府间合作区各项工作纳入法治的轨道，实现政府间合作区各项工作的制度化、法治化。

目前我国政府间合作区治理主要依据党和国家的政策。签订的飞地经济合作协议或制定的少数的政府规章，都属于"软法"的范畴。"软法"和国家层面制定的相关法律，即"硬法"比较，存在规范的效力低等方面问题。要发挥法律保障政府间合作区的作用，必须通过"硬法"来保障政府间合作的正常进行。④ 通过立法可以划分和界定各级政府的职能、权限、政府行为的方式和程序，并以法律法规的形式予以固定。⑤ 通过立法，能使政府间合作区的管理机构的执法有法可依。

完善我国政府间合作区的立法，需要从国家和地方两个层面来着手进行。国家层面的立法，是由全国人大及其常委会根据党和国家关于地方政府间合作区发展的战略规划，制定符合我国政府间合作区实际情况，并具有普遍约束力的法律。而地方层面的立法，是有关的地方政权机关根据本地区政府间合作区的具体情况，制定能够有助于推进本地区区域经济协调发展，确实保障政府间合作区健康、可持续发展的法律。⑥

地方政府间合作区管理机构的权力来源，主要有两方面：一是通过法律法

① 刘宇峰. 长三角区域经济一体化视野下地方政府间合作关系研究［D］. 南京：南京农业大学，2009.

② 华国庆. 论中国区域协调发展立法基本原则［J］. 南京审计学院学报，2010，7（02）：6-12.

③ 曾鹏. 区域经济一体化下政府合作治理及其制度权威建设［J］. 湖北大学学报（哲学社会科学版），2021，48（01）：145-153.

④ 杨治坤. 区域经济一体化中府际间利益的法制协调［J］. 广东社会科学，2017（06）：230-238.

⑤ 汪伟全. 地方政府合作［M］. 北京：中央编译出版社，2013：254.

⑥ 曹阳昭. 我国区域法制实施的模式研究［J］. 北京化工大学学报（社会科学版），2015（03）：5，20-24.

规或者政府规章授权获得，二是通过政府的行政委托获得。①

在行政权力的设定问题中，最为重要的前提问题是关于权力来源的问题。这是行政法中一个非常重要的观念性问题。通过法律的角度来考察并表达关于权力来源问题，认为权力法定，即权力是法律给予的，不是任意的，即法律授权。② 所谓法律授权是指人民通过立法的方式，将国家的公权力赋予有关国家机关和其他组织行使。人民通过法律途径将公权力授予给国家机关，体现了"人民主权"的精神。在法律授权中，法律是授权的载体，而人民是授权主体，被授权主体是国家机关或其他组织，公权力是授权客体和授权内容。经过法律授权，国家机关的公权力便有了合法的权力来源。③ 同理，只有经过法律授权，地方政府间合作区管理机构行使的公权力才具有合法的权力来源。而通过缔结政府间合作协议的途径，不可能对合作区管理机构行使的职权进行法律授权。通过制定政府规章的办法来规范合作区管理机构行使的职权，由于政府规章的法律位阶比较低，远不如国家层面制定的区域合作法位阶高，所以其规范力没有国家层面制定的有关上位法强。通过国家层面的立法，可以明确政府间合作区的职权配置问题，可以为有的建设规划长达几十年的政府间合作区如深汕特别合作区的管理机构行使职权，提供合法性的依据，有利于地方政府间合作活动的规范化、系统化、法治化。

政府间合作协议履行过程中很难避免产生矛盾和纠纷，如果不妥善解决这些矛盾和纠纷，政府间合作协议就会流于形式，发挥不了实际作用。由于我国的上位法并未明确地规范政府间合作协议，影响了地方政府在履行政府间合作协议过程中出现矛盾和纠纷的解决机制的建立。如果国家出台有关地方政府间合作的法律，有利于建立政府间合作协议的履行过程中出现矛盾和纠纷的解决机制。

从大的方面来讲，地方政府间的合作包括地方政府间合作区的开发建设内容。在有关政府间合作的立法中有一部分内容和地方政府间合作区的法制有关，因此首先要把有关地方政府间合作方面的立法工作做好。由于政府间合作协议

---

① 江国华，俞飚. 深汕特别合作区管理机构之法律定位论析 [J]. 广东行政学院学报，2020，32（06）：50-57.

② 孙笑侠. 法律对行政的控制：现代行政法的法理解释 [M]. 济南：山东人民出版社，1999：191.

③ 胡建淼. 如何理解法律授权？[N]. 学习时报，2020-12-09（02）.

没有直接的法律效力，因此要通过立法赋予政府间合作协议的法律效力。

全国人大及其常委会主要对国家区域发展战略、跨省级区域合作事项进行立法，而各省人大及其常委会主要对区域内具有共性的公共事务立法。① 通过国家和地方立法，有助于加强对政府间合作区的规范和管理。为了保障政府间合作区如"飞地经济"园区的健康可持续发展，有必要制定相关的法律，如制定程序法、区域合作法、区域合作条例。

### 二、及时制定行政程序法、区域合作法、区域合作条例

#### （一）及时制定行政程序法

"法律程序是人们进行法律行为所必须遵循或履行的法定时间和空间上的步骤和方式，是对行为的抑制，是实现实体权利义务的合法方式和必要条件。法律程序是针对法律行为而做出的要求，行政程序是针对行政法上的法律行为，特别是针对行政行为所做出的要求。现代行政法的程序化趋势向世人昭示：行政程序是行政法控制行政权力的重要方式。"② 行政程序法作为一项重要的现代法律制度，它规范和指引行政主体依法行政，保障相对人合法权益。行政程序法是行政法中基本的法律制度之一，它是形成公共权力意志、规范公共行政机关的法律制度、规范共同的行政程序的必要过程，也是规范行政机关与公民日常关系的一个主要渠道。③ 行政程序法制建设不仅可以把行政主体的行为纳入法治的轨道，防止行政自由裁量权的滥用，还能够保障公民的知情权、参与权和监督权，提高公民主人翁意识和民主意识。行政程序法能够实现程序正义，防止公共权力的异化，消除腐败产生的温床，保护公民的权利不受侵害，促进行政机关依法行政，推动法治政府建设和社会主义法治国家进程。④

在区域政府间合作中涉及权力（权利）、义务交涉的过程，具有过程性和交涉性的特点。在地方政府间合作中，要弱化行政过程的单方性，把区域合作的行政主体、参与主体等力量统合起来，通过制定行政程序法，使权力在法治的

---

① 贾嘉楠．区域治理的基本法律规制：区域合作法［J］．区域治理，2022（20）：101–104.

② 孙笑侠．法律对行政的控制：现代行政法的法理解释［M］．济南：山东人民出版社，1999：227.

③ 许可祝．西班牙《公共行政机关及共同的行政程序法》的颁布背景及主要特点［J］．行政法学研究，1996（02）：68–70.

④ 孙树志．行政程序法基本制度研究兰州［M］．兰州：甘肃文化出版社，2012：15.

轨道上运行。以程序规制权力，以程序保障权利，拓展各权力主体参与交涉、对话、协商的渠道和能力。①

法国行政法学家毛雷尔指出，"行政程序为贯彻和实施实体法服务，就此而言，如其他国家程序那样——都具有辅助功能，但是，不能低估行政程序，'将其视为令人讨厌的手续'。确立和遵守行政程序是做出没有法律争议的和客观裁量的决定的保障。现代裁决理论认为，程序本身对裁决具有重要意义。因此，法律不仅要规定裁决的实体要件，而且必须规范裁决的做出，即行政程序"②。近年来，我国虽然在行政程序立法方面做了大量工作，在诸多单行法律文件中都规定了有关行政程序的内容，为规范政府权力的行使发挥了重要作用，但是由于全国统一的行政程序法典并未制定，导致地方政府合作、社会组织合作的法律规范的缺失。③ 在现实中，地方政府间合作协议的签订和社会组织的合作等几乎找不到程序法上的依据。④ 使地方政府间合作缺乏必要的程序约束，随意性比较强。

制定行政程序法对建设法治中国、法治政府意义重大。制定行政程序法有助于将整个行政行为纳入法治的轨道，有利于保障行政法治对行政行为的全覆盖。⑤ 行政程序法的制定对于规范政府间的合作行为，维持社会的稳定，便于人民群众监督政府工作，防止权力腐败具有重要作用，能更好地保护公民、法人和其他组织的合法权益。能使地方政府间合作活动得到程序的约束，杜绝随意性。

（二）及时制定区域合作法

虽然各政府间跨行政区划的合作区都有自己的实际情况，但是有些问题是所有政府间合作区都存在的共性问题。如地方政府间合作协议的缔结的程序、其权限与范围、其必有的主要条款、争议纠纷的协调与处理措施等，这些都需要统一的法律来规定。

区域合作法需要按照民主性、科学性、程序性的原则、法制统一原则、平等互利原则来制定。在区域合作法中对区域合作模式、区域合作程序、区域合

① 程琥．必须重视行政程序法治［N］．学习时报，2016-01-14（A4）.
② 毛雷尔．行政法总论［M］．北京：法律出版社，2000：459.
③ 朱最新．府际合作治理的行政法问题研究［M］．北京：人民出版社，2017：39.
④ 杨治坤．区域治理的基本法律规制：区域合作法［J］．东方法学，2019（05）：93-100.
⑤ 佚名．行政程序法专家建议稿发布［J］．法制与社会（锐视版），2015.

作领域、区域合作主体、区域合作机制、区域合作平台的管理和运行予以规范。① 在立法路径上，可以采取综合立法与单行立法相结合、中央立法与地方立法相结合，通过建立利益表达机制、利益磋商机制、利益协议机制、利益补偿机制、利益协调监督机制、利益纠纷裁决机制，将地方政府间的利益协调纳入法律规制的范围。②

有学者建议，我国政府可以借鉴德国等国家的立法经验，制定地方合作法，对合作原则、合作内容、合作组织结构等做出规定。③ 我国的行政法领域、民商法领域、刑事法领域在立足于中国国情的前提下，都充分借鉴了国外好的立法经验。④ 他山之石可以攻玉，在制定区域合作法时，在立足中国国情、坚持走中国特色社会主义道路的前提下，也应充分借鉴国外好的区域合作方面的立法经验。

（三）及时制定区域合作条例

在地方立法层面，省级人大及其常委会可以在遵循有关区域合作的上位法如区域合作法的前提下，根据本地具体情况制定区域合作条例，对地方政府间合作的基本原则、合作目的、合作主体、合作事务、合作方式、合作平台、合作程序、各合作主体的权责义务，在政府间合作过程中出现的矛盾和纠纷处理方式等都悉以规定。

有学者建议，广东省可率先制定《广东省区域合作条例》，对广东省政府间合作协议的效力、履行机制以及产生的纠纷解决机制进行明确规定，为政府之间合作和缔结地方政府间合作协议提供法律保障，以推动地方政府间合作协议的规范化、法治化。⑤ 全国其他各省也可以根据本省的具体情况制定区域合作条例，对本地区的地方政府间合作活动进行规范。

各地方在开展立法工作时，要允许和鼓励公众和利害相关人积极参与立法工作，就立法所涉及的与他们的利益相关或者涉及公共利益的重大问题，通过

---

① 杨治坤. 区域治理的基本法律规制：区域合作法 [J]. 东方法学，2019（05）：93-100.

② 何登辉，王克稳. 我国区域合作：困境、成因及法律规制 [J]. 城市规划，2018，42（11）：64-70.

③ 王雁红. 德国地方政府跨域合作的经验及对中国的启示 [J]. 国外社会科学，2019（02）：82-88.

④ 余瑞冬. 白皮书：中国注意参考和借鉴国外的立法经验 [EB/OL]. 中国新闻网，2008-02-28.

⑤ 肖颂洋. 区域合作法制化：广东区域协调发展的外在路径 [J]. 清远职业技术学院学报，2022，15（01）：1-7.

发表评论，阐述利益诉求，充分表达自己的意见，提供改进立法工作的有益信息。① 通过引导人民群众参与区域合作条例的立法工作，提升立法的正当性、公正性、合理性。此外，为了维护政府间合作协议的法律效力，除了直接的区域协作立法外，各合作主体可以根据达成的政府间合作协议及时修改、清理和政府间合作协议内容相违背的本地区地方性立法和政策文件，并对政府间合作协议的地位、效力进行明确规定。② 防止有的地方性文件精神和已经签订的政府间合作协议的精神不一致，而干扰区域政府间合作协议的正常落实。

## 第二节　在宪法和地方组织法中补充调整府际横向关系条款的必要性

地方政府间合作区的建立和发展，必须有国家上位法的支持，尤其是宪法的支持。在宪法中补充调整府际横向关系的条款，对于保障地方政府间合作活动在宪法规范下进行，具有十分重要的意义。

国内一些学者建议将有关调整政府间横向关系的条款增补进宪法和地方组织法。他们认为地方政府间关系应当成为《宪法》的主要调整对象。学者何渊指出：府际关系是国家结构中一项重要的内容。"国家结构形式"这一概念的内涵，除了包括国家的整体与部分之间的关系即中央和地方的关系，还应包括国家的部分与部分之间的关系，即地方政府之间的关系。③ 行政法学中的法律保留原则认为，行政机关实施任何行政行为都必须有法律授权。而所谓"法律授权"应首先是《宪法》授权。因为《宪法》中没有关于地方政府间横向关系的条款，所以行政机关无法得到《宪法》授权，导致政府间的合作没有《宪法》上的明文依据，使得依法行政原则难以落实。④ 因此有必要根据区域一体化的发展情况，与时俱进，将有关规范政府间横向关系的条款补充进《宪法》，使政府间合作有明确的《宪法》条款依据。学者陈咏梅认为，《宪法》对地方政府权力

① 王锡锌. 行政过程中公众参与的制度实践［M］. 北京：中国法制出版社，2008：2.

② 何登辉，王克稳. 我国区域合作：困境、成因及法律规制［J］. 城市规划，2018，42（11）：64-70.

③ 何渊. 中国特色的区域法制协调机制研究［M］. 上海：格致出版社，2010：161.

④ 何渊. 中国特色的区域法制协调机制研究［M］. 上海：格致出版社，2010：161.

行使的范畴规定以"本行政区内"为要求，对区域府际合作的相关内容没有明确规定，致使政府间合作缺乏明确的宪法依据。建议可以采用《宪法》具体条文的形式对政府间合作活动进行规定，以避免对政府间合作"良性违宪"的质疑。① 学者陈凡指出，有必要将有关"国内区域合作"的内容条款写进宪法，理由是："国内区域合作涉及《宪法》《行政法》等复杂的综合性法律关系。国内区域合作属于国家战略，应该用《宪法》条款予以明确规定，以便为政府间合作和相关立法提供《宪法》依据。此外，政府间合作涉及了中央与地方、人大与政府、上级与下级等相关国家机关的关系问题，这些关系也应该由《宪法》进行调整。"② 学者邓勇认为，应当补充《宪法》中的有关政府间横向关系内容的条款，修改和完善《地方组织法》，出台《地方政府合作关系法》等，培育有利于城市区域协作组织发展的法治氛围，推进城市区域协作组织法律体系建设，促进城市区域协作组织合法有序运行。③ 学者郭琳琳认为，目前我国有关政府间合作的法律制度缺失，国家没有对地方政府间的合作有关事宜，通过专门的立法来明确和定位。《宪法》和《地方组织法》对有关地方政府间合作的规范和规制都比较笼统，并且不到位。不管是中央政府还是地方政府都很少涉及地方政府间合作机制的建立、权利以及责任的分担方面的问题。《宪法》和《地方组织法》的条款，只规定了对地方政府的行政管辖区域与事权，没有规定政府间的合作事项和可以开展合作的领域，也没有规范和规制地方政府间合作的实施、组织、机制、责任等。④ 学者尹姝指出：有必要修改《宪法》和《地方组织法》，在《宪法》中补充有关政府间关系的条款，在《地方政府组织法》中设专章规定与地方政府间关系的有关内容，为地方政府间合作提供宪法依据。⑤ 学者黄喆指出，随着区域公共事务的不断涌现，地方政府之间的合作日益增多，这使地方政府之间的横向关系的协调重要性日益凸显出来。应当把区域协调纳入《宪法》和《地方组织法》调整的范围。⑥

学者蔡岚指出，《宪法》和《地方组织法》虽然都分别规定了地方政府在

① 陈咏梅. 论法治视野下府际合作的立法规范 [J]. 暨南学报（哲学社会科学版），2015，37（02）：128-133.
② 陈凡. 国内区域合作的法律性质与立法完善 [J]. 当代广西，2007（04）：48.
③ 邓勇. 城市区域协作组织法治保障研究 [M]. 北京：首都经济贸易大学出版社，2016：5.
④ 郭琳琳. 区域协调发展和全国统筹的关键因素：我国地方政府间合作制约因素探析 [J]. 毛泽东邓小平理论研究，2015（03）：18-23，91.
⑤ 尹姝. 地方政府间关系的法律重构 [J]. 法制与社会，2012（22）：129-130.
⑥ 黄喆. 区域行政协调的立法检视与规制完善 [J]. 政法学刊，2019，36（04）：12-18.

国家政治经济生活中的地位和作用，但是对地方政府间怎样发展对等关系，各地方政府在区域合作中的法律地位，区域管理机构的法律地位等方面却没有提供相关的法律依据。以至于不能给地方政府间的合作提供科学有效的框架，也不能为各地方主体之间的合作和公平竞争提供法律保障。① 学者王雁红认为，《宪法》还没有对地方政府跨域合作做出规定，这使得地方政府跨域合作行为缺乏统一的规划与管理，显得无序。建议政府可以考虑在《宪法》《地方组织法》中适时增加关于地方政府合作原则、组织机构设置、纠纷裁决等方面的规定。② 学者唐丽萍指出，《宪法》中没有明确划分中央政府与地方政府的权力，《地方组织法》关于地方职权的规定，绝大部分内容是中央政府的翻版。她认为，在明确中央与地方事权划分规则基础上，应从立法上将中央与地方的职权的划分确立下来。③

学者程香丽建议，在《宪法》和《地方组织法》中规定地方政府间开展合作的权力，并规定中央政府在区域合作中的权力，规定地方政府合作过程中的权利与责任的分担等问题。④ 学者汪伟全指出，我国《宪法》和《地方组织法》涉及有关府际合作的具体规定和条例几乎是空白，法律只规范了各级政府管理其辖区范围内的事务，对于上级机关（或中央政府）在跨域事务的角色扮演，地方政府在府际合作中合作机制的建立、权利与责任分担等问题根本没有涉及，这会对政府间的合作行为带来如下的隐患：第一，地方的合作权限被中央或上级政府所有，地方自治权存在着被予以剥夺的危险；第二，导致地方政府把过多的精力放在走"上级路线"上，力求从上级机关（或中央政府）获得优惠政策，而忽视与同级政府间的合作；第三，由于有关法制规定不足，政府间合作事务的处理就变成互争权力、推诿塞责，而无法达到真正解决问题的目的。⑤

《宪法》第八十九条规定，中央政府（国务院）统一领导全国地方各级国家行政机关的工作。规定中央和省、自治区、直辖市的国家行政机关的职权的具体划分。《宪法》与《地方政府组织法》都规定了县级以上地方各级人民政

---

① 蔡岚. 府际合作中的困境及对策研究 [J]. 行政论坛，2007（05）：91-93.
② 王雁红. 德国地方政府跨域合作的经验及对中国的启示 [J]. 国外社会科学，2019（02）：82-88.
③ 唐丽萍. 中国地方政府竞争中的治理研究 [M]. 上海：上海人民出版社，2010：137.
④ 程香丽. 论我国地方政府际关系法制化的实现途径 [J]. 山东省青年管理干部学院学报，2008（03）：93-97.
⑤ 汪伟全. 论我国地方政府间合作存在问题及解决途径 [J]. 公共管理学报，2005（03）：31-35，93.

府依照法律规定的权限，管理本行政区域内的经济、教育、科学、文化、卫生等事务。县级以上的地方各级人民政府领导所属各工作部门和下级人民政府的工作，有权改变或者撤销所属各工作部门和下级人民政府的不适当的决定。《宪法》中只明确了各级政府对其辖区内事务和上级机关在跨辖区事务中的管理角色，只规定了"中央和地方的国家机构职权的划分，遵循在中央的统一领导下，充分发挥地方的主动性、积极性的原则"，并授权国务院规定中央和省、自治区、直辖市国家行政机关的具体职权划分。① 学者喻少如建议，为了解决区域地方政府间合作协议的合法性的问题、保障地方政府间合作协议的法律效力，需要通过完善宪法和法律相关条款，对区域政府间合作行为做出明确的规定。②

以上学者们关于在宪法和地方组织法中增补有关规范地方政府合作活动的条款的意见中肯，对进一步完善宪法和地方组织法中有关调整政府间横向关系的条款大有裨益，为有关部门提供了很有见地的参考意见。

## 第三节　在宪法中增补有关调整政府间横向关系条款的重要性

法律的稳定性和社会生活变化之间总是存在着矛盾，它促使法律要回应社会发展的新情况，不断向前发展。习近平总书记指出："宪法只有不断适应新形势，吸纳新经验，确认新成果，才能具有持久生命力。"③ 宪法是在规范与现实既相统一又相矛盾的过程中，存在并不断得到完善。④ 宪法随着实践的发展而发展，这是我国宪法发展的基本规律。⑤

宪法是国家的根本法。所谓根本法，就是国家最重要、最根本的法律，它是统治阶级意志的最集中体现，是民主制度化、法律化的基本形式，是政治力量对比关系的集中体现，是人民权利的保障书，是治国安邦的总章程。它规定

---

① 吕志奎. 区域治理中政府间协作的法律制度：美国州际协议研究 [M]. 北京：中国社会科学出版社，2015：12.

② 喻少如. 区域经济合作中的行政协议 [J]. 求索，2007（11）：96-98.

③ 习近平. 在首都纪念宪法公布实施 30 周年大会上的讲话 [EB/OL]. 新华网，2012-12-04.

④ 韩大元. 论宪法规范与社会现实的冲突 [J]. 中国法学，2000（05）：3-16.

⑤ 周叶中，张权. 宪法发展：中国现行宪法变动方式的理论言说 [J]. 华东政法大学学报，2021，24（03）：82-92.

内容是国家制度和社会制度最重要的问题，如不同国家机关权力的分工，国家机关的职权范围，行使职权的方式，应保障的公民的基本权利。宪法规定了国家生活中最根本的问题，有的宪法还规定了社会经济制度，国家的基本政策和原则等。① 宪法应规定国家最根本、最重要的问题，而包括缔约权在内的地方政府间关系是国家结构形式的重要内容之一，它是我国单一制中值得重视的维度，也是国家根本、重要的问题之一，它们应当被规定在宪法之中。② 但是目前我国仅有"湖南省行政程序规定""江苏省行政程序规定"中规定了区域政府间可以缔结政府间合作协议，但是在这两个政府规章中都没有有关政府间合作协议对缔约主体拘束力的规定，而且它们的法律效力层次都较低。

我国现行《宪法》是 1982 年 12 月 4 日第五届全国人民代表大会第五次会议通过的，距今已经 40 多年。《宪法》与时俱进，分别于 1988 年、1993 年、1999 年、2004 年和 2018 年进行了 5 次修改。这 5 次修改，有力地推动和加强了我国社会主义法治建设。

我国现行《宪法》中有关政府的条款分别是第八十五条、第八十九条、第九十一条、第九十五条、第一百零一条、第一百零四条、第一百零五条、第一百零六条、第一百零七条、第一百零八条、第一百一十条、第一百一十一条、第一百一十二条等，这些条款都和政府职责，行使职权等有关。由于历史的原因，我国《宪法》只对中央政府和地方政府的纵向关系和地方政府自身的职权问题进行了规定，对改革开放以来出现的政府间横向关系如何协调的问题却没有涉足。

单一制国家的中央政府的权力较大，其体制运作往往注重中央对地方政府的行政管理与自治监督。③ 从宪法层面观察，我国《宪法》更多地着力于中央与地方层面的权力划分，并未涉及地方政府之间的关系的规范。中央与地方政府间关系是我国作为一个单一制结构的大国重点关注的问题，这是有历史背景和复杂的历史原因的。孟德斯鸠曾经明确指出，"对于各种法律和宪法实践的任何理解都必须植根于社会的一般状况之中"④。地方政府间关系问题是在我国改革开放和市场经济发展之后才出现的，1982 年《宪法》没能关注这一问题，其

---

① 蔡定剑. 宪法精解 [M]. 北京：法律出版社，2004：131.
② 何渊. 中国特色的区域法制协调机制研究 [M]. 上海：格致出版社，2010：161.
③ 赵永茂，孙同文，江大树. 府际关系 [M]. 台北：元照出版社，2001：10.
④ 洛克林. 公法与政治理论 [M]. 北京：商务印书馆，2002：86.

后的 31 条《中华人民共和国宪法修正案》（简称《宪法修正案》）中也没有这方面的内容，其中原因是好理解的。① 学者认为，中国政府之间尤其是地方政府之间的关系主要表现为以垂直联系为主。② 改革开放之前，我国搞的是计划经济，区域政府之间没有像现在这样广泛地开展合作。《宪法》是为现实服务的，那时没有必要对政府间的横向关系调整进行规范。随着国家现代化建设的加快推进，改革开放的深入，我国计划经济体制下的政府间关系向现代市场经济体制下的政府间关系发生变化，地方政府间合作频繁，这就要求国家制定相关的法律进行规范。应该看到，在单一制国家结构形式中，最不好处理的问题便是中央与地方的关系。在我国长达几千年的封建社会中，中央与地方的紧张关系不时以各种形式表现出来。我国古代历代统治者都非常注意防范由于地方势力过于强大而直接威胁国家的统一和中央权力的情况发生。为了杜绝这一情况发生，保持封建王朝的江山稳固，统治者对行政区划设置都经过了精心考虑。例如，中国古代徐州的行政区的划归就证明了这一点。③

徐州的地理位置独特，历来是兵家必争之地。徐州处于中国南北交通的枢纽，具有非常重要的战略意义。从地理位置方面看，徐州靠近山东，而山东海岸线长，在中国古代它享有制海权。中国古代皇帝都不把徐州划入山东，这是因为如果把陆上战略要地徐州划归山东，就会使山东既有制海权，又有陆上的战略要冲，万一山东地方官起兵反叛朝廷，因为山东既有海上的战略优势，又有徐州这样的重要的陆上战略要地，就会直接影响到封建王朝江山的安全。

明朝初年，徐州曾属中都凤阳府，而后又隶属于河南省的开封府，再后隶属于南京临濠府。清朝初年，徐州划归江南省。那时的江南省人才辈出、物产富饶。当时江南省上交清廷赋税占全国总数的 1/3，其是清王朝的主要财力来源。清朝顺治皇帝生怕有人利用江南省各方面的条件，背叛朝廷搞独立王国，另一方面也为了把省份划小便于管理，便将江南省分割为安徽省和江苏省，徐州划给了江苏省。④

---

① 汪建昌. 区域行政协议：理性选择、存在问题及其完善 [J]. 经济体制改革，2012 (01)：37-41.

② 谢庆奎. 中国政府的府际关系研究 [J]. 北京大学学报（哲学社会科学版），2000 (01)：26-34.

③ 焦洪昌. 宪法学 [M]. 北京：北京大学出版社，2013：217-219.

④ 朴飞. 论行政区划在保持我国稳定中的作用 [J]. 长春理工大学学报（社会科学版），2013，26 (04)：1-2.

新中国成立之初，中央与地方的紧张关系也曾一度存在。例如，设立和撤销各大行政区的那一段历史就是明证。① 1949 年 12 月 9 日，周恩来主持召开政务院第十次政务会议，会议决定成立"大行政区人民会议组织通则起草小组"，这次会议确立了在全国成立大行政区的决策。随后全国被划分为华北、华东、中南、西北、西南、东北六大行政区。在全国设立六大行政区目的是便于实行党政军一体化管理。② 可是"大行政区的制度容易造成中央与地方权力切割，便利于各大区之间在利益上相互依托，进而向中央闹独立性"③。为了防止这种情况的发生，1954 年 4 月，中共中央政治局扩大会议通过决议撤销了大区一级的党政机关。④

当前政府之间合作是否可能会威胁到我国单一制国家结构形式的稳定呢？虽然这是一个当前实际上并不存在，属于假设性的问题，这只是对将来可能发生的地方权力过于强大而是否会威胁中央的一种担心，但是如何采取措施，未雨绸缪、防患未然，避免这一宪法问题的产生是当前的一个重要问题。⑤ 面对地方政府缔约权的扩张，要加强对地方政府缔约权的监管，中央政府有必要改革对地方政府缔约权的监控方式，完善对地方政府缔约权的监督机制，而通过在《宪法》中规定政府间横向关系，利用法治办法是最好的监管途径。为了避免出现的地方联盟有可能对国家统一和稳定构成的影响，《宪法》中应该对政府间横向关系进行明确规范。⑥ 值得关注的是，国外非常重视通过立法来规范政府间的合作行为，德国作为联邦制国家，各地方自治团体享有高度的自治权，地区之间进行区域合作在法律上不存在任何障碍。《德意志联邦共和国基本法》第二十八条第二款第一句就十分明确地规定了地方政府的自治权，各地方政府可以自行决定如何处理跨区域事务。《德意志联邦共和国基本法》中的这一条款为德国各地方政府参与区域合作提供了法律保障。⑦ 美国《联邦宪法》、西班牙《公共行政机关及共同的行政程序法》、日本《地方自治法》都赋予地方政府间缔结合

---

① 刘松山. 区域协同立法的宪法法律问题 [J]. 中国法律评论, 2019 (04)：62-75.
② 朴飞. 中国宪法与行政区划 [M]. 长春：吉林人民出版社, 2016：94.
③ 刘松山. 区域协同立法的宪法法律问题 [J]. 中国法律评论, 2019 (04)：62-75.
④ 刘松山. 区域协同立法的宪法法律问题 [J]. 中国法律评论, 2019 (04)：62-75.
⑤ 黄燕花. 长三角区域协同立法的合宪合法性与立法模式探究 [J]. 安徽行政学院学报, 2021 (03)：92-99.
⑥ 何渊. 中国特色的区域法制协调机制研究 [M]. 上海：格致出版社, 2010：163.
⑦ 董明非. 基础、主体和机制：外国区域合作制度的组织法研究 [J]. 国外社会科学前沿, 2019 (09)：48-56, 83.

作协议的权力与职能。我们应从中国的国情出发，充分借鉴域外这方面的成功经验，补充《宪法》有关政府间横向关系的条款，赋予政府间合作协议以合法地位并确认其法律效力，为政府间合作协议缔结、实施及责任承担提供明确的法律依据。① "当前区域府际合作并未获得法定权力与地位，主要是以'人'为推动力而非'法治'，故研究认为，为府际合作寻求法律保障是当务之急，具有重要的现实意义。"②

总之，在《宪法》中补充、增加有关调整政府间横向关系的条款，对于规范地方政府之间的合作活动，促进地方政府间合作沿着法治的轨道前进，保障地方政府间合作区的经济健康有序地发展具有重要意义。可以在《宪法》第三十条新增第四款规定：国家推进行政区划一体化协同发展，加强地方政府间合作。在《宪法》第八十九条国务院职权条款中加入指导、协调、监督地方各级人民政府合作的职权的规定。在《宪法》第一百零七条加入第二款，县级以上的地方各级人民政府根据国家区域发展战略，结合地方实际需要，可以共同建立跨行政区划协同发展工作机制，加强区域合作协同一体化。在《宪法》第一百零八条加入第二款，县级以上人民政府应当对下级人民政府的区域合作工作进行指导、协调和监督。

## 第四节 地方政府间合作区的立法和政策建议

### 一、在上级政府层面的建议

（一）应制定合作区的专门法律和基本合作规则，维护行政区划体制，保障合作区的地位，促进合作区的发展，保证合作区的共同属性，保证合作区的长期性、稳定性、权威性，设定合作标准，规范区域地方政府间的基础合作行为，引导合作方依法、正当、有效合作，保障合作权益，营造良好健康的合作生态。

设立合作区既是合作方的一种合作活动，也是上级政府为实现特定目标的

---

① 季晨澍.论区域行政协议的法律效力及强化对策［J］.江苏大学学报（社会科学版），2022，24（02）：114-124.

② 杨毅，张琳.成渝经济区地方政府跨域治理合作机制的理论与实践［M］.北京：知识产权出版社，2019：169.

指令活动，需要上级政府制定基本的框架活动规则，在基本的框架活动规则之下，合作方进行合作，以有效形成在特定框架规则之下的自主合作的生态。合作区是伴随特定区域发展目标而设立的开发区域，是计划与市场，上级政府与下级政府行为的结合，毫无约束地自由合作，合作区会轻易散掉，要加以适当的制度刚性予以规制。

（二）应构建合作区治理的协同规则。合作区治理的协同规则包括：治理协同的基本场景、基本原则、基本制度，设立合作方协同的职责、权利、义务和责任，加强制度保障。建立基础协同制度，理顺合作方的协同关系，用制度巩固合作方协同行为，用制度规范合作方协同行为。合作区治理的协同规则是一种标准化的接口。合作方往往因为合作人员的变动，机构的调整，而使协同治理需要重新磨合，合作协同规则能极大提高合作方合作协同的默契程度、准确程度、流畅程度和效率。由于目前缺乏协同规则，所以最有效的方式是托管或直管。

（三）应建立专门的主管部门，依法指导、协调、监督合作区的活动，监管合作方的有关合作区的协商、建设、治理、分享行为，防止合作区组织失调、失责、治理低下，防止合作区不当行使权力，侵犯相关方权益，防止利益分配不均、畸轻畸重，防止合作方偏离正确的合作轨道，保证合作区正确的发展方向，维护合作方整体的利益。

（四）应制定促进合作区发展的鼓励政策，利用各项减免政策引导下级政府开展合作区活动。自组织行为的构建，共生状态的形成，需要外参量的驱动，这种外参量可以是相关的鼓励政策，没有外参量的驱动，作为子系统的地方政府有时是没有动力进行合作的。上一级政府要为下级合作方政府预留一定的自组织空间，以激发合作的主动性、积极性、创造性。上级政府可以授权"飞出地"的区域发展政策覆盖合作区。

（五）应遵循科学的区域发展规律，因势利导，循序渐进，资源互补，强弱结合，各得其所，由浅入深，由弱到强。科学合理行使指导权力。从单一领域逐渐扩展到多领域合作，可以先设立合作产业园，待经验成熟后，逐步升级为合作开发区，再到合作功能区，最后也可以上升为行政区划飞地。

初期可以用三级的产业园的形式开展合作，经过合作磨合、适应、积累了一定的经验后，再以开发区的形式开展合作，再到综合功能区的形式开展合作。这种方式可以阶段式控制合作风险。三级的产业园出现风险，还有二级的开发区作为屏蔽，如果二级的开发区出现风险，还有一级的行政区域作为屏蔽。

（六）应加强对地方政府间合作区活动的宏观指导和底线监督，引导合作方地方政府依法、正当、有序开展合作，尊重合作方的主体性权力，维护法律、公益和道德的边界，可以赋予在一定范围内自主选择合作方、自主选择合作方式的权利。在上级政府宏观指导、统筹计划之下，预留合作方一定的自组织空间，一定的自组织空间和方式可以充分调动合作方的主动性、积极性和创造性，实现经济资源配置的高效率和机动性。上级政府可以科学合理划定下级对口的合作范围，并在条件成熟的时候，适当扩大对口合作范围。特别是在俄罗斯远东地区大开发的背景下，各省份都热切希望在东北三省设立前哨中转基地，所以在一定时期后应制定新的政策、逐步扩大合作范围，让更多的省市主体参与合作。

（七）应用法治化的方式保障合作区的高效发展，保障合作方的权益，加强科学立法、严格执法、公正司法、全面守法。上级政府应加强法治指标体系的建设，构建客观科学的合作区法治指标体系，让法治政府看得见、摸得着，使合作的各方政府对于合作区的法治水平有共同的客观评价标准。

（八）应强化合作区的共同的基本属性。合作区的共同属性，是合作区正当性、合法性的基础。只有明确合作区的共同属性，合作方才能够心甘情愿、实心实意地将自己的资源投入合作区。无论合作区最终委托谁来管理，合作区要维持至少在形式上的共同属性，维持最低限度的共建、共享关系，以充分保证合作区的正当性、合法性。应建立合作方之间的利益共同体关系，形成利益共享、风险共担的制度。合作方代表会议应作为合作区的法定协商决策机构，以体现共同属性，充分发挥领导、协调作用。

**二、在合作方地方政府层面的建议**

（一）合作方地方政府设立合作区应当明确目标。这个目标可以是推进城市圈扩张，可以是招商引资、产业转移、发展经济，可以是帮扶、均衡发展，可以是投资未来新领域、跨区域开发调配资源，可以是促进区域经济社会一体化，可以是完善行政区划等，无论是什么样的发展目标，目标必须明确。明确目标，按照目标来设置不同的合作区及治理结构，有助于集中相关的领域资源和力量。

（二）保障合作方的权益。合作方地方政府应有从合作区中获得利益和发展的可能，存在发展的机遇和收益的空间，至少不应损害合作方的利益。各合作方应当能够从合作区中看到利益，得到利益，共享利益。利益是合作方建立合作区的基本动机，应尊重合作方的利益需求，尊重价值利益调节机制的作用，如果合作方利益受到损害，是不符合经济规律的，不利于合作区发展。

（三）构建统一、完整的合作区治理机构。应构建合作区的专门治理机构，将合作方的协商决策机构、执行管理机构、监管机构，共同整合入合作区法定的统一的治理机构，统一制度。应尽量减少游离于合作区治理机构之外的机关，尽量将合作区的管理纳入统一、完整的体系，构建专门化、现代化、正规化、整体化的合作区治理机构。

（四）提升管理信息互联互通程度。信息互联互通是提高治理效果的核心因素之一。没有充分的信息互联互通共享，就无法实现深度协同。合作方要把自己所能获得的信息进行统一汇总、共享。

1. 合作方之间应进行信息共享。信息不共享、不交互、不沟通，或一方封锁、垄断信息，合作方就无法有效协同联动。要加强建立信息互联互通制度，加强互联互通信息网络建设，明确信息互联互通在协同管理中的重要地位，明确贯通、共享信息是合作方的义务和责任，加强信息贯通管理，加强信息保密。

2. 合作区应构建合作方顶层的决策信息互联互通制度，构建合作方部门之间的管理信息互联互通制度。从部门发现问题或机遇汇报至顶层，再由顶层交互，再到层层布置，会迟延、失真，而且阻抗较高，现代经济竞争态势瞬息万变，机遇转瞬即逝，因此需要构建合作方部门之间的深度互联互通，赋能决策、执行部门应对现实机遇做出快速反应。

（五）合作方地方政府应加强合作区文化的建设。构建和树立共同、协同、联合的文化理念。设立合作区之前，要先做好思想准备工作，做好宣传教育工作。要向合作方、合作区的居民做好有关的宣传、解释工作，全面深入介绍好合作区，让广大居民了解合作区的原理及能够带来的好处，需要付出的代价和负担的义务，理解合作区可能造成的各种影响，防止居民认识出现偏差，对合作区造成误解。要及时向广大居民公布合作区开展建设的具体情况。更要向合作方的公务人员宣传普及合作区的理论知识。

（六）合作方应集中力量、统一资源、重点突破。特定两个合作方之间设置合作区最多以两个为宜。一个地方与不同地方设置合作区最多不应超过四个。合作区设置过于泛化，会导致合作方的精力、资源投入分散。必须在关键性的地点设置合作区，集中发展。合作区一般是合作方地方政府主要官员直接负责管理的区域，要保证其能有足够的精力投入合作区管理。

（七）提升管理人员协同管理能力，合作区管理对行政管理人员能力提出了新的更高的要求。合作区的管理人员应熟悉掌握协同联合管理的基本规律、基本理念、基本原则制度和管理流程，能够运用协同思维、协同方式管理合作区，处理协同发展面临的各种问题。增强彼此合作方的各领域熟悉程度，熟悉彼此的法规和政策，彼此的行为方式和习惯。对合作方的管理方式、管理队伍素质、社会资源禀赋等情况都要深入了解。

（八）构建专门的协同联合人事制度。在建立合作区之前，合作方的公务人员应进行交换、轮岗任职，将公务员的交换、轮岗任职作为合作区管理人员任职的法定条件。应经常进行提高公务人员的协同能力的培训，加强协同知识技能的训练。成立专门的协同联合教育培训、训练机构。加强全局、战略、协同、联合、平衡、换位多角度思维能力培训。加快建立协同联合的人事任免、升降、考核、奖惩、监督、培训制度。

（九）科学配置主责和领导权。应明确治理主责。合作方之间应形成治理责任主次关系，治理主责应当清晰、明确，一般以一方为主，其他方为辅，以形成主责明确的领导结构。合作方之间一定要设定一方为主责方，并且应由该方主要行政官员负责领导，或者成立联合领导机构，由该机构承担主责。不明确治理主责是不符合合作治理的基本规律的。

上一级政府及合作方之间应根据区域发展目标，共同确定承担主责的合作方。合作区领导权在合作方之间的配置，要把握整体的区域战略方向，实现整体的区域战略目标，而非简单的、依据强者占据主导地位的原则。例如，广东·海南（徐闻）合作区，广东的经济体量要远远大于海南，但是，为了海南与广东一体化发展，管理主导权应配置给海南省。国家为了发挥澳门建设横琴粤澳深度合作区的主动性，使横琴粤澳深度合作区真正成为澳门经济适度多元化的发展平台，因此决定由澳方官员担任横琴粤澳深度合作区执行委员会主任。

中央决定这样做，是希望充分发挥澳门特区政府的主动性和积极性。此举有利于促进澳门经济适度多元发展，进而造福于粤澳两地人民，同时也有利于广东省的经济发展融入全球经济发展的洪流。

# 参考文献

一、著作

[1] 中共中央文献研究室编. 习近平关于全面依法治国论述摘编 [M]. 北京：中央文献出版社，2015.

[2] 中共中央宣传部中央全国依法治国委员会办公室. 习近平法治思想纲要 [M]. 北京：人民出版社，学习出版社，2021.

[3] 彼得斯. 政府未来治理的治理模式 [M]. 吴爱明，夏宏图，译. 北京：中国人民大学出版社，2013.

[4] 邓勇. 城市区域协作组织法治保障研究 [M]. 北京：首都经济贸易大学出版社，2016.

[5] 冯玉军. 区域协同立法理论与实践 [M]. 北京：法律出版社，2019.

[6] 何渊. 中国特色的区域法制协调机制研究 [M]. 上海：格致出版社，2010.

[7] 胡建淼. 行政法学：第四版 [M]. 北京：法律出版社，2015.

[8] 姜明安. 行政法与行政诉讼法 [M]. 北京：北京大学出版社，2001.

[9]《经济法学》编写组. 经济法学 [M]. 北京：高等教育出版社，2016.

[10] 林鸿潮. 行政法与行政诉讼法 [M]. 北京：北京大学出版社，2015.

[11] 蔺耀昌. 行政契约效力研究 [M]. 北京：法律出版社，2010.

[12] 吕志奎. 区域治理中政府间协作的法律制度：美国州际协议研究 [M]. 北京：中国社会科学出版社，2015.

[13] 洛克林. 公法与政治理论 [M]. 郑戈，译. 北京：商务印书馆，2002.

[14] 马怀德. 行政法学 [M]. 北京：中国政法大学出版社，2007.

[15] 毛雷尔. 行政法总论 [M]. 高家伟，译. 北京：法律出版社，2000.

[16] 孟庆瑜. 地方立法与法治政府建设 [M]. 北京：知识产权出版

社，2019.

[17] 潘高峰. 区域经济一体化中政府合作的法制协调研究 [M]. 北京：人民出版社，2015.

[18] 潘小娟. 地方政府合作研究 [M]. 北京：人民出版社，2016.

[19] 朴飞. 中国宪法与行政区划 [M]. 长春：吉林人民出版社，2016.

[20] 强世功. 立法者的法理学 [M]. 北京：生活·读书·新知三联书店，2007.

[21] 施托贝尔. 经济宪法与经济行政法总论 [M]. 谢立斌，译. 北京：商务印书馆，2008.

[22] 石佑启，朱最新. 区域法治与地方立法研究 [M]. 广州：广东教育出版社，2015.

[23] 孙笑侠. 法律对行政的控制：现代行政法的法理解释 [M]. 济南：山东人民出版社，1999.

[24] 唐丽萍. 中国地方政府竞争中的地方治理研究 [M]. 上海：上海人民出版社，2010.

[25] 汪伟全. 地方政府研究 [M]. 北京：中央编译出版社，2013.

[26] 王春业. 区域合作背景下地方联合立法研究 [M]. 北京：中国经济出版社，2014.

[27] 王春业. 我国经济区域法制一体化研究 [M]. 北京：人民出版社，2010.

[28] 王军鹏. 深汕特别合作区发展思路研究 [M]. 长春：吉林大学出版社，2020.

[29] 王箐. 区域政府合作协议研究 [M]. 北京：首都经济贸易大学出版社，2017.

[30] 王万华. 行政程序法研究 [M]. 北京：中国法制出版社，2000.

[31] 魏向前. 呼包银榆经济区政府间合作问题研究 [M]. 银川：宁夏人民出版社，2019.

[32] 肖卓霖. 区域经济协同发展的理论与实践研究 [M]. 北京：中国纺织出版社，2021.

[33] 杨临宏. 立法法：原理与制度 [M]. 昆明：云南大学出版社，2011.

[34] 杨毅，张琳. 成渝经济区地方政府跨域治理合作机制的理论与实践 [M]. 北京：知识产权出版社，2019.

[35] 叶必丰，何渊. 区域合作协议汇编 [M]. 北京：法律出版社，2011.

[36] 叶必丰. 行政法与行政诉讼法：第三版 [M]. 北京：高等教育出版社，2015.

[37] 叶必丰. 行政协议：区域政府间合作机制研究 [M]. 北京：法律出版社，2010.

[38] 余凌云. 行政契约论 [M]. 北京：中国人民大学出版社，2000.

[39] 张紧跟. 当代中国地方政府间横向关系协调研究 [M]. 北京：中国社会科学出版社，2006.

[40] 章剑生. 行政法与行政诉讼法 [M]. 北京：北京大学出版社，2014.

[41] 周佑勇. 区域政府合作的法治原理与机制 [M]. 北京：法律出版社，2016.

[42] 朱最新. 府际合作治理的行政法问题研究 [M]. 北京：人民出版社，2017.

[43] 产耀东. 创新深汕特别合作区发展思路，构筑深圳经济新增长极 [C] //深圳大学中国经济研究中心. 2018 世界经济特区发展（深圳）论坛：改革开放再出发论文集（中英文双语）. 主办单位：深圳大学中国经济特区研究中心，一带一路国际合作发展（深圳）研究院，深圳市前海创新研究院，中国建设报，2018.

[44] 产耀东. "飞地经济"模式视阈下的深汕特别合作区发展研究 [C] //深圳大学中国经济特区研究中心. 中国经济特区研究. 北京：社会科学文献出版社，2019.

[45] 陈池. 新时代广东改革创新再出发的"两德"模式的探索与启示 [C] //中国经济体制改革研究会. 第十七届中国改革论坛文集. 中国经济体制改革研究会主办，2019.

[46] 杜浩，吴新纪，王海勇. 共建园区模式发展的成效、问题及转型策略：以江阴—靖江工业园区为例 [C] //中国城市规划学会，沈阳市人民政府. 规划 60 年：成就与挑战：2016 中国城市规划年会论文集. 北京：中国建筑工业出版社，2016.

[47] 何渊. 行政协议：中国特色的政府间合作机制 [C] //上海法学会. 政府法制研究. 上海：上海市行政法制研究所，2008.

[48] 李启华，王利文. 政府制度创新视角下的飞地经济模式及其推广研究 [C] //广东外语外贸大学. 市场经济与政府职能转变：2012 年岭南经济论坛暨广东经济学会年会论文集. 广州：广东经济学会，2012.

[49] 张和强. 基于区域协调的飞地空间治理研究：以深汕特别合作区为例

[C] //中国城市规律学会，成都市人民政府．面向高质量发展的空间治理：2021中国城市规划年会论文集，2021．

[50] 张琴．区域协同立法的宪法检视 [C] //上海市法学会．《上海法学研究》集刊．2021年第17卷 总第65卷．上海市法学会编．2021．

[51] 周洋．管治视角下的城市管理体制研究：以深汕特别合作区为例 [C] //中国城市规划学会，东莞市人民政府．持续发展 理性规划：2017中国城市规划年会论文集．北京：中国建筑工业出版社，2017．

## 二、期刊

[1] 包宏．地方政府府际合作的现实困境及其出路 [J]．知识经济，2010 (19)．

[2] 卞熙昀．同城化视角下跨江联动共建园区的现状问题和对策研究：以江阴—靖江工业园为例 [J]．建筑与文化，2021 (04)．

[3] 蔡岚．府际合作中的困境及对策研究 [J]．行政论坛，2007 (05)．

[4] 曹阳昭．我国区域法制实施的模式研究 [J]．北京化工大学学报（社会科学版），2015 (03)．

[5] 常畅．追求卓越 持续改善：谈中新苏州工业园区跨越式发展的启示 [J]．价值工程，2004 (09)．

[6] 陈凡．国内区域合作的法律性质与立法完善 [J]．当代广西，2007 (04)．

[7] 陈光．论区域法治竞争视角下的地方立法协调 [J]．东方法学，2019 (05)．

[8] 陈光．区域合作协议：一种新的公法治理规范 [J]．哈尔滨工业大学学报（社会科学版），2017，19 (02)．

[9] 陈建平．国家治理现代化视域下的区域协同立法：问题、成因及路径选择 [J]．重庆社会科学，2020 (12)．

[10] 陈瑞莲，张紧跟．试论我国区域行政研究 [J]．广州大学学报（社会科学版），2002 (04)．

[11] 陈婉玲．中国区域经济法制发展的现状与未来 [J]．北方法学，2020，14 (06)．

[12] 陈咏梅．论法治视野下府际合作的立法规范 [J]．暨南学报（哲学社会科学版），2015，37 (02)．

[13] 程香丽．论我国地方府际关系法制化的实现途径 [J]．山东省青年管

理干部学院学报，2008（03）.

[14] 崔卓兰，黄嘉伟. 区际行政协议试论 [J]. 当代法学，2011（06）.

[15] 丁伟伟，彭伟斌. 中国飞地经济运行机制探析 [J]. 创意城市学刊，2020（03）.

[16] 丁杨秋. 区域政府合作协议争端解决机制构建 [J]. 惠州学院学报，2018，38（05）.

[17] 董明非. 基础、主体和机制：外国区域合作制度的组织法研究 [J]. 国外社会科学前沿，2019（09）.

[18] 范奇. 行政协议制度创制的路径依赖与矫正 [J]. 行政法学研究，2021（06）.

[19] 高幸，张明善. 我国飞地经济运行机制的完善 [J]. 中南民族大学学报（人文社会科学版），2021，41（01）.

[20] 广东省人民政府. 广东深汕特别合作区管理服务规定 [J]. 广东省人民政府公报，2015（25）.

[21] 郭丽莎，徐世长. 横琴粤澳深度合作区的改革承载及法治保障研究 [J]. 澳门法学，2021（03）.

[22] 韩大元. 论宪法规范与社会现实的冲突 [J]. 中国法学，2000（05）.

[23] 何登辉，王克稳. 我国区域合作：困境、成因及法律规制 [J]. 城市规划，2018，42（11）.

[24] 何登辉，王克稳. 我国区域合作：困境、成因及法律规制 [J]. 城市规划，2018，42（11）.

[25] 何渊. 区域协调发展背景下行政协议的法律效力 [J]. 上海行政学院学报，2010（04）.

[26] 何芸，卢剑忱. 经济合作区经济管理权限行政审批制度的实践分析：以广东顺德清远（英德）经济合作区为例 [J]. 太原城市职业技术学院学报，2015（02）.

[27] 胡艳. 区域政府间合作协议之法律效力研究 [J]. 法制博览（中旬刊），2013（03）.

[28] 华国庆. 论中国区域协调发展立法基本原则 [J]. 南京审计学院学报，2010，7（02）.

[29] 黄燕花. 长三角区域协同立法的合宪合法性与立法模式探究 [J]. 安徽行政学院学报，2021（03）.

[30] 黄燕花. 长三角区域协同立法的合宪合法性与立法模式探究 [J]. 安

徽行政学院学报，2021（03）.

［31］黄喆．区域行政协调的立法检视与规制完善［J］.政法学刊，2019，36（04）.

［32］季晨溦．论区域行政协议的法律效力及强化对策［J］.江苏大学学报（社会科学版），2022（02）.

［33］贾嘉楠．区域治理的基本法律规制：区域合作法［J］.区域治理，2022（20）.

［34］金利霞，张虹鸥，殷江滨，等．基于新区域主义的广东省"核心—外围"区域合作治理：以广东顺德清远（英德）经济合作区为例［J］.经济地理，2015（04）.

［35］李丹．"飞地经济"监管模式探索［J］.党风，2022（01）.

［36］李宜强．区域合作的基础：复合行政与法国经验［J］.湖北社会科学，2011（10）.

［37］李宜强．区域合作的基础：复合行政与法国经验［J］.中国社会科学院研究生院学报，2011（04）.

［38］栗战书．在第二十七次全国地方立法工作座谈会上的讲话［J］.中国人大，2021（24）.

［39］刘瑞瑞，刘志强．区域经济一体化视域下的区域立法协同研究［J］.烟台大学学报（哲学社会科学版），2021，34（03）.

［40］刘松山．区域协同立法的宪法法律问题［J］.中国法律评论，2019（04）.

［41］刘松山．区域协同立法的宪法法律问题［J］.中国法律评论，2019（04）.

［42］刘小珍．区域经济合作新模式探索：以顺德清远（英德）经济合作区为例［J］.保山学院学报，2013（05）.

［43］刘小珍．试探科学发展观视域下的区域经济合作：以顺德清远（英德）经济合作区为例［J］.牡丹江教育学院学报，2014（03）.

［44］刘云甫，朱最新．多维视角下区域行政协议法治化研究［J］.法治社会，2020（05）.

［45］柳飒．论粤港澳合作中行政协议的法律规制［J］.广西社会科学，2020（01）.

［46］吕丽娜，赵小燕．中国城市群府际合作治理困境与对策：基于元治理的视角［J］.武汉理工大学学报（社会科学版），2017（03）.

[47] 罗小龙，沈建法. 跨界的城市增长：以江阴经济开发区靖江园区为例 [J]. 地理学报，2006（04）.

[48] 骆伟建. 深刻认识深合区共商共建体制下的协同立法 [J]. 澳门月刊，2022（02）.

[49] 麻宝斌，杜平. 区域经济合作中的"飞地经济"治理研究 [J]. 天津行政学院学报，2014（02）.

[50] 麻宝斌，李辉. 中国地方政府间合作的动因、策略及其实现 [J]. 行政管理改革，2010（09）.

[51] 马兵. 行政契约、行政协议和行政合同的辨析 [J]. 湖北工程学院学报，2016（01）.

[52] 梅献中. 区域政府间合作立法协调机制研究 [J]. 人大研究，2017（11）.

[53] 南焱. 园区在靖江，管理权在江阴一个省级开发区的联办困境 [J]. 中国经济周刊，2014（04）.

[54] 潘小娟. 加强我国地方政府合作的对策建议 [J]. 行政管理改革，2015（03）.

[55] 彭彦强. 论区域地方政府合作中的行政权横向协调 [J]. 政治学研究，2013（04）.

[56] 朴飞. 论行政区划在保持我国稳定中的作用 [J]. 长春理工大学学报（社会科学版），2013（04）.

[57] 朴飞. 深汕特别合作区发展面临的问题及其解决途径探讨 [J]. 长春理工大学学报（社会科学版），2021，34（05）.

[58] 齐晓冰，顾颉. "特区"与"老区"的飞地姻缘：从深汕特别合作区探索飞地经济新模式 [J]. 中国市场，2018（24）.

[59] 乔耀章，刘钢，周子云，等. 中新苏州工业园区社会管理调研报告 [J]. 唯实（现代管理），2014（08）.

[60] 深圳市人民政府. 深圳市人民政府关于印发深汕特别合作区国民经济和社会发展第十四个五年规划和二〇三五年远景目标纲要的通知 [J]. 深圳市人民政府公报，2022（13）.

[61] 沈慧. 我国区域协同立法的模式研究 [J]. 法学，2022，10（05）.

[62] 石佑启. 论区域合作与软法治理 [J]. 学术研究，2011（06）.

[63] 石佑启. 软法治理与区域府际合作之契合 [J]. 人民法治，2016（11）.

[64] 宋欣靓. 府际合作治理困境及对策探析 [J]. 法制与社会，2019（09）.

[65] 汪建昌. 府际关系协调的中国经验：实践创新与理论总结 [J]. 领导科学，2019（20）.

[66] 汪建昌. 区域行政协议：理性选择、存在问题及其完善 [J]. 经济体制改革，2012（01）.

[67] 汪建昌. 政府部门跨行政区划设置：解决跨域公共问题的第三种思路 [J]. 内蒙古社会科学（汉文版），2017（04）.

[68] 汪伟全. 论我国地方政府间合作存在问题及解决途径 [J]. 公共管理学报，2005（03）.

[69] 汪伟全. 我国地方政府合作机制存在的问题 [J]. 经济研究参考，2007（60）.

[70] 王春业. 赋予政府协议以法律效力：经济区域法制协作的又一途径 [J]. 中共天津市委党校学报，2011（05）.

[71] 王春业. 论我国"特定区域"法治先行 [J]. 中国法学，2020（03）.

[72] 王丹. 试论行政协议的法律救济 [J]. 法制与社会，2020（04）.

[73] 王丹. 协调发展战略下地方政府合作的动力机制探析：以深汕特别合作区为例 [J]. 安徽行政学院学报，2020（02）.

[74] 王军鹏，刘兆德. 深汕特别合作区发展思路研究 [J]. 特区经济，2019（01）.

[75] 王倩. "飞地经济"治理中的地方政府合作研究：以深汕特别合作区为例 [J]. 厦门特区党校学报，2017（05）.

[76] 王三喜. 联合作战力量协同机理研究 [J]. 复杂系统与复杂性科学，2011，8（01）.

[77] 王璇，邻艳丽. "飞地经济"空间生产的治理逻辑探析：以深汕特别合作区为例 [J]. 中国行政管理，2021（02）.

[78] 王璇，邻艳丽. "飞地经济"空间生产的治理逻辑探析：以深汕特别合作区为例 [J]. 中国行政管理，2021（02）.

[79] 王雁红. 德国地方政府跨域合作的经验及对中国的启示 [J]. 国外社会科学，2019（02）.

[80] 肖颂洋. 区域合作法制化：广东区域协调发展的外在路径 [J]. 清远职业技术学院学报，2022（01）.

[81] 谢海生. "飞地"区域法制发展的挑战及前景：以广东深汕特别合作

区为例［J］．人民论坛·学术前沿，2020（06）．

［82］谢龙祥．地方府际合作的现实困境、成因及其对策［J］．商，2015（44）．

［83］熊文钊，郑毅．试述区域性行政协议的理论定位及其软法性特征［J］．广西大学学报（哲学社会科学版），2011，33（04）．

［84］许可祝，陈平．西班牙公共行政机关及共同的行政程序法（续）［J］．行政法学研究，1996（02）．

［85］闫新新．地方政府间合作的必要性、困境和策略选择［J］．中国集体经济，2016（33）．

［86］闫新新．地方政府间合作的必要性、困境和策略选择［J］．中国集体经济，2016（33）．

［87］杨翠．地方政府合作中政治与法律结构耦合的生成：基于社会系统论的视角［J］．西南石油大学学报（社会科学版），2022（04）．

［88］杨杰．论区域行政立法协同的合宪性［J］．内蒙古大学学报（哲学社会科学版），2021，53（01）．

［89］杨治坤．区域经济一体化中府际间利益的法制协调［J］．广东社会科学，2017（06）．

［90］杨治坤．区域治理的基本法律规制：区域合作法［J］．东方法学，2019（05）．

［91］姚远，周博雅．"飞地经济"何以为继：基于主体关系研究视角［J］．中共青岛市委党校青岛行政学院学报，2021（06）．

［92］叶必丰．长三角经济一体化背景下的法制协调［J］．上海交通大学学报（哲学社会科学版），2004（06）．

［93］叶必丰．我国区域经济一体化背景下的行政协议［J］．法学研究，2006（02）．

［94］叶必丰．行政法的体系化："行政程序法"［J］．东方法学，2021（06）．

［95］于立深．区域协调发展的契约治理模式［J］．浙江学刊，2006（05）．

［96］余凌云．论行政契约的含义：一种比较法上的认识［J］．比较法研究，1997（03）．

［97］余凌云．依法行政理念在行政契约中的贯彻［J］．公安大学学报，1998（01）．

［98］曾鹏．论从行政区行政到区域合作行政及其法治保障［J］．暨南学报

（哲学社会科学版），2012（05）.

［99］曾鹏.区域经济一体化下政府合作治理及其制度权威建设［J］.湖北大学学报（哲学社会科学版），2021，48（01）.

［100］张和强，盛鸣，詹飞翔.区域链接：飞地新区的弹性空间治理模式研究：以深汕特别合作区为例［J］.城市发展研究，2022，29（04）.

［101］张和强，盛鸣，詹飞翔.区域链接：飞地新区的弹性空间治理模式研究：以深汕特别合作区为例［J］.城市发展研究，2022，29（04）.

［102］张京祥，耿磊，殷洁，等.基于区域空间生产视角的区域合作治理：以江阴经济开发区靖江园区为例［J］.人文地理，2011（01）.

［103］张衔春，栾晓帆，马学广，等.深汕特别合作区协同共治型区域治理模式研究［J］.地理科学，2018（09）.

［104］张衔春，唐承辉，岳文泽.地域重构视角下区域空间生产与治理：以深汕特别合作区为例［J］.地理科学，2022（03）.

［105］周叶中，张权.宪法发展：中国现行宪法变动方式的理论言说［J］.华东政法大学学报，2021（03）.

［106］周泽夏.区域协同立法：定位、特色与价值［J］.河北法学，2021，39（11）.

［107］朱倍成，裴晓妆.粤港澳府际合作的法治思考：问题与回应［J］.南方论刊，2020（02）.

［108］朱颖俐.区域经济合作协议性质的法理分析［J］.暨南学报（哲学社会科学版），2007（02）.

［109］朱最新，刘云甫.法治视角下区域府际合作治理跨区域管理组织化问题研究［J］.广东社会科学，2019（05）.

［110］朱最新，刘云甫.法治视角下区域府际合作治理跨区域管辖组织化问题研究［J］.广东社会科学，2019（05）.

［111］佐富坤，黄竹胜.地方政府间行政合作协议缔约主体资格的法理思考：以珠江—西江经济带为例［J］.经济与社会发展，2021（03）.

## 三、论文

［1］陈伟国.区域合作背景下行政协议之应用研究［D］.重庆：西南政法大学，2007.

［2］黄伦涛.地方政府合作中的利益共享机制研究：以江苏省南北合作共建园区为例［D］.杭州：浙江大学，2012.

[3] 林波. 区域行政协议研究 [D]. 南京：南京大学，2014.

[4] 林伟军. 基于飞地经济的区域合作发展研究 [D]. 天津：天津大学，2016.

[5] 彭彦强. 基于行政权力分析的中国地方政府合作研究 [D]. 天津：南开大学，2010.

[6] 钱宁军. 异地联合开发区建设的利益共享机制研究 [D]. 兰州：兰州大学，2013.

[7] 王丹. 府际合作治理纠纷仲裁解决机制研究 [D]. 广州：广东外语外贸大学，2016.

[8] 王菁. 区域政府合作协议研究 [D]. 苏州：苏州大学，2015.

[9] 许婷. 飞地经济区的管理体制创新 [D]. 武汉：武汉大学，2019.

[10] 许文彬. "飞地经济"发展过程中的横向府际合作研究 [D]. 上海：华东政法大学，2020.

[11] 许政敏. 论区际行政协议的法律效力 [D]. 广州：广东外语外贸大学，2020.

[12] 张涛. 府际合作协议履行机制研究 [D]. 南昌：南昌大学，2017.

[13] 张晔. 区域合作行政协议法律研究 [D]. 呼和浩特：内蒙古大学，2012.

[14] 朱永辉. 我国地方政府合作的法制化研究 [D]. 合肥：安徽大学，2010.

## 四、报纸及其它

[1] 刘志彪，查婷俊. "飞地经济"：发展运行的机制、困境与对策 [N]. 光明日报，2017-07-27（11）.

[2] 陶清清. 深汕特别合作区：书写"十四五"高质量发展新答卷 [N]. 南方日报，2022-06-15（A11）.

[3] 周扬，毛力. 江阴借地靖江第二年"行政混血"难题求解 [N]. 21世纪经济报道，2005-01-24（01）.